深蓝装备理论与创新技术丛书

U0645510

船舶空调系统
及其微环境管理关键技术

阚安康 纪 珺 著

哈尔滨工程大学出版社
Harbin Engineering University Press

内容简介

船舶航行于广袤海域,所面临的气象状况极其复杂。为使在船人员享有健康、舒适的生活及工作环境,需要营造出适宜的人工气候。目前,现代船用空调的研究、管理及发展是一项热门的科研课题。本书共分八章,系统介绍了船舶空调系统理论基础、气流组织对船舶舱室热舒适性的影响、船舶舱室内微环境数值模拟研究、气流组织对舱室病毒传播的影响、船舶空调系统对流行病的应急预案、船舶中央空调空气净化除毒技术研究、船舶空调管理及故障诊断和制冷空调新技术等内容。

本书具有很强的针对性、专业性和实用性,可作为科研人员及高校船舶管理相关专业教师的参考用书,也可作为船舶空调生产、制造、使用等相关单位工程技术人员的培训、自学教材。

图书在版编目(CIP)数据

船舶空调系统及其微环境管理关键技术/阚安康,
纪珺著. —哈尔滨:哈尔滨工程大学出版社,2023.1
ISBN 978-7-5661-3803-3

Ⅰ. ①船… Ⅱ. ①阚… ②纪… Ⅲ. ①船舶系统-空
气调节系统-环境管理 Ⅳ. ①U664.86

中国国家版本馆 CIP 数据核字(2023)第 041484 号

船舶空调系统及其微环境管理关键技术
CHUANBO KONGTIAO XITONG JIQI WEIHUANJING GUANLI GUANJIAN JISHU

选题策划	田立群 唐欢欢
责任编辑	张 彦 秦 悦
特约编辑	周海锋 田立群 钱 华
封面设计	李海波

出 版	哈尔滨工程大学出版社
社 址	哈尔滨市南岗区南通大街 145 号
邮政编码	150001
发行电话	0451-82519328
传 真	0451-82519699
经 销	新华书店
印 刷	哈尔滨午阳印刷有限公司
开 本	787 mm×960 mm 1/16
印 张	19.25
字 数	359 千字
版 次	2023 年 1 月第 1 版
印 次	2023 年 1 月第 1 次印刷
定 价	98.00 元

http://www.hrbeupress.com
E-mail:heupress@hrbeu.edu.cn

深蓝装备理论与创新技术
丛书编委会

前　言

　　随着造船工业的发展，在船人员对工作、休息及生活区域环境的要求越来越高。与陆地上人居住的场所不同，船舶经常在不同海域航行，移动性强。尤其是新型全海域船舶，随着海域的不同，外界环境参数短时间内会有较大波动。其船舶舱室一般比较狭小，围护结构保温性能与陆地差异较大，且常拥挤地布置着各种散发余热、余湿、噪声、异味、振动及释放污染物的设备；在风浪中行驶时，船体还会产生剧烈颠簸。为保证船员的正常工作及在船游客或科考等随船人员的身心健康，各种精密仪表必须可靠运行，并时刻准备好应对突发传染性病毒随空气传播等状况。这就需尽可能地降低各类船舶空调出现故障的概率，保障其在科学管理下高效运行。所以，采用科学的空调技术，对船舶舱室的微环境、微气候进行随时调控是非常必要的。

　　我国拥有庞大的远洋运输船队，且是造船、修船大国，国内、国际船舶空调技术及装备市场巨大。随着航海技术、造船技术、制冷空调技术、现代管理技术等现代科学技术的高速发展，人们对船舶及海洋的探索热情不断高涨，现代船舶空调技术及装备对提升我国船舶行业的核心竞争力意义重大。

　　近年来，国内越来越多的从业人员、船舶管理人员及研究者开始对船舶空调技术产生浓厚的兴趣。2019 年末，突发新型冠状病毒感染，并在船传播，尤其是在邮船、军舰及航空母舰上的传播后，对现有船舶空调的管理及运行提出了更高的要求。在与同行交流时，我们也深切感受到该领域迫切需要一本入门著作，能细致明了地展示船舶空调的基本概念、基础理论及关键技术，帮助读者快速入门。本书不仅包含了我们在该领域所取得的部分研究成果以及在相关科研实践中积累的经验，而且还尽可能全面地介绍了船舶空调的新技术、新方法及发展现状，并系统阐明了船舶空调存在的关键问题。我们认为，只有牢固掌握相关基础知识，并有着全局的视角，才能取得更多、更出色的研究成果。

　　本书共分八章，介绍了船舶空调系统理论基础、气流组织对船舶舱室热舒适

性的影响、船舶舱室内微环境数值模拟研究、气流组织对舱室病毒传播的影响、船舶空调系统对流行病的应急预案、船舶中央空调空气净化除毒技术研究、船舶空调管理及故障诊断和制冷空调新技术等内容。本书具有很强的针对性、专业性和实用性。

在本书的撰写过程中,黄孜沛、陆家希、王彤洲、朱文兵等几位研究生做了大量的资料收集及整理工作,刘红敏、曹丹、郑学林老师也参与了部分研究工作。全书在撰写过程中还得到了我的授业恩师韩厚德教授、从业恩师庞立东轮机长、同济大学张旭教授、上海交通大学丁国良教授、上海理工大学张华教授、中国极地研究中心周豪杰轮机长、中国船舶集团沪东中华造船(集团)有限公司冯晓勇高级工程师、上海中波国际船舶管理有限公司张贤勇经理、中国船舶集团第七〇四研究所田立群主任和樊仁才高级工程师的帮助与支持,著者及团队在研究的过程中还受到了中外学者研究成果的启迪,并参阅了大量的网络教学课件等资料,在此一并感谢。

本书所涉及的船舶空调技术面较广,尽管我们在撰写过程中倾尽全力,但是由于受学识所限,书中难免存在不足之处,付梓之际,不免忐忑。若本书能给读者以启迪,有抛砖引玉之能,著者欣慰之至!诚恳欢迎读者提出宝贵意见,以期共同进步!

著　者

2022 年 10 月

目　　录

第1章
船舶空调系统理论基础

船舶航行于各个海域,气象条件复杂多变。为了在舱室内创造适宜的人工气候,以便为船上人员提供舒适的工作和生活环境,现代船舶大都设有空气调节装置(简称空调)。所谓空气调节,就是将空气进行必要的处理后以一定的方式送入舱室,使室内空气的温度、湿度、气流速度和清新度适于工作与生活的要求。对空气进行处理的装置称为空气调节装置。

1.1 船舶空调系统及装置组成

船舶空调系统不同于陆用空调系统,远洋船舶航行于世界各个海域,外界环境参数随着航行海域的不同而在不断地变化,船舶舱室内所需要的负荷也是在不断变化的,为保证船员的正常工作和生活,保证各种精密仪表可靠工作,尽可能地减少各类腐蚀现象,对舱室环境随时进行调节是非常必要的。如果将陆用空调系统运用于船舶上,该空调系统所提供的负荷是不能满足船员对室内人工环境舒适度的要求的。当前大部分船舶还是以使用传统的船舶空调系统为主,大部分的船舶是旧船,更换空调系统的花费太大,部分新船使用海水源热泵作为空调系统。典型的船舶空调系统组成如图 1-1 所示。

1.1.1 对船舶空调的要求

船舶空调大多是为了满足人们对工作和生活环境舒适和卫生的要求,属于舒适性空调。它与某些生产场所为满足工艺或精密仪器的要求所用的恒温/恒湿空调不同,对温、湿度等空气条件的要求并不十分严格,允许空气参数在稍大的范围内变动。但它与应用于陆地上的空调有一定的区别,主要表现出如下的特殊性:

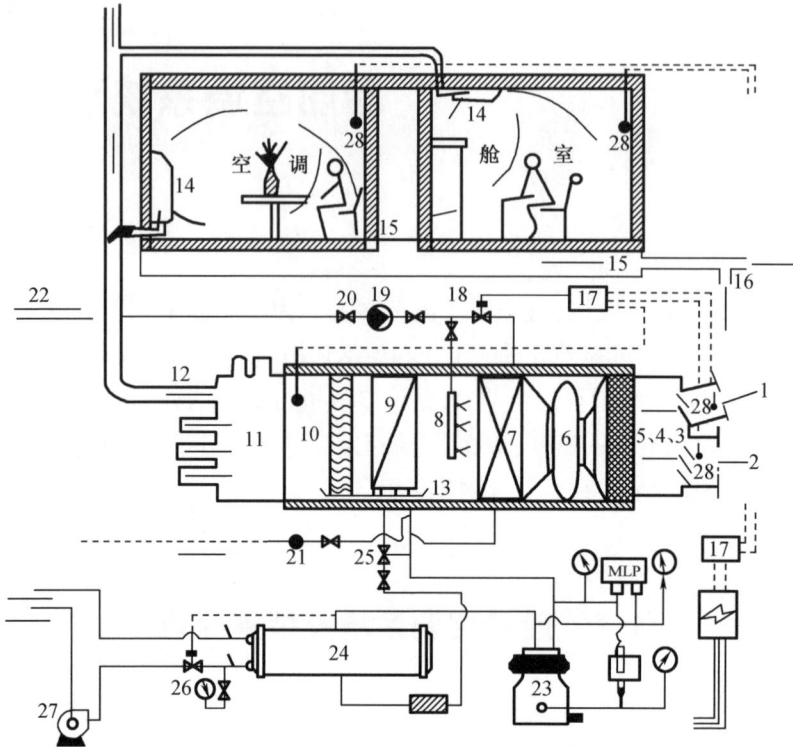

1—回风进口;2—新风进口;3—调风门;4—空气混合室;5—空气过滤器;6—风机及消声室;
7—空气加热器;8—空气加湿器;9—空气冷却器;10—挡水板;11—空气分配室;12—送风管;
13—盛水盘;14—空气分配器和诱导器;15—回风;16—排风与回风;17—温度控制器;
18—蒸汽控制阀;19—过滤器;20—蒸汽恒压阀;21—疏水器;22—蒸汽引入总管;23—压缩机;
24—冷凝器;25—膨胀阀;26—水量控制阀;27—海水泵;28—测温元件。

图 1-1　典型的船舶空调系统

(1)海洋环境具有高盐度、高湿度特性,要求空调系统的防腐、防湿、防霉性能好。

(2)船舶是移动的,且被水与外界分隔开,大气温度随着地理位置的变化而变化,为此计算空调负荷需要参考船用空调设计规范。

(3)考虑到结构强度、空间利用、动力和速度等因素,船舶一般是紧凑的金属结构,相比于陆地建筑,其通风条件恶劣,保温效果和管道布置等条件较差。

(4)由于处于海洋环境里,故一般冷凝器可直接利用海水冷却方式,但冷却水系统必须考虑腐蚀问题。

(5)船舶在水面航行时会因风浪而倾斜或摇摆。一般民用船舶要求为纵斜 5°、

2

横斜 15°、横摇 22.5°、纵摇 7.5°,空调设备要能保证在这个范围内正常工作。

　　只有当外界介质参数变化幅度不超过人类机体长期养成的适应能力时,人们才能进行正常的生命活动和生产活动。机体适应周围环境条件的过程称为生理适应过程。人机体对高幅度气象参数变化的不良反应称为不适应气候反应。船舶有人停留舱室的微气候是指舱室内各种条件的综合作用,其中包括:机械条件、热湿条件、化学条件、生物条件、电磁条件。

　　(1)机械条件

　　机械条件是指呼吸气体的静压、气体流动速度、介质的声学震动(各种机械噪声、鸟啼、音乐等)。

　　(2)热湿条件

　　热湿条件是指舱室内同人体表面、人的呼吸器官和其他器官接触介质的温度和湿度,以及人体表面和舱内其他物体、舱壁的辐射换热情况。

　　(3)化学条件

　　化学条件是指周围各种物质的气味,人新陈代谢产物的气味,对人体有影响的气态、液态、固态物质的浓度和数量。

　　(4)生物条件

　　生物条件是指室内空气中细菌、病毒的种类和含量。

　　(5)电磁条件

　　电磁条件是指环境的色调和其他视觉效果、射电波、周围物质的放射性辐射等。

　　人体在新陈代谢时,通过人的皮肤和呼吸器官不断地向外散发热量、水分和二氧化碳。散发的多少取决于人的状态(睡眠、休息、脑力劳动或体力劳动、劳动强度)及周围空气介质的参数,每个船员每小时向外散发 300~1 050 kJ 热量,40~450 g 水分,18~36 L 二氧化碳气体。除此之外,人在新陈代谢过程中还会散发一些有害物质:氨、铵化物、易挥发脂肪酸、其他有害有机物等,船舱内的空气被有害物质污染,舱内出现难闻的气味。因此,应及时把舱内的有害物质和二氧化碳随被污染的空气一起排出舱室,并向舱室送入新鲜的、干净的、有足量氧气的空气。由于各种有害物质的含量总是正比于二氧化碳的含量,因此各舱室(人居住的、公用的、办公的)空气介质成分标准按二氧化碳的允许浓度确定,根据二氧化碳的含量决定换气量。

　　对于一些特殊用途舱室内的有害杂质、气味、污染物,要用引风机、吸收器等排除,换气量不由二氧化碳的浓度确定,一般要根据舱室的用途规定特殊的标准

和要求。

空气中每时每刻都在进行着气体电离和去电离过程,空气中含有各种正负离子。实际观察发现,适当地提高空气中轻离子浓度(达到 2 000~3 000 个/cm³)和负离子浓度,对人机体是非常有利的(改善心血管系统功能,改善睡眠,使人精力旺盛,增强人体对外界不利条件的抵抗能力)。空气中重离子多,会对人机体产生不利的影响。空气中含轻离子的数量在地球上不同地区是不同的。例如,在乡村、疗养区,尤其是山区和海滨,空气中的轻离子数可达到 2 000~3 000 个/cm³,而在弥漫烟尘的大城市只有 150~200 个/cm³。

在船舱,特别是拥挤的船舱内,由于舱壁、设备、表面式换热器、过滤器、空调系统的空气管道和风机的表面吸附离子,舱室空气中进行着强烈的去轻离子反应,使舱内重离子数量明显增加,增加的多少同人呼吸气体中的水分、舱内机械污染物粒子的浓度有关。

舱内空气中的离子主要来自室外新鲜空气。为维持舱室内有适当浓度的轻离子,且其中有较多的负离子,最好是在船舶空调装置中引入专门的催离素。尤其是在客船上,空气中适当浓度的负离子可以对空气进行消毒,阻止微生物和致病细菌繁殖和扩散。但彻底地消灭所有微生物是对人体有害的。

近年来,在提高空调舒适性的研究中特别注意空气的除异味和加味,即消除空气中使人不愉快的气味和添加一些对人机体有益的气味。

舱室内空气的洁净度(人机体新陈代谢产生的二氧化碳和其他杂质的含量多少)、品质(指空气中氧、轻离子的浓度和对空气消毒)和使人愉快的气味(对空气除异味和加味)是建立舒适微气候的条件。人在新陈代谢中必然要产生一定的热量,体力活动和脑力活动越剧烈,产生的热量越多。这些热量必须通过一定的方式散发出去。建立舒适微气候还必须使人有正常的冷热感,并从舱室排出人体释放的水分。人对冷热感觉良好的条件是人体内产生的热量和人体向外散失的热量相等,即要保证人有舒适的冷热感,又要使人体内产生的热量和人体向周围介质散失的热量处于热平衡。人体内产热的同时也向外散热,以使体内温度维持在正常范围。维持正常体温的原因是人体能自动调节皮肤下血液流量及人体表面和环境的传质(消耗能量)。

人体具有温度自动调节功能,使其能适应外部大气环境的变化。但这种调节功能不是无限制的,其只在偏离人体所需要的正常值不大时起作用。如果大幅度和剧烈地改变空气介质参数,将使机体的各系统(温度调节系统、传质过程、心血管系统、神经系统)生理机能遭到破坏。这时会发现人体机能发生不可逆的

不良变化。例如,炎热地区生活的人,特别是初到炎热地区的人,会出现体温升高、工作效率明显降低、身心疲惫、容易激动等现象。

　　船舶舱室空调应使舱室空气介质参数维持在某一特定范围,使生活在舱室里的人由于机体温度自动调节而感到舒适。人体生命活动产生的热量是通过皮肤以辐射换热、对流换热、导热(显热)、汗液蒸发(潜热)及呼吸过程传给外界环境的。影响人体冷热感的因素大体如下:周围空气介质的温度、相对湿度、流动速度、四周舱壁的温度。上述参数的不同组合可使人体有相同的冷热感。如果生活在舱室里的人既不感到热也不感到冷,又没有空气流动的感觉,则舱内空气介质(包括舱壁温度)被认为是冷热舒适的。

　　除此之外,船舶空调装置应在舱外空气条件不超过规定参数时,使室内空气符合以下几方面的要求。

　　1. 温度

　　空调使人舒适与否,最重要的便是能否在一般衣着条件下,自然地保持身体的热平衡,其中影响最大的是空气温度。在湿度适中和空气稍有流动的条件下,人在通常衣着时感到舒适的空气温度是:冬季 19~24 ℃,夏季 21~28 ℃。从节能方面考虑,空调设计参数可偏近舒适范围的上限。《船舶起居处所空气调节与通风设计参数和计算方法》(GB/T 13409—1992)中规定无限航区船舶空调舱室的设计标准是:冬季舱内温度为 22 ℃;夏季舱内温度为 27 ℃;舱内地板以上 1.8 m内及距四壁 0.15 m 以上的中间空间内,各处温差不超过 2 ℃。此外,夏季人进出舱室一般不加减衣物,为防止感冒,舱内外温差不宜超过 6~10 ℃。

　　2. 湿度

　　人对空气的湿度不十分敏感。相对湿度以 50% 左右为宜,而人在 30%~70% 的湿度范围内都不会明显感到不适。但如果湿度太低,会因呼吸时失水过多而感到口干舌燥;而湿度太高,则汗液难以蒸发,容易感到闷热。空调设计中所设定的舱外气候条件关系到空调装置负荷的大小,对装置的尺寸和造价有较大的影响。考虑到经济性,设计船舶空调时一般不以极端的气候条件为依据。我国所定的无限航区船舶空调设计的舱外条件是:冬季 -20 ℃,夏季 35 ℃,相对湿度 70%。

　　有限航区船舶空调的舱内外空气设计参数可根据航区具体决定。现将《船舶起居处所空气调节与通风设计参数和计算方法》所规定的船舶空调装置的设计空气参数列于表 1-1。实际达到的舱内空气参数,尤其是相对湿度,可以与表中数据有偏差。

表 1-1　船舶空调设计参数

工况		冬季	夏季
室内温度		19～22 ℃	24～28 ℃
室内外温差			6～10 ℃
相对湿度		30%～40%	40%～50%
风速		0.35 m/s 以下	
新鲜空气量		30～50 m³/(h·人)	
允许噪声级		55～60 dB(A)	
舱外条件(远洋)		-18 ℃,80%	35 ℃,28 ℃(湿球)
国际标准化组织(ISO)	室内	22 ℃	27 ℃,50%
	室外	-20 ℃	30 ℃,70%

3. 清新程度

空气清新是指空气清洁(含粉尘和有害气体少)和新鲜(有足够的含氧量)。如果只为满足人呼吸氧气的需要,新鲜空气的最低供给量达到 2.4 m³/(h·人)即可;然而要使空气中二氧化碳、烟气等有害气体的浓度符合卫生要求,则新风量就要多得多。前述国标规定每人所需新鲜空气量是:28 m³/h(船员舱室按定员计),20～25 m³/h(办公室按 2～4 人计,公共舱室按座位计),30 m³/h(娱乐室按 4 人计);或不少于空调总风量的 40%(有限航区)～50%(无限航区);以上两种算法中取所得数值较大者。

4. 气流速度

在室内要求人的活动区域的空气有轻微的流动,以使室内温度、湿度均匀且不会使人感到气闷。室内气流速度以 0.15～0.20 m/s 为宜,最大不超过 0.35 m/s。

此外,距室内空调出风口 1 m 处测试的噪声应不大于 55～60 dB(A)。

船舶空调允许温度、湿度等有较大范围的波动。而用于科学考察船及先进军舰的空调,对空气的温度、湿度和清新度有严格要求,这类空调称为高精度的工艺性空调。

对于航线一定的商船,舱外的设计条件一般以最恶劣的气候条件为依据。对于航线不定的远洋船舶:冬季,舱外的设计温度常取-20～-18 ℃,相对湿度为 80%～100%;夏季,分别为 35 ℃ 和 70%。若遇到更为恶劣的气候条件,则可用加大回风量的办法进行调节。

1.1.2　空调系统的分类

船舶中央空调系统一般由冷热源部分、空气处理部分、空气输送及分配部分、冷热媒输送和自动控制部分等组成。在工程中，由于对空调用途、性质、热湿负荷等方面的要求不同，中央空调系统有不同的分类。

1. 按空气处理设备的集中程度分类

（1）集中式空调系统

所有的空气处理设备，包括风机、冷却器、加湿器、加热器、过滤器等都集中在一个空调机房内，适用于大面积、大空间的场所，如邮船的运动舱馆、影剧院、餐厅、宴会厅、会议室、KTV、图书馆阅览室等。集中式空调系统多为全空气式系统，根据新风比又可分为封闭式系统、直流式系统和混合式系统。

①封闭式系统。新风比为零，即没有舱外空气补充，舱内空气全部再循环，房间和空气处理设备之间形成了一个封闭环路，如图 1-2 所示。图中，N 为回风状态点；O 为送风状态点；ε 为热湿比。这种系统冷、热消耗量最低，但卫生效果差。封闭式系统常用于密闭式空间或无须（或无法）采用室外空气的场合，当室内有人长期停留时，必须考虑空气的再生。

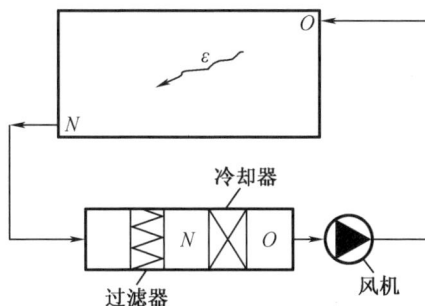

图 1-2　封闭式系统

②直流式系统。新风比为 100%，即空气全部来自舱外，处理后送入舱室内，然后全部排出舱外，如图 1-3 所示。其中，W 为新风状态点。这种系统适用于不允许采用回风的场合，如散发大量有害物质的车间等。

③混合式系统。封闭式系统不能满足卫生要求，直流式系统经济上不合理，只适用于特定场合。综合这两种系统的利弊，在大多数场合采用的是混合式系统。新风比的取值范围为 0~100%，即部分空气来自舱内回风，部分空气来自舱外新风，

新风和回风按一定的混合比混合后进行处理,然后送入舱内,如图1-4所示。图中,C为新风、回风混合状态点。这种系统既能满足卫生要求,又经济合理。

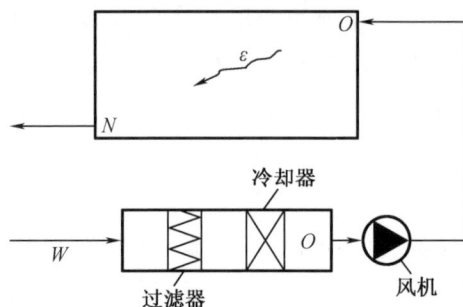

图1-3 直流式系统

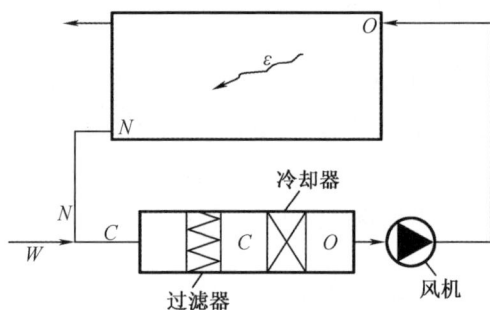

图1-4 混合式系统

集中式系统根据回风被利用的次数,又分为一次回风系统和二次回风系统,如图1-5、图1-6所示。图中,L为机器露点状态点;G_1为一次回风量;G_2为二次回风量;G_W为新风量;G_P为排风量。

(2)半集中式系统

半集中式系统除了有集中空调机房外,还包括分散在被调节的舱室内的处理设备即冷、热交换装置等,主要是对进入被调房间的空气进行二次处理,既有对新风的集中处理与输配,又能借设在空调房间的末端装置(如风机盘管)对室内循环空气做局部处理,兼具一次回风和二次回风系统的特点。其与集中式空调的区别是将空气处理末端设备设置在使用场所(舱室)内,使各舱室可以单独调节,空气互不串通,适用于起居室、KTV、酒吧、办公室、病房等场所。多为空气-水式风机盘管系统和全水式风机盘管系统,如图1-7所示。

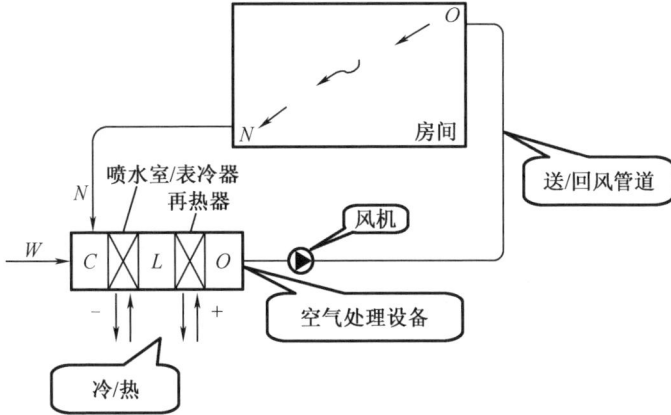

图 1-5　集中式一次回风空调系统图

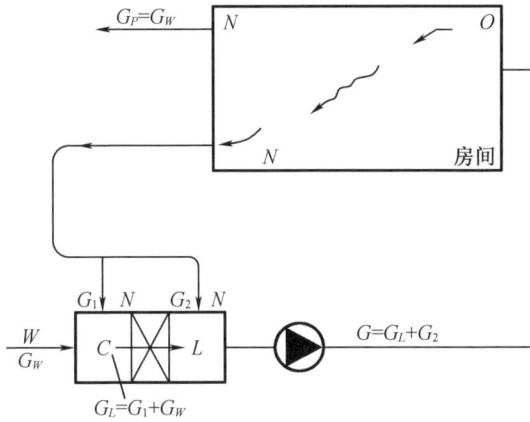

图 1-6　集中式二次回风空调系统图

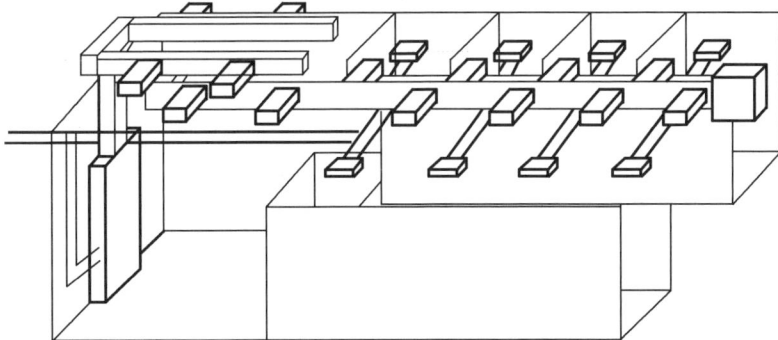

图 1-7　半集中式空调系统图

（3）全分散式系统（局部机组）

全分散式系统是指将空气处理设备全分散在被调房间内的系统。这种机组冷热源、空气处理设备、输送设备（风机）全部集中在一个箱体内，它本身就是一个紧凑的空调系统，因而不必设集中机房。可将它直接装设于空调房间，或者装设于邻室，用较短的风道将它与空调房间联系在一起，这种空调方式称为全分散式或局部式空调方式，如窗式空调器、分体式空调器和柜式空调器。

①窗式空调器又称整体式或穿墙式空调器，由于它具有体积小，安装、使用、维护方便，价格低廉等优点，被广泛应用在一般宾馆、旅店、餐厅、办公室、实验室和住宅等场所，目前国内拥有量很大。

②分体式空调器按功能分为不同的类型，如图 1-8 所示。

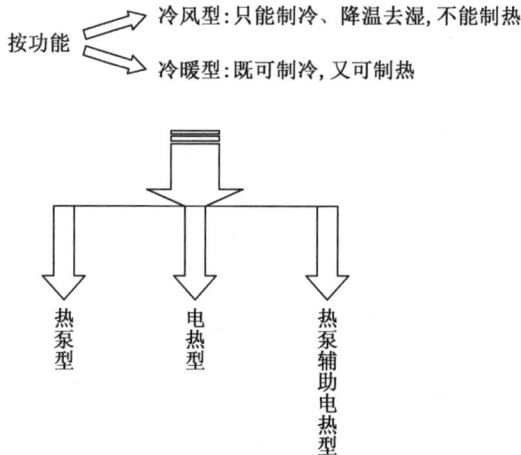

按功能

冷风型：只能制冷、降温去湿，不能制热

冷暖型：既可制冷，又可制热

热泵型　电热型　热泵辅助电热型

图 1-8　分体式空调器的分类

③柜式空调器主要分为室内机组和室外机组两大部分。

2. 按冷却盘管中的冷却介质分类

（1）直接蒸发式系统

直接蒸发式系统制冷剂在冷却盘管内蒸发吸取空气热量，从而达到降低空气温度的目的。这种系统在空调负荷不太大且空调舱室较为集中的客、货轮上应用较多。

（2）间接冷却式系统

间接冷却式系统通过中间冷却器，使经制冷剂冷却过的冷媒水冷却空气，从而达到降低空气温度的目的。这种系统在空调负荷大且空调面积大而分散的客

轮上应用较多。在大型的客轮上,选用冷水机组,用冷媒水在空气冷却器中冷却空气。但这样会造成无法避免的中间热损失(最大可达到全船负荷的 10%),再加上客船本来的负荷就大,如何最大限度地利用冷量就成了关键。如果空调舱室空间允许,最好的方法是选用全热交换热回收系统。这种系统采用具有全热交换器(enthalpy exchanger)的空调器,回收空调回风和排风的冷量或热量,以冷却或加热进入系统的外界新鲜空气。

3. 按风管内空气流速分类

(1)高速系统:主风管内风速为 20~30 m/s 的空调系统称为高速系统。高速系统中,由于管内空气流速高,相同风量时,风管尺寸紧凑,占据空间位置小,但空气在管道内流动阻力大,风机的风压高,空调噪声大。

(2)低速系统:主风管内风速为 10~12 m/s 的空调系统称为低速系统。

(3)中速系统:主风管内风速介于以上二者之间的空调系统称为中速系统。

4. 按处理空调舱室内负荷所采用的输送介质分类

(1)全空气系统

全空气系统是指船舶空调舱室的室内负荷全部由经过处理的空气来负担的空调系统,如图 1-9 所示。图中,Q 为室内余热量,W 为室内余湿量。在船舶室内热湿负荷为正值的场合,将低于室内空气焓值的空气送入舱室,吸收余热、余湿后排出舱室。低速集中式空调系统、双管高速空调系统均属这一类型。由于空气的比热容较小,需要用较多的空气量才能达到消除余热、余湿的目的,因此要求有较大断面的风道或较高的风速。

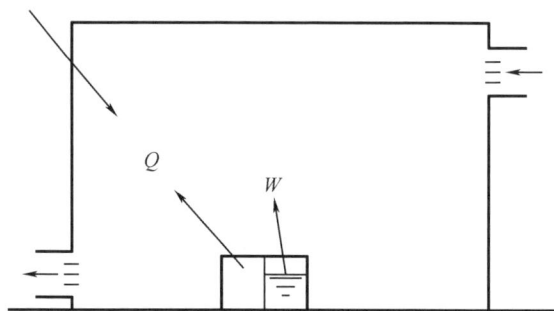

图 1-9　全空气系统

(2)全水系统

全水系统是指船舶空调舱室的热湿负荷全靠水作为冷热介质来负担的空调系统,如图 1-10 所示。由于水的比热容比空气大得多,所以在相同条件下只需

较小的水量,从而使管道所占的空间减小许多。但是,仅靠水来消除余热、余湿,并不能解决船舶舱室的通风换气问题,因而通常不单独采用这种方法。

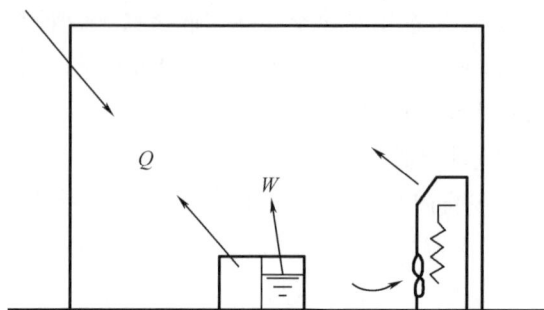

图 1-10　全水系统

(3)空气-水系统

随着空调装置的日益广泛应用,大型船舶空调系统大多靠空气来负担热湿负荷,占用较多的船舶空间,因此可以同时使用空气和海水来负担空调的室内负荷,如图 1-11 所示。诱导空调系统和带新风的风机盘管系统就属于这种形式。

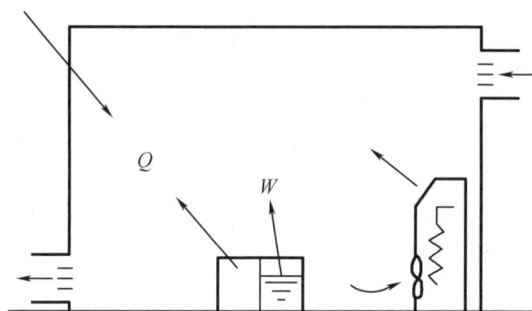

图 1-11　空气-水系统

(4)冷剂系统

这种系统是将制冷系统的蒸发器直接放在室内来吸收余热、余湿,热湿负荷由水和空气共同吸热,如图 1-12 所示。这种方式通常用于分散安装的局部空调机组,但由于冷剂管道不便于长距离输送,因此这种系统不宜作为集中式空调系统来使用。

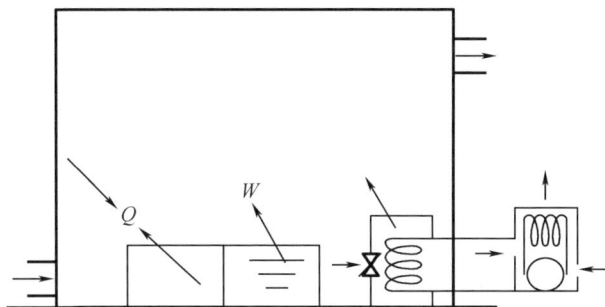

图 1-12　冷剂系统

5. 按照末端形式分类

（1）单风管型

单风管型系统只采用一根风管，系统运行时，由空调箱送出的一次风，经末端内置的风阀调节后送入空调区域。由于船上空间和层高的限制，单风管送风系统成为主流。其优点是系统简单、施工方便，但缺点也十分明显：无法同时满足不同舱室的温度要求。虽然可以靠调节布风器送风量的大小来控制室温，但室内新风量就得不到保证，影响了舱内的卫生条件。由此，装有末端再加热的单风管集中式空调系统便应运而生。其原理是在布风器内加装电加热器，利用电加热空气来补偿舱室送风温差以达到调节舱室温度的效果。由于与双风管系统相比，该系统不需占用更多的空间，又能在舱室布风器的送风量和新鲜空气量不变的情况下，使舱内保持良好的空气卫生条件，故已广泛被船厂和船东所接受。

单风管型可以细分为三种形式：单冷型、单冷再热型、冷热型。如果不按室温要求调节，人为确定一次风量的设定值，则末端装置起到稳定送风量的作用，便成为定风量末端装置，常用于新风、排风系统控制风量。单风管单冷型空调系统运行性能图如图 1-13 所示。

（2）双风道型

双风道型系统风机的出风口分成两路：一路对空气进行冷却处理，一路对空气进行加热处理，并分别经过冷、热风道送至房间的末端装置，再送进室内。双风道系统中冷风的送风温度通过调节冷冻水流量保持某一恒定温度。热风直接利用回风，利用了室内热量，双风道系统总的送风量保持不变，即热风和冷风的风量总和一定。混合箱功能：①根据房间设定的温度和负荷调节冷、热风比例；②保持送风量恒定。

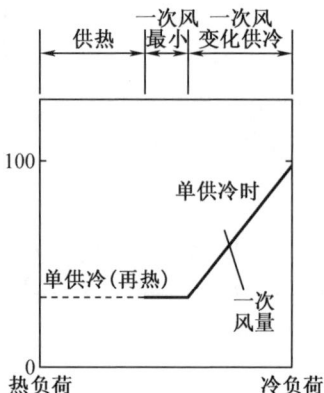

图 1-13　单风管单冷型空调系统运行性能图

双风道系统技术简单,不需要复杂的控制技术和策略,但是在船舶上应用最大的障碍是其比单风道系统多出了一个风道,增加了船舶空调系统安装的难度。在船舶空间有限的情况下,无法实现双风道空调系统。

(3)旁通型

旁通型空调系统在送风管旁设置了一个旁通风管,并在末端送风口与旁通风口上安装有动作相反的风阀。当室内负荷发生变化时,通过控制旁通风口的旁通分量来调节实际送入室内的风量,从而实现变风量送风。

(4)诱导型

诱导型系统是在送风管道末端安装一个诱导器,然后设定诱导器一次风口的送风量,当室内负荷变化时,诱导器调节二次风口阀门的开度,从而调节送入室内的风量。

(5)串联式风机动力型

串联式风机动力型系统运行时由空调箱送出一次风,经末端内置的一次风风阀调节后,再与吊顶内二次回风混合后通过末端风机增压送入空调区域,如图1-14所示。供冷时,串联式风机动力型一、二次风混合可提高出风温度,适用于低温送风。供热时,二次回风有两个作用:一是保持足够的风量,降低出风温度,防止热风分层;二是可减少一次风的再热损失。

(6)并联式风机动力型

并联式风机动力型系统运行时由空调箱送出一次风,经末端内置的一次风风阀调节后,直接送入空调区域,如图1-15所示。大风量供冷时末端风机不运行,风机出口止回阀关闭。

14

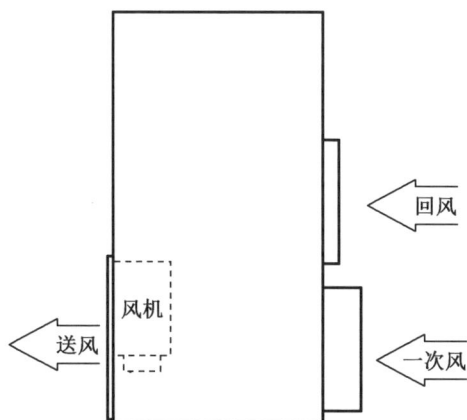

图 1-14　串联式风机动力型　　　　图 1-15　并联式风机动力型

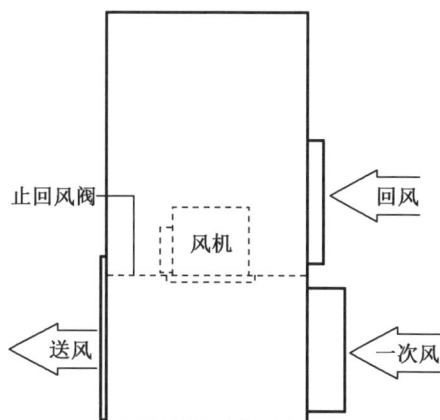

1.1.3　中央空调系统的特点

1. 优点

（1）空气处理和制冷设备集中在机房内,便于集中管理和调节,热源和冷源都是集中的。

（2）过渡季节可充分利用室外新风,缩短制冷机的运行时间。

（3）可以严格控制室内温度、湿度和空气洁净度。

（4）对空调系统可以采取有效的防振消声措施。

（5）使用寿命长。

（6）处理空气量大,运行可靠,便于管理和维修。

2. 缺点

（1）机房面积大,层高较高;风管布置复杂,占用建筑空间较多;安装工作量大,施工周期较长。

（2）对于房间热湿负荷变化不一致或运行时间不一致的建筑物,系统运行不经济。

（3）风管系统各支路和风口的风量不易平衡,各房间由风管连接,不易防火。

1.2 船舶空调系统的组成及主要设备

船舶空调系统一般由四个主要系统组成:冷、热源系统,空气处理系统,空气输送及分配系统和自动控制系统。通过四个组成部分对舱室空气进行机械处理、热湿处理、物理-化学处理,保证所需的舱室气体成分和参数。

1.2.1 冷、热源系统

冷源和热源是实现空气处理过程所必需的。冷源是为空气处理设备集中提供一定温度的冷媒水,用于空气降温、减湿的制冷装置。它主要包括活塞式、螺杆式、离心式和吸收式等制冷机。热源是为空气处理设备集中提供一定温度热水的制热装置。船舶空调通常采用蒸汽、热水或电能对空气进行加热,以蒸汽对空气进行加湿。蒸汽、热水由锅炉或动力装置的冷却水供应。

1.2.2 空气处理系统

空气处理系统的作用是将空气处理到所需要的空气状态点,完成对空气的混合、净化、加热、加湿、冷却、减湿及消声等任务。根据需要,常配的处理设备有进风口、出风口、调风门、空气过滤器、加热器、加湿器、冷却器、挡水板,以及空气混合室、分配器、消声室等。

1.2.3 空气输送及分配系统

空气输送及分配系统把经过处理达到要求状态点的空气送到各个空调房间,并从房间内抽回或排除相应量的室内空气,同时合理地布置空调房间内送风口和回风口,保证工作区内形成合理的气流组织,使空调室内工作状态均匀分布,达到所需要的空气湿度、温度、气流速度、新鲜度和洁净度等。

空气输送及分配系统包括通风机、进风管、排风管、空气分配器和空气诱导器等。

1.2.4　自动控制系统

自动控制系统指系统配备的自动调节控制系统各参数的偏差,使之处于允许波动范围的系统。其作用是控制空调舱室的空气温度、湿度及其所需之冷、热源的能量供给等。空调系统的自动控制对保证空调系统本身的合理运行、减少人力、实现安全操作起到了非常关键的作用;对暖通空调系统和技术的发展起到了极大的推动作用;能够满足空调精度要求,提高运转质量,节约能源。它是保证空调舱室得到良好空气参数及气流组织和冷、热能量合理供给所不可缺少的设备。

目前,客船的空调监控系统也很重要,其仿真示意图如图 1-16 所示。它需要控制空气处理器的启停、风机的连锁、马达的变速、各系统的负荷变化等,且可以与其他系统如移动代理服务器(MAS)、短消息业务(SMS)等建立通信往来,高效安全地监控整个区域。

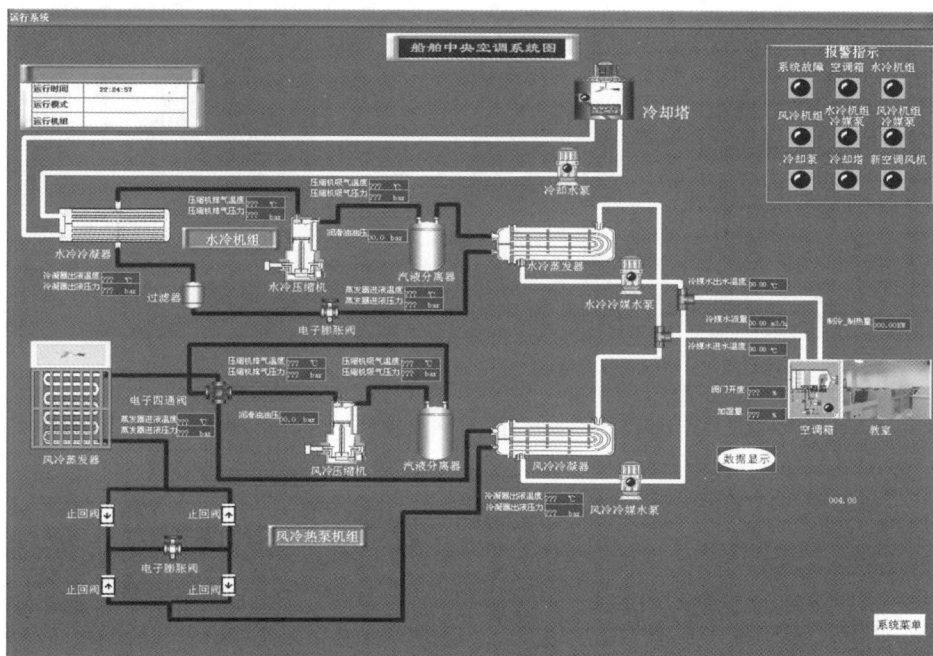

图 1-16　SMU 船舶中央空调系统仿真图

1.2.5 船舶空气调节装置的主要设备

1.中央空调器

中央空调器是对新风和回风进行混合、消声、净化、冷却、除湿和加热、加湿的集中处理设备,简称空调器。典型的组合式船舶中央空调器如图1-17所示。

(1)空气的混合和消声

如图1-17所示,新风和回风经各自的调节门由风机吸入,在混合室中混合后,由风机压出至消声室。气流进入消声室时,流通断面突然扩大,流速突降,使低频声衰减,而中、高频声则被敷设于四壁的消声材料所吸收,导致噪声降低。改变新风和回风调节门的开度,可以调节新风和回风的混合比。

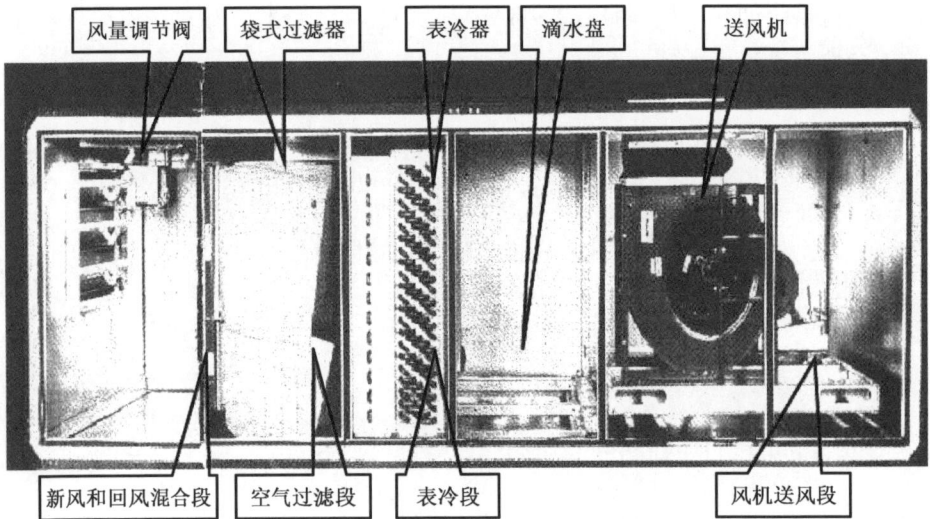

图1-17 典型的组合式船舶中央空调器

(2)空气的净化

空气流经消声室的滤器时,其中的灰尘和杂质即被滤去,既保证了供入舱室空气的清新,又可防止换热器壁面的污染而降低传热效率。滤器由多块滤板组成,滤板上铺有粗孔泡沫塑料或其他多孔性材料,斜插于过滤器架上,构成一面完整的滤墙。滤板也可以是涂以矿物油的皱折薄钢板。注意保持滤板的清洁,可减小气流流动阻力。

18

（3）空气的冷却和除湿

从消声室进入空气冷却器的空气,当其流经蛇形肋片管时,被管内循环的低温制冷剂冷却。根据冷却器表面的平均温度,空气的冷却可分为以下两种情况。

①等湿冷却:当空气冷却器表面的平均温度高于空气露点温度时,空气中的水蒸气不会在冷却器表面凝露,空气中的绝对含湿量保持不变,因而出现了等湿冷却过程。

②减湿冷却:当空气冷却器表面的平均温度低于空气露点温度时,空气中的水蒸气有一部分凝结在冷却器的表面,使空气中的含湿量减小,从而出现减湿冷却过程。

上述两种冷却过程,不论含湿量是否变化,冷却后空气的相对湿度均提高了。这是因为空气的温度越低,越接近空气中水蒸气分压对应的饱和温度,相对湿度就越接近 100%。实验证明,冷却面积越大,冷却越充分,降温、除湿的效果越好。所以,空气冷却器采用蛇形肋片管和制冷的蒸发温度不应高于 7 ℃。但制冷剂的蒸发温度也不能过低,以免管壁结霜,阻塞空气的通道和削弱空气与制冷剂的热交换,故制冷剂的蒸发温度一般不低于-20 ℃。事实上,空调器中空气的冷却过程均为减湿或干燥冷却。

（4）空气的加热和加湿

冬季,空气的温度低,需加热。但空气加热后,由于温度升高,相对湿度降低,空气变得干燥,故加热的同时还应加湿。加热介质可为热水或蒸汽,但小型空调器往往采用热泵或电加热。加湿,可向空气中喷蒸汽或喷水。船舶中央空调多采用喷蒸汽加湿。

如加湿器放在加热器前,空气的温度较低,加湿量小,难以达到加湿要求。所以,加湿器宜放在加热器后,但应注意控制加湿量,以防止加湿过量导致空调舱壁凝露。无须加热、加湿时,停止供给蒸汽和热水即可。空气经加热、加湿后,焓值和含湿量均增加。

2.常见船舶中央空调主机形式

（1）水冷冷水机组

水冷冷水机组属于中央空调系统中的制冷机组部分,其载冷剂为水,称为冷水机组。而冷凝器的冷却是通过常温水的换热降温来实现的,故称为水冷机组,与水冷机组相对的称为风冷机组。风冷机组的冷凝器由与室外空气的强制通风换热达到制冷目的。

（2）VRV 系统

VRV 系统是 Variable Refrigerant Volume 系统的简称，即制冷剂流量可变式系统，属于多联机系统。其主机由功能机、恒速机和变频机组成。通过多联机系统，使制冷管道集中进入一个管道系统，可以方便地根据室内机容量的匹配，对室内机的合适容量从 122.5 kW 以 1.5 kW 的级差进行选择，最多一组主机可连接 30 台室内机。室内机有天花板嵌入式、挂壁式、落地式等。形式不同的室内单机可连接到一个制冷回路上，并可进行单独控制。其因方便、灵活、节能、舒适、不需集中机房等特点，成为目前市场上一个重要的空调系统形式。相对于传统的中央空调系统，多联机系统更接近单元式空调器或房间空调器，但新风处理不如常规中央空调系统容易做到。

室内单机最小容量为 0.6 kW，最大容量为 3.75 kW，室内机的容量可在室外机容量的 50%~130% 范围内调节。

（3）模块机

模块机是在 VRV 系统的基础上发展而来。它采用水路系统，将主机及室内机合并为制冷机组，室内机改为风机盘管，利用载冷剂水的换热来实现制冷过程。模块机由于能够根据冷负荷要求自动调节启动机组数量，实现灵活组合，故而得名。

（4）活塞式冷水机组

活塞式冷水机组就是把实现制冷循环所需的活塞式制冷压缩机、辅助设备及附件紧凑地组装在一起的专供空调用冷目的使用的整体式制冷装置。活塞式冷水机组单机制冷量为 60~900 kW。

（5）螺杆式冷水机组

螺杆式冷水机组是提供冷冻水的大中型制冷设备。螺杆式冷水机组是由螺杆制冷压缩机组、冷凝器、蒸发器及自控元件和仪表等组成的一个完整制冷系统。它具有结构紧凑、体积小、质量小、占地面积小、操作维护方便、运转平稳等优点，因而获得了广泛的应用，其单机制冷量为 150~2 200 kW。

（6）离心式冷水机组

离心式冷水机组是由离心式制冷压缩机、配套的蒸发器、冷凝器、节流控制装置及电气表组成的整台冷水机组，适用于大型、特大型工程。其单机制冷量为 700~4 200 kW。

（7）溴化锂吸收式冷水机组

溴化锂吸收式冷水机组以船舶余热热能为动力,以水为制冷剂,以溴化锂溶液为吸收剂,制取 0 ℃以上的冷媒水,可用作空调冷源。溴化锂吸收式冷水机组以热能为动力,常见的有直燃型、蒸汽型、热水型三类。其制冷量为 230～5 800 kW。

3. 风机盘管式空调系统

风机盘管式空调系统由一个或多个风机盘管机组和冷热源供应系统组成。风机盘管机组由风机、电动机、盘管、空气过滤器、室温调节装置和箱体等组成。它作为空调系统的末端装置,分散地装设在各个舱室空调房间内,可独立地对空气进行处理。而空气处理所需的冷热水则由空调机房集中制备,通过供水系统提供给各个风机盘管机组。与集中空调系统不同,风机盘管式空调系统采用就地处理回风的方式。

风机盘管按机外静压可分为标准型和高静压型,按换热盘管排数可分为两排和三排。换热盘管一般采用铜管串铝翅片,铜管外径为 10～16 mm,翅片厚度为 0.15～0.2 mm,间距为 2.0～3.0 mm。风机一般采用双进风前弯形叶片离心风机,电机采用电容式 4 极单相电机、三挡转速、机壳和凝水盘隔热。

风机盘管式空调系统借助风机盘管机组不断地使室内空气循环,使空气通过盘管而被冷却或加热,以保持房间要求的温度和相对湿度。盘管使用的冷水或热水由集中冷源和热源供应。与此同时,由新风空调机房集中处理后的新风,通过专门的新风管道分别送入各空调房间,以满足空调房间的卫生要求。

风机盘管空调系统与集中式系统相比,没有大风道,只有水管和较小的新风管,具有布置和安装方便、占用空间小、单独调节好等优点,广泛用于温湿度精度要求不高、房间数多、房间较小、需要单独控制的舒适性空调中。

风机盘管工作原理没有中央空调复杂,我们可以把风机盘管形象地看作一台电扇,只是这台电扇吹出来的风是我们需要的温度。

如图 1-18 所示,典型风机盘管系统由风机(前向多翼离心风机或贯流风机)、盘管(即表冷器,一般为 2～3 排)、凝水盘、空气过滤器等组成,其风量为 250～2 500 m³/h。

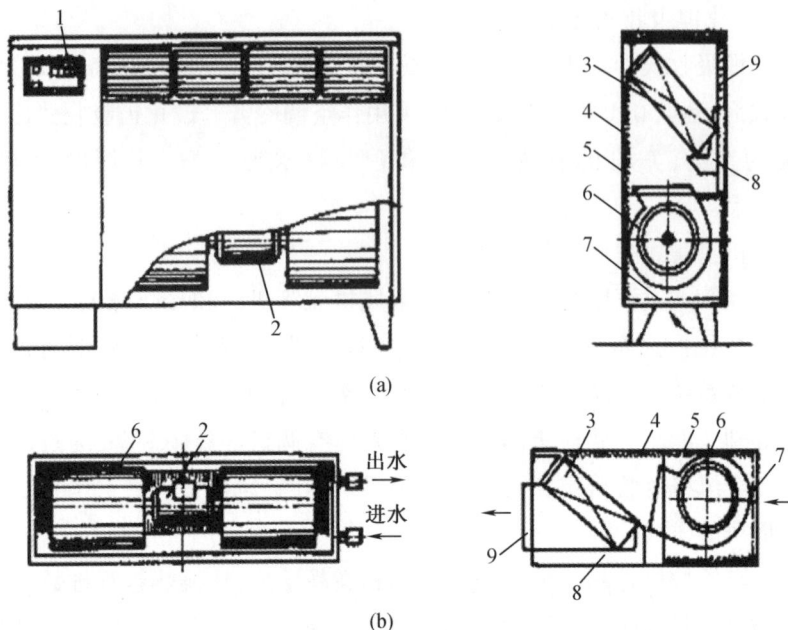

(a)

(b)

1—控制器;2—电动机;3—盘管;4—吸声材料;5—箱体;

6—风机;7—循环风进口及过冷凝器;8—凝水盘;9—出风格栅。

图1-18　典型风机盘管系统

（1）风机

风机由单向多速低噪声感应系统电动机带动,通过调节输入电压改变风机转速,使风机风量分为高、中、低三挡。风机由电器开关控制,相应调节风机盘管的供冷(热)量。风机是输送空气的动力源,也是强化空气侧对流换热(盘管外表面)的扰动源,与电动机一起又是机组的主要噪声源。

（2）盘管

盘管是一种采用肋片管制成的空气-水热交换器。冷媒水(热水)在管内流动,因冷媒水温度低于空气的露点温度,所以管外表面上有凝结水呈现湿工况下的换热,兼有热交换和质交换,提高了换热效果。盘管承担房间空调负荷的大部分或全部,管排一般为3~4排。

（3）凝水盘

凝水盘与泄水接管置于盘管底下,用于接纳盘管上不断凝结出来的水滴,由泄水接管排出室外。

（4）空气过滤器

空气过滤器主要起滤尘作用,防止灰尘阻塞盘管而使传热恶化。

风机盘管机组的工作原理是:机组内的风机使所在房间的空气不断循环,使之不断通过供冷水或热水的盘管而被不断冷却或加热,以保持房间的温度。其中,空气过滤器的作用是过滤室内循环空气中的灰尘,改善房间的卫生条件,同时保护盘管不被灰尘堵塞,确保风量和换热效果。

风机盘管机组有立式和卧式两种类型,根据安装方式分为暗装型和明装型两类。从风机盘管的构造上看,它的主要特点是:多采用离心多叶风机,叶轮由镀锌钢板、铝板或者 ABS 工程塑料制成;电动机一般采用电容式,运转时可以通过调速开关改变电机的转速,以改变风机风量;空气过滤器的过滤材料用粗孔泡沫塑料、纤维织物或尼龙编织物制作。在实际工程中,风机盘管以其控制灵活、噪声低等优点广泛应用于客房等舱室。风机盘管机组以提供室内热湿负荷为主,新风则由其他设备集中处理。

风机盘管的优点是噪声较小,适用于旅馆的客房;具有个别控制的优越性;系统分区进行调节,控制容易;风机盘管本身体型小,布置和安装较为方便。其主要缺点是:由于机组设置在室内,需要其他工种进行有效的配合;机组相对分散,维修的工作量较大;必须解决好新风问题;风机静压小,不能使用高性能的过滤器,使得室内空气的洁净度不高。而且风机盘管工作在湿工况,盘管的冷凝水在陆用时可以通过凝水管顺利排出;但是在船舶上,由于空调系统运行平台随着船舶晃动出现摇摆和倾斜,凝水问题就成为其在船舶上使用的最大障碍。

风机盘管加新风系统分为两部分:中央空调风机盘管和新风系统。风机盘管是中央空调的末端设备,新风系统负担新风负荷以满足室内空气质量。风机盘管加新风系统是水系统空调中的一种重要形式,也是民营建筑中较为普遍的空调形式。与全空气系统相比,风机盘管加新风系统的优点为:

(1)控制灵活,具有个别控制的优越性,可灵活地调节各房间的温度,根据房间的使用状况确定风机盘管的启停;

(2)风机盘管机组体型小,占地小,布置和安装方便,甚至适合于旧有建筑的改造;

(3)容易实现系统分区控制,冷热负荷能够按房间朝向、使用目的、使用时间等把系统分割为若干区域系统,实施分区控制。

风机盘管加新风系统的缺点为:

(1)机组分散设置,台数较多,因而维修管理工作量大;

(2)室内空气品质比较差,很难进行二级过滤且易发生凝结水渗顶事故;

(3)风机盘管机组方式本身解决新风量困难,由于机组风机的静压小,气流

分布受限制,适用于进深小于 6 m 的房间。

风机盘管加新风系统的优点与缺点并存,合理的设计、合适的设备选择、正确的施工安装可以减少风机盘管加新风系统带来的缺陷。以上只是简单了解风机盘管加新风系统的优点和缺点,对于设计师而言,可以做到取长补短;对于消费者而言,可以趋利避害,选择适合自己的空调系统。

风机盘管机体小,布置灵活,安装方便,占用建筑空间较小,便于配合内装施工。根据业主的不同需求,结合设计图纸选择较好的风机盘管应用到实际工程中去,应充分考虑以下几点。

(1)冷量的校核

目前,市场上的风机盘管产品规格标注一般都是名义制冷量,而实际运行中的冷量应是冷量×单位时间内的平均运行时间,即改变风量或运行时间,都会影响机组的输入冷量。所以并非名义冷量越高越好。如果仅按高冷量选用机组,会出现供冷能力过大的情况,导致开动率过低、换气次数减少、室温梯度加大、系统容量和设备投资加大、空调能耗加大、空调效果变差。所以冷量仅作为选设备的必要条件之一,还应兼顾其他因素。

(2)风量校核

风量校核主要按房间品质要求校核换气次数。送风温差越小,换气次数越多,则空气品质越好,就越舒适。有的空调房间之所以让人感觉有异味、闷气,就是因为风量校核没有处理好。由于风机盘管的名义风量是在不通水、空气进出口压差为零的工况下测定的,故存在一些不切实际的因素,所以实际确定风量时应将这部分理想状态下的风量值扣除,通过经验测算,这部分增补风量应占名义风量的 20% ~ 30%。

(3)送、回风方式

送、回风方式即形成所谓的气流组织,其合理与否直接影响到空调房间的温度场、速度场的均匀性和稳定性,也即空调效果的好坏。合理的气流组织要求一定的送风速度,以避免气流短路,保证一定的射流长度。风速取决于机外静压、送风量、送风口等因素。机外静压过低,会导致风量下降,射程降低,房间冷热不均。设计气流组织与实际运行状态在曲线图上存在较大差异,故应根据实际的建筑格局、房间结构形式、进深、高度等情况,通过选择中挡风量、风速指标来选择相应的风机盘管型号。

(4)其他因素

噪声指标控制在 40 dB 以下,对噪声偏大的风机盘管,加装消声处理装置,阻

力值不大于 10 Pa;安装、施工中应注意保温质量、冷凝水的排放、坡向、管件接头、系统清洁及水系统的设置方式(水平还是垂直),部分工地选用垂直系统,能较好地保证冷凝水的排放,保证了房间的层高要求。

4. 载冷剂

船舶中央空调中,常常采用制冷装置间接冷却被冷却物,或者将制冷装置产生的冷量远距离输送,这两种方式均需要一种中间物质,先将其在蒸发器内冷却降温,然后再用它冷却被冷却物,这种中间物质称为载冷剂。载冷剂的循环是先在蒸发器中被制冷剂冷却并送至冷却设备中吸收被冷却系统的热量,然后返回蒸发器将吸收的热量传递给制冷剂,同时载冷剂重新被制冷剂冷却。使用载冷剂能使制冷剂集中在较小的循环系统中,并将冷量输送给较远的冷却设备。使用载冷剂有时还可以解决某些直接冷却制冷装置难以解决的问题。使用载冷剂能使某些毒性较大或有较强刺激性气味的制冷剂远离使用环境,提高制冷系统的安全性。载冷剂是依靠显热来运载冷量的,这是其与制冷剂依靠汽化潜热来制冷的最大区别。

常用的载冷剂是水,但只能用于高于 0 ℃的条件。当要求低于 0 ℃时,一般采用盐水溶液(如氯化钠或氯化钙盐水溶液),或乙二醇或丙三醇等有机化合物的水溶液。

(1)盐水溶液

盐水溶液是盐和水的溶液,它的性质取决于溶液中盐的浓度。溶液中盐的浓度低时,凝固温度随浓度增加而降低;当浓度高于一定值以后,凝固温度随浓度增加反而升高。

选择盐水浓度时应注意,盐水溶液浓度越大,其密度越大,流动阻力也越大,而比热容减小,输送相同冷量时,需增加盐水溶液的流量。因此,要保证蒸发器中盐水溶液不冻结,凝固温度不能选择过低,一般比蒸发温度低 4~5 ℃(敞开式蒸发器)或 8~10 ℃(封闭式蒸发器),而且浓度不应大于共晶点浓度。

盐水溶液在制冷系统中运转时,有可能不断吸收空气中的水分,使其浓度降低,凝固温度升高,所以应定期向盐水溶液中增补盐量,以维持要求的浓度。

(2)乙二醇

盐水溶液对金属有强烈的腐蚀作用,所以一些场合常采用腐蚀性小的有机化合物,如甲醇、乙二醇等。乙二醇有乙烯乙二醇和丙烯乙二醇之分。由于乙烯乙二醇的黏度大大低于丙烯乙二醇,故载冷剂多采用乙烯乙二醇。

乙烯乙二醇浓度的选择取决于应用的需要。一般而言,以凝固温度比蒸发

温度低 5~6 ℃确定溶液浓度为宜,浓度过高,不但投资大,而且对其物性也有不利影响。为了防止空调设备在冬季冻结损毁,可采用 30%的乙烯乙二醇水溶液。

5. 自动控制系统

空调自动控制指空气调节的作用是在室外气候条件和室内负荷变化的情况下使空间(如房屋建筑、列车、飞机等)内的环境状态参数保持期望的数值。空调自动控制就是通过对空气状态参数的自动检测和调节,保持空调系统处于最优工作状态,并通过安全防护装置维护设备和建筑物的安全。主要的环境状态参数有温度、湿度、清洁度、流速、压力和成分等。

较完善的空调控制系统由四个部分组成。

(1)空气状态参数的检测系统

空气状态参数的检测系统由传感器、变送器和显示器组成。传感器是检测空气状态参数的主要环节。在空调控制系统中常用的传感器有温度传感器、湿度传感器、压力传感器等。传感器的惯性和精度对空调控制系统的精度影响较大。空调系统属于分布参数系统,空调区内各处的空气状态参数表现为一个分布场,它取决于气流组织和负荷分布等因素。空调控制系统只能保证传感器所处空间位置的空气参数的控制精度。要使整个空调区内取得良好的空调效果,还必须合理地选定传感器的设置位置。

(2)空气状态参数的自动调节系统

空气状态参数的自动调节系统是空调控制系统的核心部分。多数空调系统的被调参数为温度和湿度。空调控制系统中,温度和湿度自动调节系统的各个组成部件的功能与温度控制系统中的同类部件相同。调节器多采用位式调节器或 PID 调节器,有些情况下也采用分程、反馈加前馈、串接等调节方式。

(3)空调工况的判断及自动切换系统

空调工况的判断及其自动切换系统的最优工况(工作状况)会随外部气候条件和内部负荷状况而漂移。在判断工况时,由于测量精度的限制,工况分区内会出现边界重叠现象。当工况自动切换时,要保证系统稳定,在边界重叠区不出现“竞争”和“振荡”,转换的时间间隔不能小于制冷机等设备所允许的最短启、停时间。

(4)设备和船舶的安全防护系统

为保证空调系统安全运行,所有设备均设有专门的安全防护控制线路。例如,只能在有风时接通电加热器。当船舶出现火情时,防护装置会自动迅速切断有关风路或整个空调系统,并启动相应排烟风机。

1.2.6　影响船用空调系统的因素

船舶常年行驶于高湿度、高盐分的水面环境,其对于设备的耐腐蚀性要求相较于一般的空调系统要更高。由于工作环境恶劣,系统中的一些部件容易出现霉变、腐蚀的现象。随着时间的积累,很有可能造成设备的性能衰减甚至失效。例如,空调的各种换热器(如表冷器、冷凝器),由于其换热过程往往伴随有水的相变过程,非常容易在其表面形成一层液态水层。在高盐度环境下,其腐蚀性要比一般空调系统高得多。加之其材质大多为具有低热阻的金属材料(如铜),这些材料耐腐蚀性相对较差,因此其使用效果与使用寿命也就比较容易受到影响。另外,由于水面湿度大,在船用中央空调系统的风系统中,水汽的凝结也会经常发生在管道的壁面。经过长时间的附着后,极易形成局部霉斑,这将会影响到空气的品质。另一方面,由于水面条件复杂,特别是在海上航行的船体会随着波浪发生一定的晃动,这会对空调系统产生一定的外力冲击,因此船用空调对于系统的结构强度也会有所要求。

1.3　空气处理的基本原理

一般地,为了描述被处理的空气,工程上称不含水分的空气为干空气,含有水分的空气为湿空气。通常我们把单位质量(一般为 1 kg)湿空气中所含有的水分质量称为空气的含湿量(单位为 g/kg)。另外,我们把湿空气中的水汽压与同一温度下饱和水汽压的比值称为相对湿度。含湿量不能反映空气中水汽接近饱和的程度,相对湿度也不能反应湿空气中水汽的具体含量,但两者均是描述空气的重要参数。

通常在一定的温度与气压下,相对湿度与人体舒适性具有重要的联系。相对湿度越大,代表水汽分压越大,人体通过皮肤排汗散热也就越困难,此时人体会感到闷热。相反,相对湿度越小,皮肤排汗散热也就越容易,此时人体会感到舒适。在一定的大气压力与含湿量条件下,温度越高,相对湿度越大。因此,为了提高空气的舒适性,采用一些处理方法使得空气的温度、相对湿度保持在一定范围内,就是空气调节的基本目的。

空调的任务是对一定环境中空气的温度、相对湿度、气流速度及空气的洁净度进行调节。空气既是需要利用空调技术对特定空间空气环境进行调节和控制的主体,又是空调工程中需要根据不同要求进行热湿处理的对象。因此,全面、深入地了解空气的特性,熟悉反映空气状态的参数及相互间关系的线图,会熟练运用焓湿图(图1-19),是学习和掌握中央空调技术的重要基础。工程上通常使用焓湿图来帮助计算。这种图包含空气温度、大气压力、含湿量、相对湿度和焓值等。

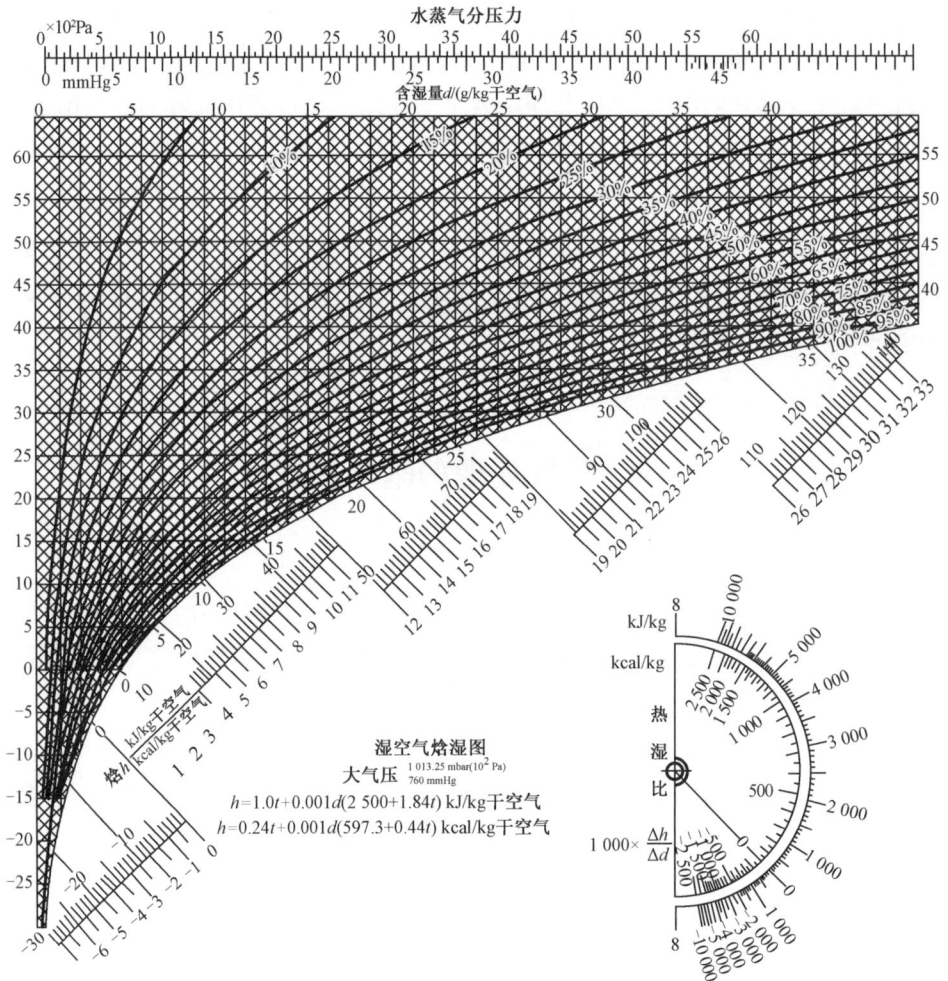

图 1-19　空气的焓湿图

在大气压力一定的情况下,只要确定两个参数,那么对应的空气温度状态点

即可确定。对于空气调节来说,将处于不同处理阶段空气的状态点在图上标出并按照处理流程连接,就可以得到完整的空气状态参数变化过程,这极大地方便了空调系统设计中送风参数的设定计算。

1.3.1　空气的状态参数

我们常说的空气是干空气和水蒸气的混合物。

空气中水蒸气含量的变化会对空气的干燥和潮湿程度产生重要影响,从而对人的舒适感及健康、产品产量和质量、生产工艺过程、设备状况、处理空气的能耗等都有极大的影响。

基于上述种种原因,平时可以忽略的空气中的水蒸气在空调范畴里不仅不能忽略,还要把它放在非常重要的地位来对待。

空气除了组成、性质、状态等定性的描述外,为便于对其进行处理和调控,还需要有对空气进行定量分析和描述的物理量,该物理量称为空气的状态参数。

状态参数通常是指识别某一个或某一类客观事物的数值特征或数量特征的度量。可以说每一个客观的物体都有其特定的状态参数。

从空调的目的出发,主要从温度、湿度、压力和能量特性(焓)四个方面来描述空气的状态,所涉及的参数即为空气的状态参数。

温度:露点温度 t_L、干球温度 t_g、湿球温度 t_s。

湿度:含湿量 d、相对湿度 φ。

压力:大气压力 p_B、水蒸气分压力 p_q、饱和水蒸气分压力 $p_{q,b}$。

焓:h。

1. 露点温度

任一状态的未饱和空气,在保持所含水蒸气量不变的条件下,使其温度逐渐降低,当温度低于某一临界温度时,空气中的水蒸气便开始凝结出来,这个临界温度就称为这个状态空气的露点温度。

露点温度通常用 t_L 表示,单位为 ℃。

在含湿量不变时,空气温度下降,由未饱和状态变为饱和状态,此时空气的相对湿度 $\varphi = 100\%$。在空调技术中,把空气降温至露点温度,可以达到除湿干燥空气的目的。

2. 干球温度

干球温度是从暴露于空气中而又不受太阳直接照射的干球温度表上所读取

的数值。它是温度计在普通空气中测出的温度,即天气预报里常说的气温。干球温度计(图1-20)温度是温度计自由地暴露在空气中所测量的温度,同时它应避免辐射和湿气的干扰。干球温度计温度通常被视作所测量空气的实际温度,它是真实的热力学温度,是一个普通温度计被暴露在气流中所测量的温度。不同于湿球温度计,干球温度计的温度与当前空气中的湿度值无关。

3. 湿球温度

用湿棉布包扎温度计水银球感温部分,棉布下端浸在水中,以维持棉布一直处于润湿状态,这种温度计称为湿球温度计(图1-20)。将湿球温度计置于一定温度和湿度的流动不饱和空气中,假设开始时棉布中水分(以下简称水分)的温度与空气的温度相同,但因不饱和空气和水分之间存在湿度差,水分必然要汽化,水分向空气主流中扩散,汽化所需要的汽化热只能由水分本身温度下降放出显热来供给。水温下降后,与空气间出现温度差,空气即将因这种温度差而产生的显热传给水分,但水分温度仍继续下降放出显热,以弥补汽化水分不足的热量,直至空气传给水分的显热等于水分汽化所需要的汽化热时,湿球温度计上的温度才维持稳定,这种稳定温度称为湿球温度。

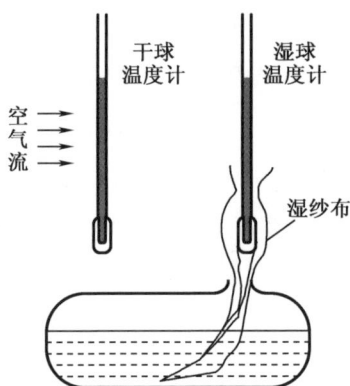

图1-20 干、湿球温度计

显然,当湿纱布的最初水温低于湿球温度时,空气向水面的温差传热,一方面供水分蒸发用,另一方面供水温的升高。随着水温的增高,传热量减少,最终仍将达到温差传热与蒸发耗热相等,水温稳定于湿球温度的状态。

在空气相对湿度不变的情况下,湿纱布上水分的蒸发可认为是稳定的,从而蒸发所需要的热量也是一定的。当空气相对湿度较小时,湿球表面水分蒸发快,蒸发需要的热量多,湿球水温下降得也越多,因而干、湿球温差大。反之,如果空

气相对湿度大,则干、湿球温差小。当空气相对湿度为 100% 时,水分不再蒸发,干、湿球温度也就相等了。由此可见,在一定的空气状态里,干球和湿球温度计读数的差值称为干湿表差。干湿表差反映了空气的相对湿度大小,干湿表差越大,空气越干,即空气的相对湿度越小。

4. 湿度

在空调工程中,测量和调节空气的湿度是仅次于温度控制的重要任务,尤其是需要知道空气中水蒸气的含量有多少和某一状态空气吸收水蒸气的能力有多大时。这两种情况可以分别用含湿量 d 和相对湿度 φ 这两个湿度类状态参数来度量。

含湿量定义为每千克干空气中含有的水蒸气量。

相对湿度定义为空气中的水蒸气分压力与相同温度下饱和空气的水蒸气分压力之比。

含湿量这个参数只能反映空气中水蒸气含量的多少,不能直观地反映空气是否饱和,即是否还能容纳水蒸气。

5. 焓

焓表示空气含有的总热量。

在空调工程中,最常见的空气处理过程是冷却或加热空气,经常会碰到诸如将空气从 30 ℃ 冷却到 20 ℃ 需要多少冷量,或将 5 ℃ 的冷空气加热到 20 ℃ 需要多少热量之类的问题。

焓是代表空气能量状态的参数,并能进行空气能量变化的计量。

湿空气的焓也是以 1 kg 干空气为基准来表示的,指含有 1 kg 干空气的湿空气的焓,它包括干空气的焓与水蒸气的焓。

1.3.2　空气状态参数之间的关系

通常在进行空调方面的计算时,都认为大气压力基本不变。在大气压力不变的条件下,理论上知道下面五个(组)参数中的任意两个(组),就可以利用公式求解出其余几个(组)参数,这两个(组)参数称为独立参数。

(1)干球温度或饱和水蒸气分压力(此两者为非独立参数),两者任知其一。

(2)湿球温度。

(3)含湿量、水蒸气分压力或露点温度(此三者为非独立参数),三者任知其一。

（4）相对湿度。

（5）焓。

已知温度 t 和含湿量 d，求解焓 h 的公式为

$$h = 1.01t + (2\,500 + 1.84t)\frac{d}{1\,000} \tag{1-1}$$

从式（1-1）可看出，空气的焓不仅与温度有关，还与其所含水蒸气的量有关，因此在空调工程中，空气被处理时焓增加、减少还是不变，要由温度和含湿量两者的变化情况决定。

已知干球温度 t（饱和水蒸气分压力 $p_{q,b}$）和相对湿度 φ，求解含湿量 d 的公式为

$$d = 622 \times \frac{\varphi p_{q,b}}{p_B - \varphi p_{q,b}} \tag{1-2}$$

已知干球温度 t 和湿球温度 t_s，求解相对湿度 φ 的公式为

$$\varphi = \frac{p'_{q,b} - 0.000\,65(t - t_s)p_B}{p_{q,b}} \times 100\% \tag{1-3}$$

式中　　$p'_{q,b}$——湿球温度 t_s 所对应的饱和水蒸气分压力；

　　　　p_B——大气压力。

1.3.3　空气的焓湿图

在工程计算中，用公式计算和查表方法来确定空气状态和参数是比较烦琐的，对空气的状态变化过程的分析也缺乏直观的感性认识。因此，为了便于工程应用，通常把一定大气压力下各种参数之间的相互关系作成线算图来进行计算。根据所取坐标系的不同，线算图也有多种形式。国内常用的是焓湿图，即取两个独立参数焓（h）和含湿量（d）作坐标轴，另一个独立状态参数大气压力（p_B）取为定值。为了使各种参数在坐标图上的反映清晰明了，两坐标轴之间的夹角取为 135°。

焓湿图最基本的应用是查找参数（图1-21）。图中，ε 为热湿比；φ 为相对湿度。此外，焓湿图还可以用于判断空气的状态、表示空气的状态变化和处理过程等。

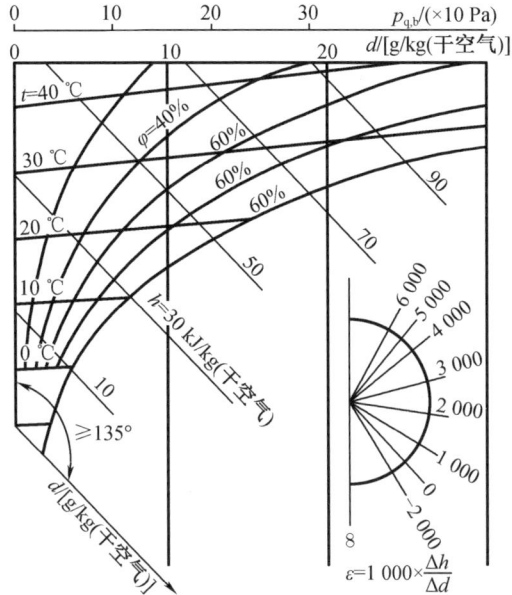

图1-21　湿空气的焓湿图

焓湿图看上去比较复杂,但实际上只有6种线条:

(1)45°的等焓线;

(2)垂直的等含湿量线;

(3)近似水平的等温线;

(4)弧形的等相对湿度线;

(5)水蒸气分压力线;

(6)热湿比线。

等相对湿度线的绘制要借助等温(t)线和等含湿量(d)线来确定,如图1-22所示。

例如,绘制80%的等相对湿度线,首先要选择一个温度,如10 ℃,查水蒸气参数表得到该温度下的饱和水蒸气分压力$p_{q,b}$,根据公式计算d。

这样,由选择的t和计算得到的d就确定了一点,再计算下一个温度确定的另一点,最后把所有点连接起来即可绘制出80%的等相对湿度线。

关于焓湿图,需要特别注意以下几点:

(1)饱和空气线即相对湿度为100%的等相对湿度线,见图1-22中右下方的弧线。这条弧线通常称为"饱和线",其上每一点都是空气的饱和状态。饱和空气的一个特点就是干球温度、湿球温度、露点温度完全相等。

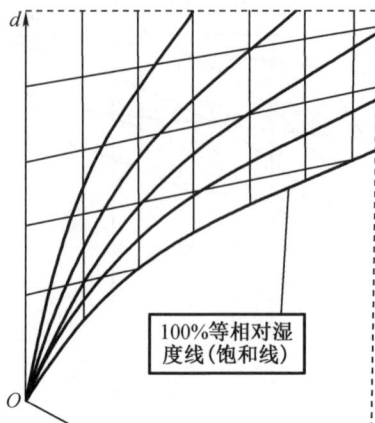

图 1-22　等相对湿度线的绘制

（2）大部分焓湿图中没有画出等湿球温度线。因为等湿球温度线与等焓线基本平行,故工程上近似地用等焓线代替等湿球温度线,即过某一点的等湿球温度线就是过该点的等焓线。

（3）焓湿图中也没有画出等露点温度线。等含湿量线就是等露点温度线。因为露点温度的定义已说明含湿量相同的状态点,露点温度均相同。

空气干球温度、湿球温度和露点温度在焓湿图上的查找方法如图 1-23 所示。

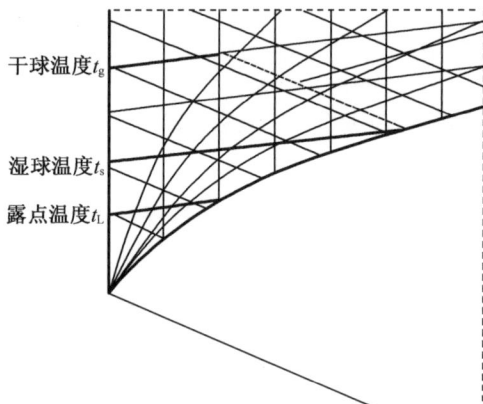

图 1-23　焓湿图上温度的查找方法

为了说明空气状态变化的方向和特征,常用空气状态变化前后的焓差 Δh 和

含湿量差 Δd 的比值来表示。这个比值称为热湿比 ε（单位为 kJ/kg），也称为角系数，即

$$\varepsilon = \frac{\Delta h}{\Delta d \times 10^{-3}} \tag{1-4}$$

在空调过程中，空气常常由一个状态（A）变为另一个状态（B）。在整个状态变化过程中，如果空气的热湿变化是同时进行的，那么在焓湿图上，状态 A 和状态 B 之间的直线连线就是空气状态变化的过程线，称为热湿比线。

从热湿比的定义式可知，ε 实际上是直线的斜率。而直线的斜率与直线的起始位置无关，两条斜率相同的直线必然平行。

根据直线斜率的特性，在焓湿图上以任意点为中心作出一系列不同值的 ε 标尺线，实际应用时，只需把等值的 ε 标尺线平移到空气状态点，即可画出该空气状态的变化过程线。该法称为平行线法（图 1-24）。

热湿比线的另一种作法是辅助点法（图 1-25）。在焓湿图上找到空气的初状态点 A；任取一个 Δd 值，则可计算出 $\Delta h = \varepsilon \Delta d$；在焓湿图上找到比 A 点的焓值大 Δh 的等焓线，比 A 点的含湿量值大 Δd 的等含湿量线，以及这两条线的交点 B；连接 A、B 两点，这条连线就是所要作的热湿比线。

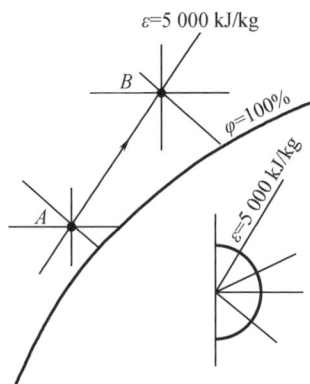

图 1-24　平行线法绘制热湿比线　　图 1-25　辅助点法绘制热湿比线

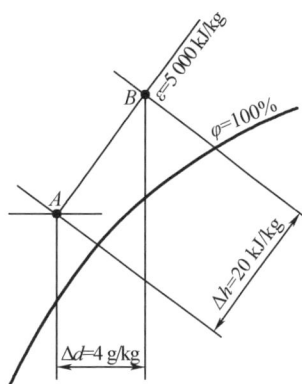

1.3.4　焓湿图的应用

对于空调专业人员来说，焓湿图是一个重要的工具，无论是工程设计、系统调试，还是运行管理，都会用到焓湿图。

熔湿图的应用主要包括：

(1)确定空气所处状态；

(2)查找空气状态参数；

(3)分析空气状态变化过程；

(4)确定两种不同状态空气混合后的状态点。

通过熔湿图可以确定空气状态参数及查找参数,根据任意两个独立的空气状态参数,就可以在熔湿图上找到相应的状态点,并可判断出空气处于什么状态,还可查找出其他的状态参数。

空调系统按照空气的来源,可分为全新风空调系统、封闭式空调系统和回风空调系统。全新风空调系统完全采用室外空气作为空气来源,其最大的优势在于空气品质可以得到有效保证,适用于医院、实验室等高空气品质要求的场所。但由于全新风空调系统的能耗很大,除非对室内空气质量要求高,一般不会采用。封闭式空调系统则完全使用室内空气作为空气源,由于空气品质难以得到保证,这种系统只适用于特殊场所(如储藏室等),但其能耗也是最低的。回风空调系统是目前最常见的空调系统,它由新风系统和回风系统组成。这种空气处理方式是将一定量的室内排风空气与室外新风混合后再进行处理,最后送入室内。这种方式在有效降低能耗的同时,也可以在一定程度上控制室内的空气质量,是最为常见的空调系统。一般来说,回风系统有一次回风系统和二次回风系统两种。混合后的空气中新风的占比一般控制在40%以下。

我们以最常见的夏季一次回风空调系统为例进行简单说明,如图1-26所示。在熔湿图上根据室内与室外空气状态点标出坐标。首先,室外新风状态点 W 与室内回风状态点 N 按一定比例进行混合后达到混合状态点 C。根据室内的余热量与余湿量确定热湿比线,然后确定送风温差,最后确定送风状态点 O。随后,从 O 点沿着等含湿线向下与90%相对湿度线相交于点 L,该点一般称为机器露点。最后将 L 与 C 两点连接就构成了一张完整的空气处理流程图。在这个过程中,从 C 到 L 需要经过表冷器的处理,从 L 到 O 需要经过再热器的处理。

二次回风系统相较于一次回风系统进一步提高了空调的节能效率,它主要是在混合空气送往再热器之前,再次将一定比例的室内空气与达到机器露点的空气混合,以此减少再热器需要的能量。如图1-27所示,不同于一次回风,二次回风的机器露点温度可以更低,即达到图中的 L',随后,通过与室内空气状态点 N 进行混合,达到送风状态点 O。图中,i 为不同状态的熔;G_1 为一次回风量;G_2 为二次回风量。

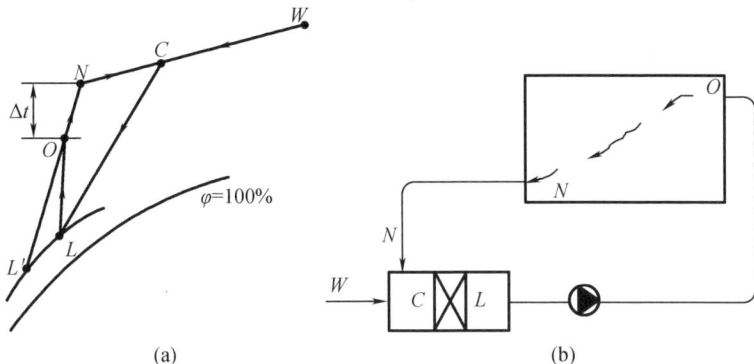

图 1-26 夏季一次回风空调系统处理流程

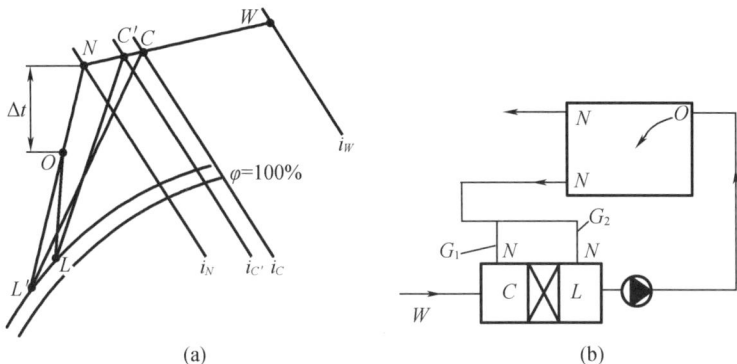

图 1-27 夏季二次回风空调系统空气处理流程

冬季一次回风空调系统空气处理流程如图 1-28 所示。类似地,我们首先通过余热量和余湿量计算热湿比线,再根据空调精度(一般的民用空调选取 ±0.5 ℃即可)选取送风温差,确定送风状态点 O'。沿着等湿线从点 O' 垂直向下与 90%相对湿度线相交确定机器露点 L,将室外空气状态点 W' 和室内回风状态点 N 连接,从点 L 沿着等熔线与 $W'N$ 线相交于点 C',该点即是混合状态点。

冬季一次回风空调系统空气处理流程(带预热器)如图 1-29 所示。当混合空气等熔降温至 L 后,先和室内空气进行混合至点 O,再等湿加热至点 O',这种办法进一步降低了能耗。一般地,若对新风比有要求,室外空气的温度有时达不到要求,此时如果混合会产生水汽的凝结现象。为了解决这种问题,需要首先对吸入的新风进行加热。外界空气温度从 W 加热至 W',与点 N 连接后再确认混合状态点 C'。

冬季二次回风空调系统空气处理流程(带预热器)如图 1-30 所示。与一次

回风系统不同,二次回风系统的混合风在达到机器露点以后,会再次与室内空气进行混合,达到新的混合状态点 O,再等湿加热至点 O'。二次混合进一步节省了加热所需要的能量。

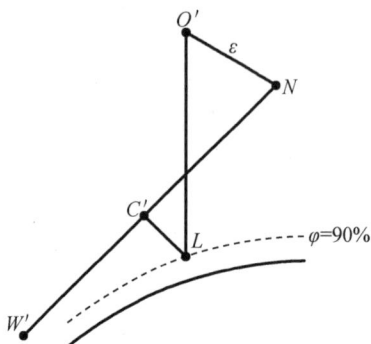

图 1-28　冬季一次回风空调系统空气处理流程

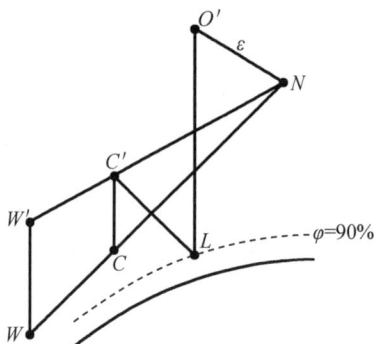

图 1-29　冬季一次回风空调系统空气处理流程(带预热器)

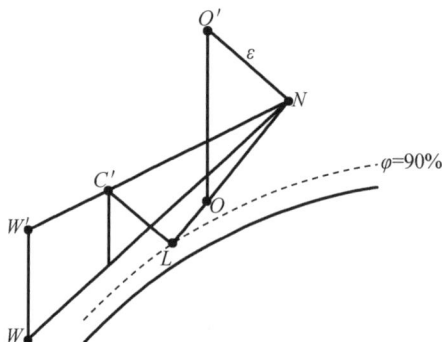

图 1-30　冬季二次回风空调系统空气处理流程(带预热器)

1.3.5 焓湿图上湿空气的状态变化过程

如前所述,焓湿(h-d)图不仅能够确定空气的状态和状态参数,还能显示空气的状态变化过程。在空调装置中,空气的状态变化过程大多是在压力不变的情况下进行的。下面借助焓湿图讨论在压力不变($p = \mathrm{const}$)的情况下湿空气的基本状态变化过程。

焓湿图上湿空气的基本状态变化过程如图 1-31 所示。保持一个参数恒定不变的过程称为简单过程;所有参数都发生变化的过程称为复杂过程。

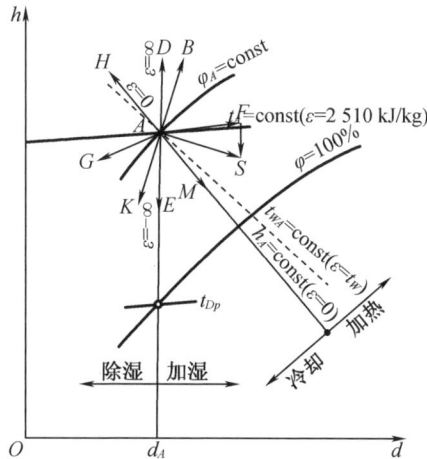

图 1-31 焓湿图上湿空气的基本状态变化过程

属于简单过程的有:湿空气含湿量不变的加热(AD)和冷却(AE)过程;用固体吸湿剂的湿空气除湿过程(AH),过程中湿空气的焓不变($h = \mathrm{const}$);绝热加湿过程(AM),过程中湿空气的湿球温度不变。

1. 等湿冷却过程

下面详细讨论湿空气的等湿冷却过程(图 1-32)。如果与湿空气接触的冷表面温度高于露点温度 t_D,但低于湿空气的温度 t_A,湿空气过程的最终状态点在高于 B 点的 AB 线上;如果冷表面的温度等于露点温度 t_D,湿空气过程的理论(极限)终态位于点 B,t_B 等于 A 点对应的露点温度 t_{DpA}。湿空气的等湿冷却过程用线 AB 表示,过程中含湿量 $d_A = d_B = \mathrm{const}$,但相对湿度增加至 1。由于湿空气向外放热(放热量和湿空气的温度变化成正比),因此湿空气的焓减少。湿空气放热

量(kJ/kg)由下式确定：

$$h_A - h_B = (1.01 + 1.859d_A)(t_A - t_D) \tag{1-5}$$

由于 $d_A = d_B$，$h_B < h_A$，所以

$$\varepsilon = \frac{h_B - h_A}{d_B - d_A} = -\infty \tag{1-6}$$

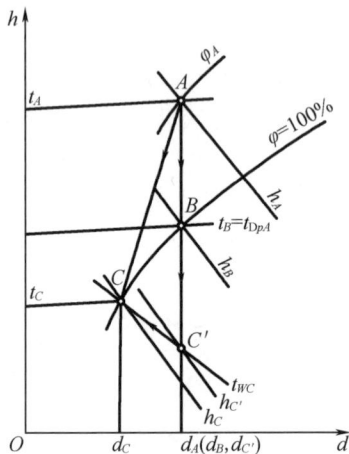

图 1-32　湿空气的等湿冷却过程的焓湿图

当气体通过表面冷却器时，如冷却器的表面温度低于气体的温度但又高于气体的露点温度，则气体中的水蒸气不会凝结，此时气体被等湿冷却。

如果冷却器的表面温度低于空气的露点温度，则空气不但降温，而且脱水，因而可实现图 1-32 所示的 AC，即冷却减湿过程。

2. 等湿加热过程

空气调节中常用电加热器来处理气体，气体通过加热器时获得了热量，提高了温度，但含湿量并没有变化时，空气状态呈等湿增焓升温变化，过程线为 AD（图 1-31）。由于在状态变化过程中 $d_A = d_B$，$h_B > h_A$，所以有

$$\varepsilon = \frac{h_B - h_A}{d_B - d_A} = +\infty \tag{1-7}$$

空气经过表面式热水器或者蒸汽加热器的状态变化过程也属于此类。

3. 等焓减湿

图 1-31 中线 AH 表示等焓减温处理过程，其 ε 值为

$$\varepsilon = \frac{h_H - h_A}{d_H - d_A} = 0 \tag{1-8}$$

用固体硅胶吸湿剂处理空气时,水蒸气被吸附,空气含湿量降低。而凝结所放出的汽化热使得空气温度升高,但焓值基本不变,只略微减少了水所带走的液体热。故用此法近似获得等焓减湿升温过程。

4. 等焓加湿

图 1-31 中线 AM 表示等焓加温处理过程,其 ε 值为

$$\varepsilon = \frac{h_M - h_A}{d_M - d_A} = 0 \qquad (1-9)$$

此过程一般用循环水(即湿球温度的水)喷淋空气来实现。在喷淋过程中,空气温度降低,相对湿度增加,空气传给水的热量仍通过水分蒸发返回空气中,因而空气焓值不变。该状态变化过程由于与外界没有热量的交换,故称为绝热加湿过程。此时,循环水温将稳定在空气的湿球温度上。

此过程与湿球温度计表面空气的状态变化过程相似。严格地讲,空气的焓值是略有增加的,其增值为蒸发到空气中的水的液体热。由于这部分热量很小,因而近似认为绝热加湿过程是一个等焓过程,仍用图中的线 AM 表示。

以上介绍了空气的四个简单状态变化过程。下面介绍空气状态变化的复杂过程。

在过程线 AD 和 AF 间的过程,湿空气的温度、焓和含湿量增加,过程的热湿比近似由 2 510 kJ/kg(过程 AF)变化到 ∞(过程 AD)。复杂过程 AB,ε 为 4 000~40 000 kJ/kg。夏季工作规范时,舱室内通风空气的过程称为热湿同化过程。

在过程线 AM 和 AF 间的过程,热湿比 ε 为 0~2 510 kJ/kg,过程中湿空气的焓和含湿量增加,温度降低。过程线 AE 和 AM 间的过程,热湿比 ε 为 $-\infty$ ~0 kJ/kg,湿空气的焓和温度降低,含湿量增加。在执行冬季工作规范时,船舱内空调空气的热湿同化过程通常分布在 AE 和 AM 之间。

复杂过程 AS 可以用两个简单过程表示:加湿过程 AF 和干冷却(含湿量不变)过程 FS,两个过程相继进行,湿空气由状态 A 变化到状态 S。

在过程线 AH 和 AG 间的过程,热湿比 ε 为 0~2 510 kJ/kg。当用液体吸湿剂(盐溶液)对湿空气除湿,并对除湿空气和吸收剂进行不同程度的冷却时,湿空气的过程在这个范围内。

位于过程线 AG 和 AE(接近 AE)间的过程,热湿比 ε 为 2 510~ $-\infty$ kJ/kg。在这类过程中(过程 AK),湿空气同时被冷却和除湿,湿空气的温度、焓和含湿量降低。在执行夏季工作规范时,空调器的空气冷却器内进行这种有湿分分离过

程。为实现这类过程,必须使湿空气和温度低于其露点温度的冷却水,或与冷却表面直接接触。

当接触表面温度低于湿空气的露点温度时,湿空气将同时被冷却和除湿,把湿空气的过程用一条假想的直线表示,过程线相对于垂直线 AB 的位置如图 1-32 所示(过程 AC)。过程的终态是饱和湿空气和具有相同温度雾滴的混合物,雾滴的量为 A、C 两点含湿量的差(d_A-d_C)。

如果雾滴没有从湿空气中导出,混合物(雾)的状态为 C 点,其位置在 $d_A =$ const 的垂直线和 $t_{WC} =$ const 的等湿球温度线交点上。

饱和湿空气和雾滴混合物的焓 $h_{C'}$ 比饱和湿空气的焓 h_C 大,但在空调条件下处理空气时,两者的差值和湿空气的焓相比可以忽略,即认为 $h_{C'} \approx h_C \approx$ const,C' 点温度为湿空气温度。

1.4 中央空调系统组成部件

1.4.1 风管

如图 1-33 所示,风管采用金属、非金属薄板或其他材料制作而成,是用于空气流通的管道。

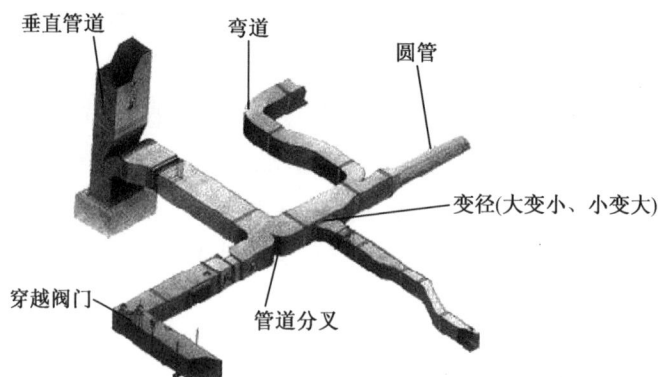

图 1-33 风管示意图

1. 风管的材料

常用的风管材料有薄(镀锌)钢板、不锈钢钢板、塑料复合板、有机(无机)玻璃钢板、胶合板、铝板、塑料软管、金属软管、橡胶软管等。

2. 风管的规格尺寸

如图 1-34 所示,风管由 A、B、L 三个尺寸组成,其中 A 表示宽,B 表示高,L 表示长,单位无特殊说明都是 mm。风管的展开面积计算公式为 $S = 2(A+B) \times L$,一般按工程需要,单位换算成 m。

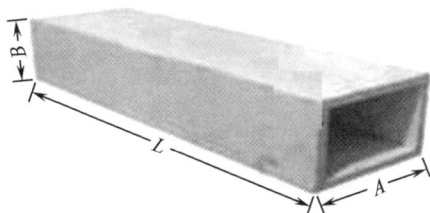

图 1-34　风管规格尺寸

3. 空调管道的保温

由于空调管道中输送的是经处理的高品质空气,对其管道的保温要求很高,因此需要对管道进行保温。常用的保温材料如图 1-35 所示。

(a)岩棉制品　　　　　　(b)复合保温材料　　　　　　(c)玻璃棉管壳

图 1-35　常用的保温材料

1.4.2　风管配件和部件

如图 1-36 所示,风管配件指风管系统中的弯管、三通、四通、各类变径及异形管、导流叶片和法兰等；风管部件指通风、空调风管系统中的各类风口、阀门、排气罩、风帽、检查门和测定孔等。

图 1-36　部分风管配件和部件

1.4.3　空调系统末端设备及其零部件

空调系统末端设备包括装配式空调机组和风机盘管,其主要零部件包括风机机组、表冷器、加热器、加热除湿器、空气过滤器和空气分配器等。

1. 空调机组

装配式空调机组是将各种空气处理设备及风机、风量调节阀等制成带箱体的单元体,这些单元体可根据工程需要由设计人员进行组合,成为一组能实现各种空气处理要求的装配式空调机。装配式空调机组有卧式、立式、角度式及叠置式等多种结构形式。应根据空调系统所需总风量、系统总冷负荷及空调机房面积大小选配合适型号和结构的装配式空调机组。

2. 风机盘管

风机盘管空调系统由风机盘管、新风机组、送风管道和控制阀门等组成。其中风机盘管、新风机组常称为末端设备,它们共同构成半集中式空调系统。

风机盘管的种类主要包括卧式风机盘管(图 1-37)、立式风机盘管(图 1-38)、卡式风机盘管(图 1-39)和高静压风机盘管(图 1-40)。

图 1-37　卧式风机盘管

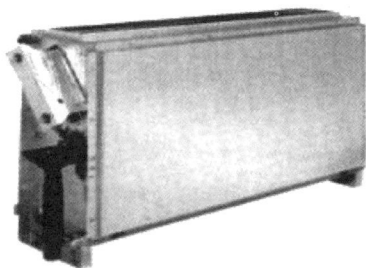

图 1-38　立式风机盘管

图 1-39　卡式风机盘管

图 1-40　高静压风机盘管

3. 空调末端设备零部件

空调末端设备零部件主要包括风机机组(图1-41)、表冷器(图1-42)、加热除湿器(图1-43)、除湿器(图1-44)、空气过滤器(图1-45)和空气分配器(图1-46)。

图 1-41 风机机组

图 1-42 表冷器

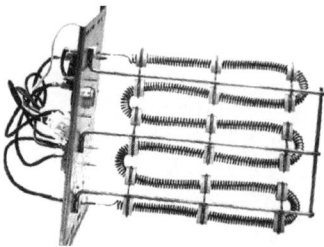

图 1-43 加热除湿器

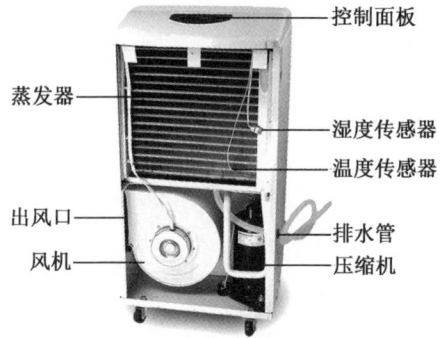

控制面板
蒸发器
湿度传感器
温度传感器
出风口
排水管
风机
压缩机

图 1-44 除湿器

图 1-45 空气过滤器

图 1-46 空气分配器

1.4.4　制冷系统组成部分

往复式压缩机是指通过汽缸内活塞或隔膜的往复运动使缸体容积周期变化并实现气体的增压和输送的一种压缩机,属容积型压缩机,如图 1-47 所示。根据做往复运动的构件不同,往复式压缩机分为活塞式和隔膜式压缩机。

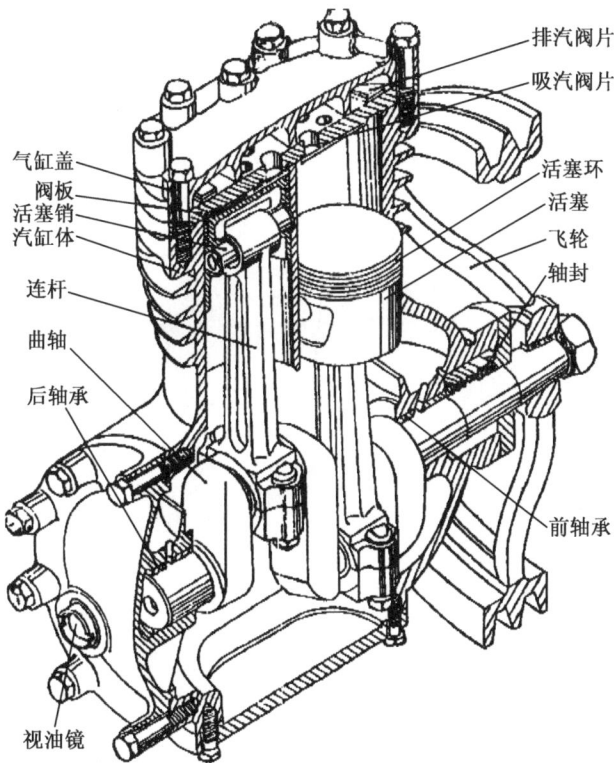

图 1-47　往复式压缩机结构图

涡旋压缩机是一种容积型压缩机,压缩部件由动涡旋盘和静涡旋盘组成,如图 1-48 所示。

螺杆式压缩机分为单螺杆式压缩机和双螺杆式压缩机。单螺杆式压缩机是 20 世纪 70 年代由法国辛恩开发出来的,因结构更加合理,其迅速被应用到国防领域,并被开发国家保护起来,技术一直相对独立。双螺杆式压缩机最早由德国的 H. Krigar 在 1878 年提出,直到 1934 年瑞典皇家理工学院的 A. Lysholm 才为瑞典 SRM 公司奠定了螺杆式压缩机技术的基础,并开始在工业上应用,取得了迅

速的发展,如图 1-49 所示。

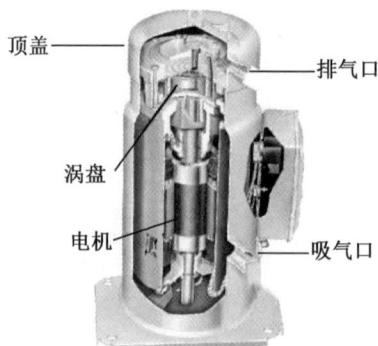

图 1-48　涡旋压缩机结构图

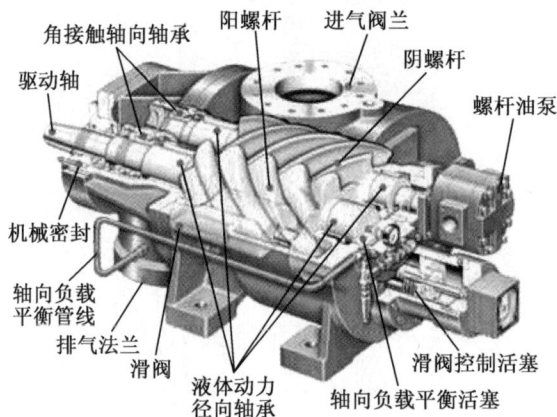

图 1-49　双螺杆式压缩机结构图

　　离心式压缩机中气压的升高是靠叶轮旋转、扩压器扩压来实现的,其结构如图 1-50 所示。根据排气压力的高低,可将其分为三类:离心通风机,风压为 10~15 kPa 或小于 10 kPa;离心鼓风机,风压为 15~350 kPa;离心压缩机,风压在 350 kPa 以上。离心式压缩机的工作原理是:当叶轮高速旋转时,气体随之旋转,在离心力作用下,气体被甩到后面的扩压器中去,而在叶轮处形成真空地带,这时外界的新鲜气体进入叶轮。叶轮不断旋转,气体不断被吸入并甩出,从而保持了气体的连续流动。与往复式压缩机相比,离心式压缩机具有下述优点:结构紧凑,尺寸小,质量小;排气连续、均匀,不需要中间罐等装置;振动小,易损件少,不需要庞大而笨重的基础件;除轴承外,机器内部无须润滑,省油,且不污染被压缩的气体;转速高;维修量小,调节方便。

轴　叶轮　固定部件　机壳　轴端密封　轴承

吸入室　　　排气蜗室　　吸入室

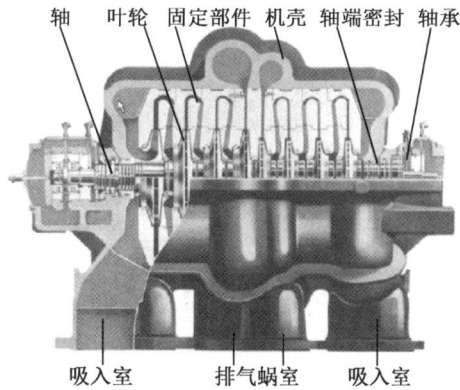

图 1-50　离心式压缩机的结构图

冷凝器属于换热器的一种,能把气体或蒸气转变成液体,将管子中的热量以很快的方式传到管子附近的空气中,如图 1-51 所示。

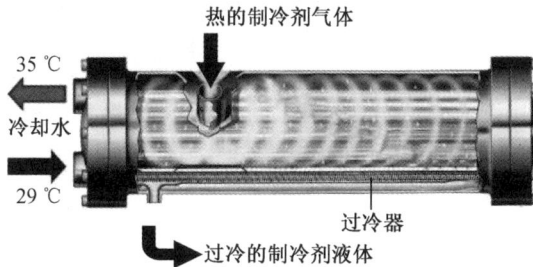

热的制冷剂气体

35 ℃

冷却水

29 ℃

过冷器

过冷的制冷剂液体

图 1-51　冷凝器的结构图

蒸发器是制冷四大件中很重要的一个部件,低温的冷凝液体通过蒸发器与外界空气进行热交换,汽化吸热,达到制冷的效果。蒸发器主要由加热室和蒸发室两部分组成。加热室向液体提供蒸发所需要的热量,促使液体沸腾汽化;蒸发室使气液两相完全分离。图 1-52 和图 1-53 所示为两种典型的蒸发器。

板式换热器是由一系列具有一定波纹形状的金属片叠装而成的高效换热器,如图 1-54 所示。各种板片之间形成薄矩形通道,通过板片进行热量交换。

制冷剂气
液混合物

空气

制冷剂气体

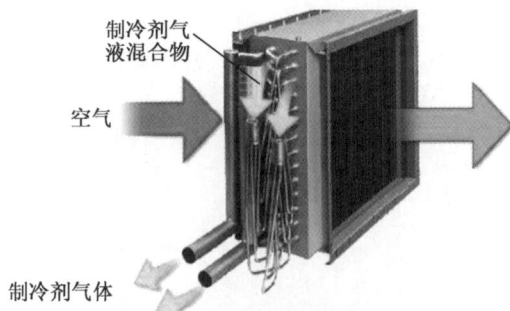

图 1-52　直接蒸发式蒸发器

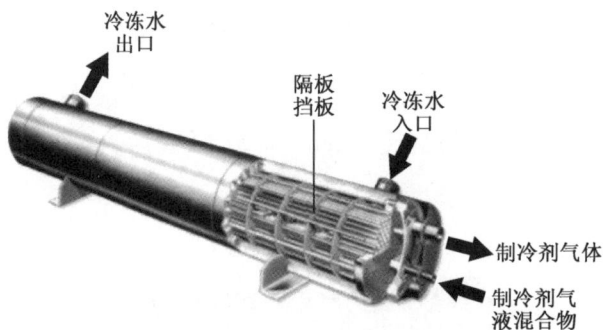

冷冻水
出口

隔板
挡板

冷冻水
入口

制冷剂气体

制冷剂气
液混合物

图 1-53　管壳式蒸发器

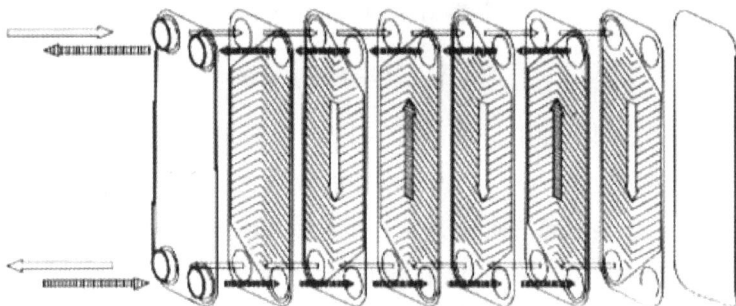

图 1-54　板式换热器

中温高压的液体制冷剂通过节流成为低温低压的湿蒸气,然后制冷剂在蒸发器中吸收热量达到制冷效果。节流机构有毛细管、膨胀阀和节流孔板等类型,分别如图 1-55 至图 1-58 所示。

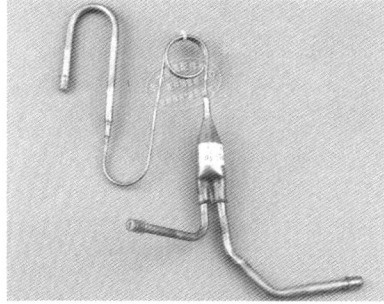

图 1-55　毛细管

焊接接口

毛细管

感温包

调节装置
和阀体

调节装置

(a)

(b)

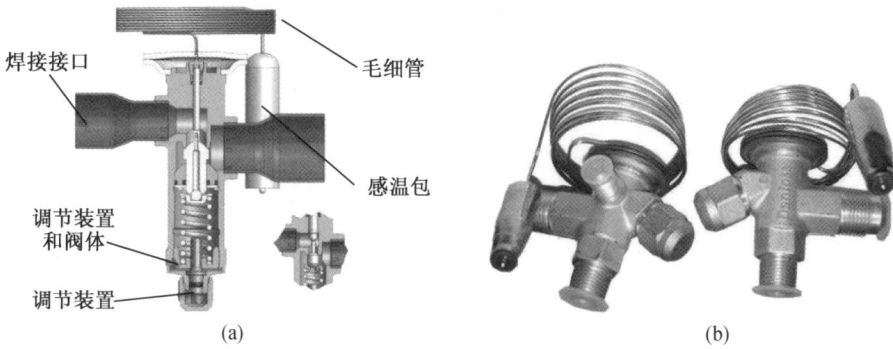

图 1-56　热力膨胀阀结构

图 1-57　节流孔板

图 1-58 电子膨胀阀

电磁阀(图 1-59)用于控制系统中调整介质的方向、流量、速度和开关。

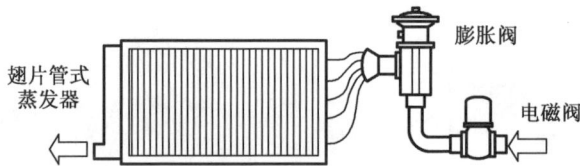

翅片管式蒸发器 膨胀阀 电磁阀

图 1-59 电磁阀

干燥过滤器(图 1-60)是制冷剂管路中最常用的配件,它主要用来过滤杂质、吸收水分,从而保护膨胀阀和压缩机等重要部件。

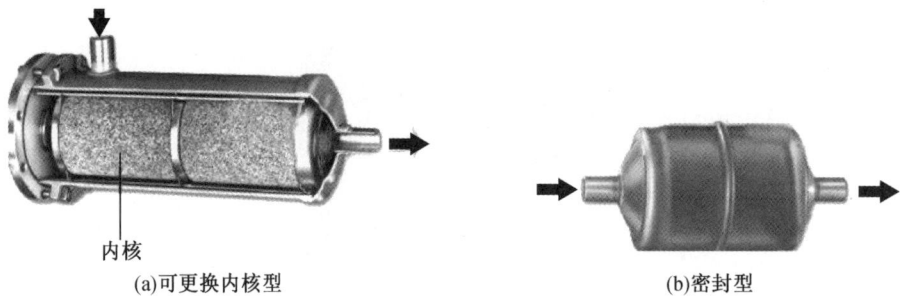

内核
(a)可更换内核型　　　　　　　　　　(b)密封型

图 1-60 干燥过滤器

视液镜(图 1-61)是一个辅助的配件,虽然它不会直接作用于制冷系统,但是通过它却可以清楚地知道制冷剂在系统中的状况。

吸气过滤器(图 1-62)用来消除制冷系统中介质中的杂质,以维持压缩机、阀门及设备的正常使用。

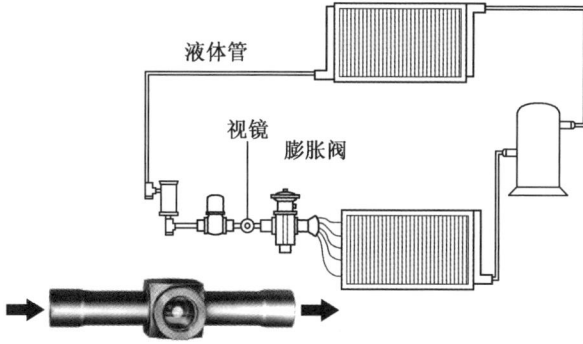

图 1-61　视液镜

(a)可更换内核型　　　　　　　　　　　(b)密封型

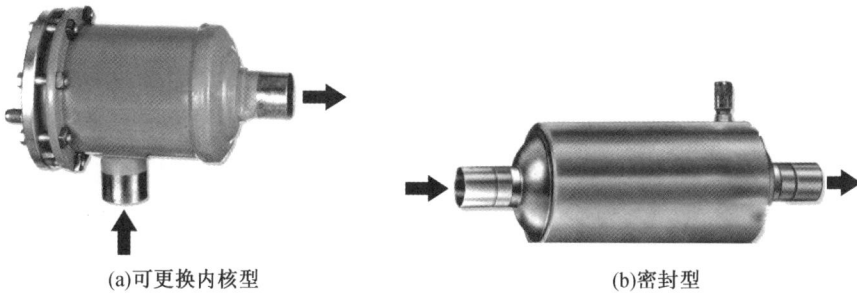

图 1-62　吸气过滤器

气液分离器(图 1-63)用于存储多余液体,防止压缩机液击。

图 1-63　气液分离器

分液器(图 1-64)包括进液头、分液锥体和出液头。进液头顶部与出液头相接。分液锥体置于出液头内部,与进液头内腔相邻。分液锥体与进液头一起将进液头内腔隔成进出液通道。通道呈树丫状分布,在出液头顶形成多个出液孔。分液锥体的锥头呈球冠状,与通道的分叉部对应安置。

图 1-64　分液器

单向阀(图 1-65)是空调冷暖机采用的,需与四通阀配合使用,一般装在分体机外机上。单向阀就像一根水管,中间装了一个单向导通的阀门。

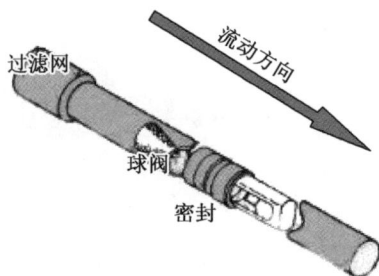

图 1-65　单向阀

截止阀又称截门阀(图 1-66),属于强制密封式阀门,所以在阀门关闭时,必须向阀瓣施加压力,以强制密封而不泄漏。

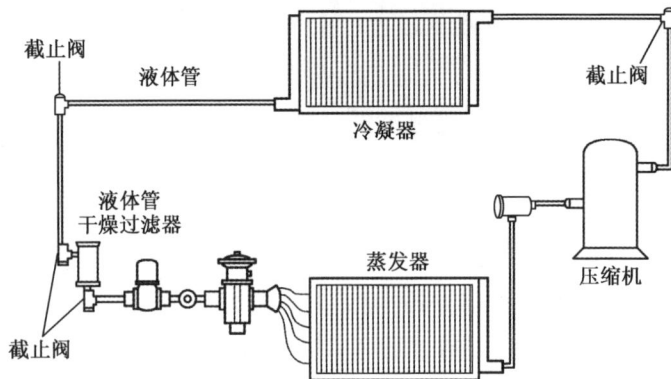

图 1-66　截止阀

消声器(图 1-67)是利用对声音的吸收、反射、干扰等原理,降低通风与空调系统中气流噪声的装置。根据不一样的原理可制成不同的消音器。

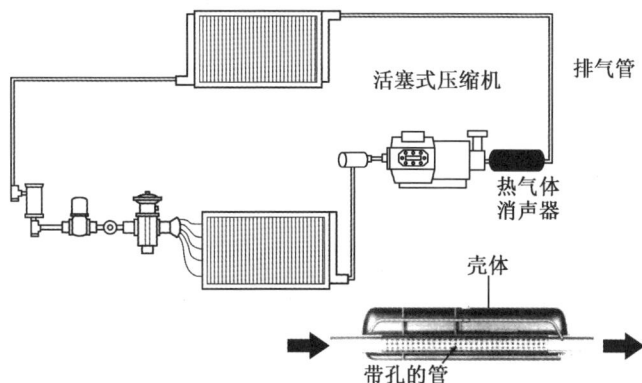

图 1-67　消声器

1.5　常用制冷剂

1.5.1　HFC 系列冷媒

1. R134a

冷媒 R134a 是目前国际公认的替代 R12 的主要制冷工质之一,常用于车用空调、商业和工业用制冷系统,以及作为发泡剂用于硬塑料保温材料生产,也可以用来配置其他混合制冷剂,如 R404A 和 R407C 等。

主要用途:R134a 主要替代 R12 用作制冷剂,大量用于汽车空调、冰箱制冷。

R134a 包装方式:有 13.6 kg/30 lb[①] 一次性钢瓶、1 000 kg/瓶可回收钢瓶和罐式集装箱。

2. R410A

常温常压下,R410A 是一种不含氯的氟代烷非共沸混合制冷剂,无色气体,

---

① 　1 lb=0.453 592 37 kg。

常被压缩成液体贮存在钢瓶内。其破坏臭氧潜能值(ODP)为0,因此R410A是不破坏大气臭氧层的环保制冷剂。

主要用途:R410A主要用于替代R22和R502,具有清洁、低毒、不燃、制冷效果好等特点,大量用于家用空调、小型商用空调、户式中央空调等。

R410A通常为钢瓶包装,规格为11.3 kg/瓶、500 kg/瓶、1 000 kg/瓶;也可根据用户要求提供ISO集装柜或运输罐装运。

3. R407C

常温常压下,R407C是一种不含氯的氟代烷非共沸混合制冷剂,无色气体,常被压缩成液体贮存在钢瓶内。其ODP为0,因此R407C是不破坏大气臭氧层的环保制冷剂。

主要用途:R407C主要用于替代R22,具有清洁、低毒、不燃、制冷效果好等特点,大量用于家用空调、中小型中央空调。

R407C通常为钢瓶包装,规格为11.3 kg/瓶、500 kg/瓶、1 000 kg/瓶;也可根据用户要求提供ISO集装柜或运输罐装运。

4. R417A

常温常压下,R417A是一种不含氯的氟代烷非共沸混合制冷剂,无色气体,常被压缩成液体贮存在钢瓶内。其ODP为0,因此R417A是不破坏大气臭氧层的环保制冷剂。

主要用途:R417A主要用于替代R22,具有清洁、低毒、不燃、制冷效果好等特点,用于热泵(OEM初装替换R22)和空调(售后替换R22)等。

R417A通常为钢瓶包装,规格为11.3 kg/瓶、400 kg/瓶、1 000 kg/瓶;也可根据用户要求提供ISO集装柜或运输罐装运。

5. R404A

常温常压下,R404A是一种不含氯的非共沸混合制冷剂,无色气体,常被压缩成液体贮存在钢瓶内。其ODP为0,因此R404A是不破坏大气臭氧层的环保制冷剂。

主要用途:R404A主要用于替代R22和R502,具有清洁、低毒、不燃、制冷效果好等特点,大量用于中低温冷冻系统。

R404A钢瓶包装,规格为10.9 kg/瓶、1 000 kg/瓶;也可根据用户要求提供ISO集装柜或运输罐装运。

6. R507

常温常压下,R507是一种不含氯的共沸混合制冷剂,无色气体,常被压缩成

液体贮存在钢瓶内。其 ODP 为 0,因此 R507 是不破坏大气臭氧层的环保制冷剂。

主要用途:R507 主要用于替代 R22 和 R502,具有清洁、低毒、不燃、制冷效果好等特点,大量用于中低温冷冻系统。

R507 通常为钢瓶包装,规格为 11.3 kg/瓶、400 kg/瓶;也可根据用户要求提供 ISO 集装柜或运输罐装运。

7. R23

R23(三氟甲烷,FREON 23),常压下沸点为−82.1 ℃,凝固点为−155.2 ℃,液体密度(25 ℃)为 0.67 kg/L,临界密度为 0.525 kg/L,临界压力为 4.83 MPa,ODP 为 0,因此 R23 是不破坏大气臭氧层的环保制冷剂。

主要用途:R23 是一种高压液化气,可用作制冷剂,替代 CFC-13。同时又是哈龙 1301 理想替代品,具有清洁、低毒、灭火剂效果好等特点。

R23 通常为高压气瓶包装,规格为 30 kg/瓶、300 kg/瓶。

8. R508A

R508A 是一种不含氯的共沸混合制冷剂,常温常压下为无色气体,贮存在钢瓶内是被压缩的液化气体。其 ODP 为 0,因此 R508A 是不破坏大气臭氧层的环保制冷剂。

主要用途:R508A 主要用于替代 R13、R23、R503,具有清洁、低毒、不燃、制冷效果好等特点,大量用于超低温冷冻系统,如医用制冷、科研制冷。

R508A 通常为钢瓶包装,规格有 10 kg/瓶、20 kg/瓶;也可根据用户要求提供 ISO 集装柜或运输罐装运。

9. R508B

常温常压下,R508B 是一种不含氯的共沸混合制冷剂,无色气体,常被压缩成液体贮存在钢瓶内。其 ODP 为 0,因此 R508A 是不破坏大气臭氧层的环保制冷剂。

主要用途:R508B 主要用于替代 R13、R23、R503,具有清洁、低毒、不燃、制冷效果好等特点,大量用于超低温冷冻系统,如医用制冷、科研制冷等。

R508B 通常为钢瓶包装,规格为 10 kg/瓶、20 kg/瓶;也可根据用户要求提供 ISO 集装柜或运输罐装运。

10. R152a

R152a(1,1-二氟乙烷),分子式为 $10CH_3CHF_2$,分子量为 66.1,沸点为−24.7 ℃,临界温度为 113.5 ℃,临界压力为 4.58 MPa,在空气中的燃烧极限为

5.1%~17.1%(体积分数),ODP 为 0。

主要用途:R152a 主要用作制冷剂、发泡剂、气雾剂和清洗剂,同时也是混合工质的重要组分。

R152a 通常为钢瓶包装,规格为 18 kg/瓶、640 kg/瓶。

11. R32

R32(二氟甲烷),分子式为 CH_2F_2。在常温下为气体,在自身压力下为无色透明液体,易溶于油,难溶于水,是一种拥有零臭氧损耗潜势的制冷剂。

主要用途:与 R410A 类似,可用于家用空调、小型商用空调、户式中央空调等。

R32 通常钢质气瓶或槽车灌装,规格为 9.5 kg/瓶、670 kg/车。

1.5.2　HCFC 系列冷媒

1. R22

R22(二氟一氯甲烷,Freon22),分子式为 $CHClF_2$,分子量为 86.47。R22 在常温下为无色、近似无味的气体,不燃烧、无腐蚀、毒性极微,加压可液化为无色透明的液体。R22 的化学稳定性和热稳定性都很高,特别是在没有水分存在的情况下,在 200 ℃以下与一般金属不起反应。在有水分存在时,仅与碱缓慢起作用,但在高温下会发生裂解。

主要用途:R22 广泛用于家用空调、中央空调和其他商业制冷设备;也可用作聚四氟乙烯树脂的原料和灭火剂 1121 的中间体。

R22 有可回收钢瓶包装,规格为 400 L、1 000 L;一次性钢瓶包装,规格为 13.6 kg/瓶、22.7 kg/瓶。

2. R123

R123(三氟二氯乙烷),分子式为 CF_3CHCl_2,分子量为 152.93,沸点为 27.85 ℃,CAS 注册号为 306-83-2,ODP 为 0.02,全球变暖潜值(GWP)为 93,是一种替代 R-11(F11)的 HCFC 型制冷剂。

主要用途:R123 可替代 F-11 和 F-113 用作清洁剂、发泡剂和制冷剂(中央空调/离心式冷水机组)。

R123 通常为钢桶(内涂 PVF 涂层)包装,规格为 250 kg/桶。

3. R124

R124(一氯四氟乙烷),分子式为 $CHClFCF_3$,分子量为 136.5,沸点为 -10.95 ℃,

临界温度为 122.25 ℃,临界压力为 3.613 MPa,ODP 为 0.02,GWP 为 0.10。

主要用途:R124 主要用作制冷剂、灭火剂,是混合工质的重要组分,可替代 CFC-114。

R124 通常为钢瓶包装,规格为 13.6 kg/瓶。

4. R141b

R141b(二氯一氟乙烷),分子式为 CH_3CCl_2F,分子量为 116.95,沸点为 32.05 ℃,临界温度为 204.5 ℃,临界压力为 4.25 MPa,ODP 为 0.11,GWP 为 0.09。

主要用途:R141b 可替代 CFC-11 作硬质聚氨酯泡沫塑料的发泡剂,替代 CFC-113 作清洗剂,也用作制冷剂。

R1416 通常为钢桶包装,规格为 250 kg/桶。

5. R142b

R142b(一氯二氟乙烷),分子式为 $CClF_2CH_3$,沸点为 -9.2 ℃,临界温度为 136.45 ℃,临界压力为 4.15 MPa,在常温下为无色气体,略有芳香味,易溶于油,难溶于水。

主要用途:R142b 主要用作高温环境下的制冷系统、恒温控制开关及航空推进剂的中间体,还用作化工原料。

R142b 通常为钢瓶包装,规格为 13.6 kg/瓶、400 kg/瓶。

6. R402A

R402A 组成:R22、R290 及 HFC-125,是 HCFC 服务型混配制冷剂,达到美国采暖、制冷空调工程师协会(ASHRAE)的 A1 安全等级类别(这是最高级别,对人体无害),符合美国环保组织 EPA、SNAP 和 UL 的标准。冷冻机油建议使用烷基苯 AB(alkybenzene)合成油。

主要用途:R402A 替代 R502 用于商用制冷设备及一些交通制冷设施,适用于所有 R502 可正常运作的环境。

R402A 通常为钢瓶包装,规格为 12.2 kg/瓶。

7. R402B

R402B 组成:R22、R290 及 HFC-125,是 HCFC 服务型混配制冷剂。达到美国采暖、制冷空调工程师协会的 A1 安全等级类别(这是最高的级别,对人体无害);符合美国环保组织 EPA、SNAP 和 UL 的标准。冷冻机油建议使用烷基苯 AB(alkybenzene)合成油。

主要用途:R402B 可替代 R502 用于大型商用制冷设备,如制冰机等,适用于所有 R502 可正常运作的环境。

R402B 通常为钢瓶包装,规格为 11.8 kg/瓶。

8. R408A

R408A 制冷剂是由 R22、R125、R143a 组成的混配工质,在常温下为无色气体,分子量为 87.01,沸点为 -44.4 ℃,临界温度为 83.8 ℃,临界压力为 4.42 MPa,其 ODP 为 0.016。

主要用途:R408A 制冷剂主要用于替代 R502。

R408A 有一次性钢瓶包装,规格为 10.9 kg/瓶;可回收钢瓶包装,规格为 350 kg/瓶。

9. R409A

R409A 由 HCFC-22、HCFC-124 和 HCFC-142b 混合而成,在常温下为无色气体,分子量为 97.4,沸点为 -34.5 ℃,临界温度为 106.8 ℃,临界压力为 4.69 MPa,其 ODP 为 0.039。

主要用途:R409A 是 R12 的替代品,主要用于制冷系统。

R409A 通常为钢瓶包装,规格为 13.6 kg/瓶;也有可回收钢瓶包装,规格为 400 kg/瓶。

1.5.3　CFC 系列冷媒

1. R11

R11 别名氟利昂-11(FREON 11),分子式为 CCl_3F,分子量为 137.37,无色液体或气体,熔点为 -111 ℃,沸点为 23.7 ℃,重度为 $1.487×103$ kg/m^3,有醚味,微溶于水,易溶于乙醇、醚,化学稳定性好。

主要用途:R11 主要用于大型中央空调制冷剂(离心式冷水机组)、聚氨酯(PU)泡沫塑料发泡剂。

R11 通常为钢桶(内涂 PVF 涂层)包装,规格为 250 kg/200 L。

2. R12

R12 在常温下为无色、无味、无腐蚀性的气体,加压可液化为无色透明的液体。R12 无毒、不燃,具有良好的热稳定性和化学稳定性。

主要用途:R12 可用作致冷剂、灭火剂、杀虫剂和喷雾剂等。R12 作为制冷剂广泛用于冰箱、冷柜、中央空调冷水机组等。

R12 通常为钢瓶包装,钢瓶涂以铝白色油漆,打上钢印号并用黑色油漆标明产品名称等,规格为 13.6 kg/瓶。

3. R13

R13,分子式为 $CClF_3$,分子量为 104.5,常压下沸点为 -81.4 ℃,凝固点为 -181 ℃,液体密度(-30 ℃)为 1.298 kg/L,ODP 为 1.0,GWP 为 17.5。

主要用途:R13 主要用于低温/超低温制冷剂。

R13 通常为钢瓶包装,规格为 35 kg/瓶,需回收包装钢瓶。

4. R502

R502 为混配工质,由 R22、R115 组成,分子量为 111.63,沸点为 -45.6 ℃,为不可燃物质。

主要用途:R502 主要用于低温制冷工质,可作为食品陈列、食品贮藏、制冷、冰激凌机、低温冰箱及低温冷冻压缩机用制冷剂。

R502 通常为钢瓶包装,规格为 13.6 kg/瓶。

5. R503

R503 为混配工质,由 R13、R23 组成,沸点为 -87.9 ℃,为不可燃物质。

主要用途:R503 主要用于超低温制冷设备,如低温试验箱及冻干设备等。

R503 通常为钢瓶包装,规格为 20 kg/瓶,需回收包装钢瓶。

1.5.4　PFC 系列冷媒

1. PFC-14

PFC-14(R-14),四氟甲烷(carbon tetrafluoride or tetrafluoromethane),亦称四氟化碳,分子式为 CF_4,相对分子量为 88.00。在常温下,PFC-14 是无色、无臭、不燃、不溶于水的可压缩性气体。沸点为 -128 ℃,熔点为 -183.6 ℃。液体密度(-130 ℃)为 1.613 g/cm^3,临界温度为 -45.67 ℃,临界压力为 3.74 MPa,蒸气压力(-150.7 ℃)为 13.33 kPa,介电常数(25 ℃,0.5 MPa)为 1.000 6。

PFC-14 挥发性较高,是最稳定的有机化合物之一。在 900 ℃时不与钢、镍、钨、钼反应,仅在碳弧温度下缓慢分解,微溶于水;在 25 ℃及 0.1 MPa 下溶解度为 0.001 5%(质量比);与可燃性气体燃烧时,会分解产生有毒氟化物。

主要用途:PFC-14 是目前微电子工业中用量最大的等离子蚀刻气体,其高纯气及其高纯气配高纯氧气的混合气可广泛应用于硅、二氧化硅、氮化硅、磷硅

玻璃及钨等薄膜材料的蚀刻,在电子器件表面清洗、太阳能电池的生产、激光技术、气相绝缘、超低温制冷剂、泄漏检验剂、印刷电路生产中的去污剂等方面被大量使用。

PFC-14 对金属、合金不腐蚀,可用无缝钢瓶或铝合金容器装运、充瓶压力通常低于 12.5 MPa,按压缩气体运输,钢瓶每五年检验一次,国外规定可用汽车、火车、轮船和飞机运输,国内目前无规定。钢瓶包装(14 MPa)(DOT-3AA GB-5099)、阀门(CGA-580/590,QF-2),规格为 32 kg/48.8 L、30 kg/43.3 L、5 kg/8 L、2.5 kg/4 L。

2. PFC-116

PFC-116(六氟乙烷)无色、无毒、无腐蚀性、不燃烧的极其稳定的液化气体。分子量为 138.01,临界温度为 19.7 ℃,临界压力为 2 980 kPa,沸点为-78.2 ℃,加热会产生有毒副产品。

主要用途:PFC-116 主要用作气体电介质和制造集成电路的干腐蚀剂,也常用于超低温配混制冷剂的一种组分。

PFC-116 通常为高压钢瓶包装,规格为 40 kg/瓶。PFC-116 是一种不燃烧、无色、无味的瓶装液化压缩气体,蒸气压力(-60 ℃)为 245 kPa。当其含量增加至氧气含量低于 19.5%时会导致人体窒息,接触液体会引起人体冻伤,应避免呼吸气体,在救护工作中需配备自吸式防毒面具。

3. PFC-218

PFC-218(八氟丙烷),别名全氟丙烷,分子式为 C_3F_8。无色,不可燃,常温下是低压液化气体。化学性质不活泼,热稳定性好,与玻璃、硅钢、软钢在 280 ℃接触 6 个月以上既不腐蚀,也几乎不分解。在处理 PFC-218 时,可按无毒气体处理,但其与可燃气体一起燃烧时分解会产生有毒的氟化物。

主要用途:多用于微电子工业中等离子蚀刻,以及器件表面清洗、碳同位素分离工质、低温制冷、医疗用气、气体绝缘等。

包装方式:PFC-218 对金属和合金不腐蚀,可用钢或合金容器装运,按低压液化气体运输,对气瓶每五年检验一次。国外规定可以用汽车、火车、轮船和飞机运输,国内目前无规定。

PFC-218 可视作无毒气体,但与可燃气体一同燃烧时,分解产生有毒氟化物。发现中毒时,应立即将受害者转移到无污染区,必要时施以人工呼吸,并及时送医。

1.5.5　HC 系列冷媒

1. R170

R170(乙烷),分子式为 C_2H_6,分子量为 30.07,沸点为-88.6 ℃,临界温度为 32.3 ℃,临界压力为 5.88 MPa,ODP 为 0,GWP 为 0.01。

主要用途:R170 主要用于替代 R13、R503,与原系统和润滑油兼容。

包装方式:R170 通常为钢瓶包装,规格为 10 kg/瓶、20 kg/瓶。

2. R290

R290(丙烷),分子式为 $CH_3CH_2CH_3$,分子量为 44.9,沸点为-42.2 ℃,临界温度为 96.67 ℃,临界压力为 4.24 MPa,蒸气压(25 ℃)为 0.475 MPa,ODP 为 0,GWP 为 0.01。

主要用途:高纯级 R290 用作感温工质;优级和一级 R290 可用作制冷剂替代 R22、R502,与原系统和润滑油兼容。

R290 通常为钢瓶包装,规格为 10 kg/瓶。

3. R600a

R600a(异丁烷),分子式为 $(CH_3)_2CHCH_3$,分子量为 58.12,沸点为-11.80 ℃,临界温度为 134.98 ℃,临界压力为 3.66 MPa,ODP 为 0,GWP 为 0.1。

主要用途:R600a 制冷剂主要用于替代冰箱、冷柜等制冷设备上使用的 CFC-12 制冷剂。

R600a 通常为钢瓶包装,规格为 20 kg/瓶、50 kg/瓶。

4. R1270

R1270(丙烯),分子式为 C_3H_6,分子量为 42.08,沸点为-47.7 ℃,临界温度为 91.4 ℃,临界压力为 4.67 MPa,ODP 为 0。

主要用途:R1270 主要用于替代 R502、R143a 制冷剂,与原系统及润滑油兼容。

R1270 通常为钢瓶包装,规格为 20 kg/瓶、40 kg/瓶。

第2章
气流组织对船舶舱室热舒适性的影响

2.1 气流组织基础知识

在夏季工况中,船舶舱室中的人、照明灯具、船舶机械电器和电子设备等都会向室内散出热量及湿量,太阳辐射和室内外的温差也使舱室获得热量,若不把这些多余热量和湿量从室内移出,就会很快导致室内温度上升。

故而,为维持室内温湿度恒定,营造良好的起居办公环境,就要在夏季工况从舱室内移出热量和湿量,这也叫作冷负荷和湿负荷;在冬季工况必须向舱室供给热量,称作热负荷。在船舶舱室中,在船人员既是室内的"热湿源",又是"污染源",会产生二氧化碳、体味,吸烟时会散发烟雾;室内的家具、装修材料、设备等也散发出各种如甲醛、甲苯等污染物,这些都会导致室内空气品质恶化。所以,要想保证室内良好的空气品质,就需要及时排走室内含污染物的空气,同时还需要及时向室内供应新鲜的室外空气,以便能够稀释室内污染物。

也就是说,通风与空气调节的任务就是要向室内提供冷量或热量,同时有效地稀释室内的污染物,以保证室内具有适宜的环境和良好的空气品质。通风和空调的系统形式多样,船舶舱室内环境的控制方案是:向舱室送入一定量的室外空气(新风),同时有等量的室内空气通过通道等渗到室外,从而稀释污染物;用风机盘管机组向舱室供应冷量或热量;送入室内的新风先经空气过滤器除去尘粒,然后进行冷却、去湿或加热、加湿处理。因此,新风系统同时也承担了部分冷、热负荷。

卧室也是提供游客船员休息的地方,也可以看作是小型的船舶舱室,为获得良好的舱室内空气品质,最基本的方法是给舱室提供足够的新风量或通风换气量,以排除室内污染物或降低其浓度。通风气流排除室内污染物的效果主要取

决于两个方面:室内污染物的释放情况和室内气流组织形式,即室内的通风方式。其中,由于室内污染物排放的多样性和复杂性,人为地控制污染物的释放情况困难较大,故空调舱室往往采用调节气流组织形式的方法来实现污染物的最大程度排除,合理的气流组织还能达到减少能耗的目的,为实现节能做贡献,这一点在防疫杀菌上更为重要。同时,为满足空调舱室送风温湿度的要求,在空调系统中必须有相应的热湿处理设备,以便能对空气进行各种热湿处理,进而达到所要求的送风状态。

2.1.1　气流组织及船舶空气调节系统

大气由干空气和水蒸气混合而成,亦称为湿空气。干空气的成分主要是氮气、氧气、二氧化碳及其他微量气体,多数成分比较稳定,少数随航区变化有所波动,但从总体上可将干空气作为一个稳定的混合物来看待。创造满足在船人员生产、生活和科考所要求的空气环境是空气调节的任务。湿空气既是船舶空气环境的主体又是船舶空气调节的处理对象。

空气调节系统一般由空气处理设备和空气输送管道及空气分配装置组成,根据需要,它能组成许多不同形式的系统。在工程上应考虑船舶的用途和性质、热湿负荷特点、温湿度调节和控制的要求、空调机房的面积和位置、初投资和运行维修费用等许多方面的因素,选定合理的空调系统。

1. 气流组织的任务

经过船舶空调系统处理的空气,由送风口送至空调舱室,与舱室内空气进行热湿交换后经回风口排出,这必定会引起舱室内空气的流动,从而在舱室内形成一定的温度场和速度场。空调舱室温度场和速度场等参数的均匀性和稳定性,与舱室内空气的流动情况有着紧密的联系,不同的气流组织形式会形成不同的温度场和速度场,从而直接影响空调系统的经济性和技术性。显然,不合理的气流组织形式不仅达不到预期的空调效果,还会造成能源的浪费。气流组织的任务就是使室内的气流合理地流动和分布,使得空调舱室的温湿度、气流速度等空气参数尽可能满足船舶舒适性或工艺性要求。

按照船舶空调舱室内气流形式的不同,室内通风可分为置换式通风和混合式通风。置换式通风是以极低的送风速度将经空调系统处理过的空气由舱室底部的送风口送入室内,送入的空气温度往往比室内空气低,由于密度较大,送风将先积聚在地板表面,形成一个空气池。当遇到热源时,冷空气被加热上升,形

成热羽流,并作为船舶空调舱室内空气流动的主导气流,将热量和污染物等带至舱室上部,脱离人的停留区。排风口设置在舱室顶部,热空气就从舱室顶部排出,于是置换通风就在室内形成了低速、低速和污染物浓度分层分布的流场。混合式通风则是以稀释原则为基础,经过处理的新鲜空气一般由设在舱室顶部的送风口送入舱室,形成送风射流,由于其卷吸作用而形成回旋的涡流,使得新鲜空气与室内空气充分混合,从而稀释了室内的污染物(包括余热、余湿等),最后经由排风口排出。但在这种通风方式下,在卷吸达不到的地方往往容易形成通风死角。室内气流的均匀性还与送风参数(如温差和送风速度)、送风口的形式和位置、回风口的位置、舱室内热源的位置等因素有关。其中送风口位置和送风参数是影响气流组织的最主要因素。

2.气流热湿处理设备的类型

在船舶空调工程中,实现不同的空气处理过程需要不同的空气处理设备,如空气的加热、冷却、加湿、减湿设备等。有时一种空气处理设备能同时实现空气的加热、加湿、冷却干燥或者升温干燥等过程。空气热湿处理设备繁多,构造多样,它们大多是使空气与其他介质进行热、湿交换的设备。与空气进行热湿交换的介质有水、水蒸气、冰、各种盐类及其水溶液、制冷剂以及其他物质。根据各种热湿交换设备的特点,可将它们分成两大类:接触式热湿交换设备和表面式热湿交换设备。前者包括喷水室、蒸汽加湿器、局部补充加湿装置及使用液体吸湿剂的装置等,后者包括光管式和肋管式空气加热器及空气冷却器等。有的空气处理设备如喷水式表面冷却器兼有这两类设备的特点。

第一类热湿交换设备的特点是:与空气进行热湿交换的介质直接与空气接触,通常是使被处理的空气流过热湿交换介质表面,通过含有热湿交换介质的填料层或将热湿交换介质喷洒到空气中,形成具有各种分散度液滴的空间,使液滴与流过的空气直接接触。

第二类热湿交换设备的特点是:与空气进行热湿交换的介质不直接与空气接触,两者之间的热湿交换是通过分隔壁面进行的。根据热湿交换介质的温度不同,壁面的空气侧可能产生水膜(湿表面),也可能不产生水膜(干表面)。分隔壁面有平表面和带肋表面两种。

2.1.2 气流组织基本概念及形式

1. 气流组织的基本概念

送风射流:空气从孔口吹出,在空间形成的一股气流称为送风射流。其研究内容为在一定的出风口面积、形式和出风速度条件下,研究气流速度和温度的沿程变化。其目的为根据射流规律,合理布置送风口的数量和位置,保证人活动区或某个特定区域内空气的温度、速度、洁净度等参数满足要求。

回风汇流:在室内的气流流场中,回风口汇流的影响范围很小,影响室内气流运动规律和室内空气参数分布的主要因素是送风射流。根据汇流规律,合理布置回风口的数量和位置,使其与送风口相配合,以保证室内气流的均匀性和稳定性,不出现"死角或短路"现象。因此合理选择送风口的形式和数量及布置位置具有重要意义。

2. 空气分布器的型式

空气分布器简称送风口,其型式及所具有的紊流系数值对射流的扩散和空间内气流流型的形成有直接影响。送风口的型式有多种多样,通常要按照空间的性质对气流分布的要求和舱室内部装饰的要求等加以选择。

送风口的形式有收缩喷口、直管喷口、单层活动百叶风口、双层活动百叶风口、孔板栅格风口、散流器、网格式风口、线性形风口、固定导叶扇形风口,还有带风扇的风口、球形风口及旋流式风口等。旋流式风口适用于计算机房等有夹层地板的舱室。空调送风送入夹层,通过旋流叶片切向进入集尘箱,形成旋流后由与地面平齐的格栅送入室内。另外,还有一种带有锥形分流器,通过一次风喷射、二次风经旋流环引入的旋流风口的混掺效果也较好,其速度衰减较快,适用于各种送风口的布置方式。

3. 气流分布的形式

空间气流分布的形式主要取决于送风口的形式及排风口的布置方式。常见的气流分布形式有上送下回、上送上回、下送风和中送风。经过处理的空气送入被调节的区域、舱室或空间,在与周围空气进行热质交换的同时,使一定受控区域内的温度、湿度、清洁度和风速处于合理的数值范围内,且以不同的方式从被调节对象排出等量的空气,保持空气量平衡。为了使送入的空气合理分布,有效地控制既定区域内的有关参数,使其处于合理限度并消除影响被调对象的热湿负荷及有害物、选择合适的排气点等,就需要了解并掌握空调空间的空气分布规

律、空气分布方式和设计方法。

（1）上送下回

上送下回气流分布形式通常有侧送侧回、散流器送风和孔板送风。在上送下回气流分布形式下，送风气流不能直接进入工作区，所以有较长的与室内空气混掺的距离，能够形成比较均匀的温度场、速度场和浓度场。各种气流分布形式如图 2-1 所示。

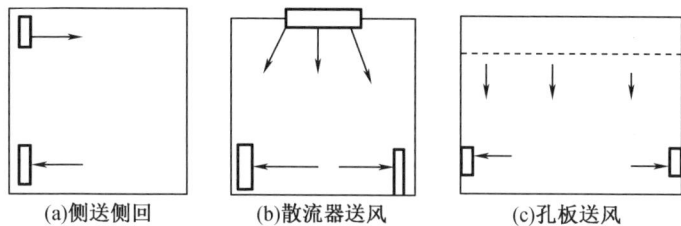

(a)侧送侧回　　　(b)散流器送风　　　(c)孔板送风

图 2-1　常见的上送下回气流分布形式

（2）上送上回

常见的上送上回气流分布形式有散流器单侧上送下回、双侧外送上回、双侧内送上回及一侧送一侧回等。各种气流分布形式如图 2-2 所示。

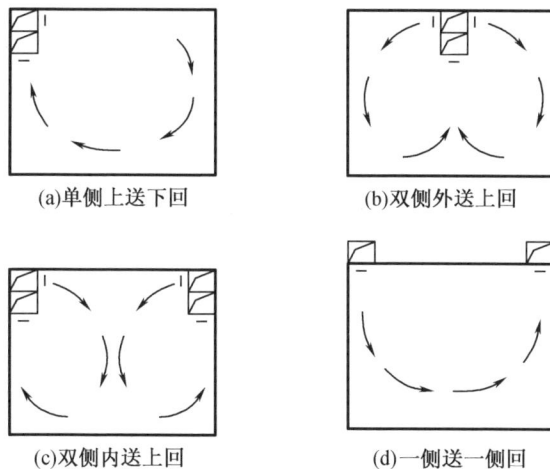

(a)单侧上送下回　　　　　　　(b)双侧外送上回

(c)双侧内送上回　　　　　　　(d)一侧送一侧回

图 2-2　常见的上送上回气流分布形式

（3）下送上回

常见的下送风气流分布形式有地板下送、末端装置下送和置换通风下送上

回(图 2-3)。下送方式要求较大的送风温差,并控制工作区的风速。但因为其排风温度和排风浓度高于工作区的温度和浓度,所以下送方式有一定的节能效果,同时有利于改善工作区的空气品质。

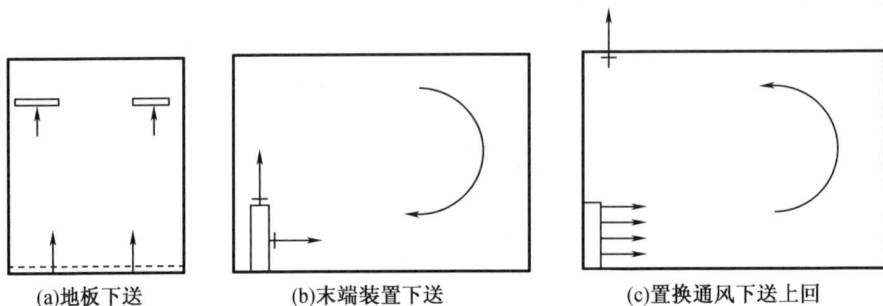

(a)地板下送　　　　　　　(b)末端装置下送　　　　　　(c)置换通风下送上回

图 2-3　常见的下送风气流分布形式

(4)中送上下回

对于某些高大空间,实际工作区往往在空间下部,此时气流组织需保证工作区的温度和湿度的要求,而不是将整个空间都作为控制调节的对象,采用中送风方式可节省能耗(图 2-4)。

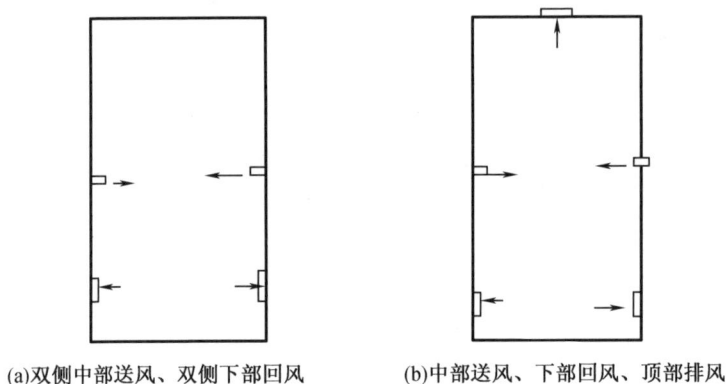

(a)双侧中部送风、双侧下部回风　　　　(b)中部送风、下部回风、顶部排风

图 2-4　常见的中送风气流分布形式

(5)侧送侧回

侧送风口布置在舱室的侧墙上部,空气横向送出,吹到对面墙上后转折下落,以较低速度流过工作区,再由布置在侧墙下部的回风口排出(图 2-5)。根据舱室跨度大小,可以布置成单侧送单侧回和双侧送双侧回。侧送侧回的速度场

和温度场都趋于均匀和稳定,因此能保证工作区气流速度和温度的均匀性。工作区处于回流区,故排风温度等于室内工作区温度,而且由于射流射程较长,射流来得及充分衰减,故可加大送风温差。

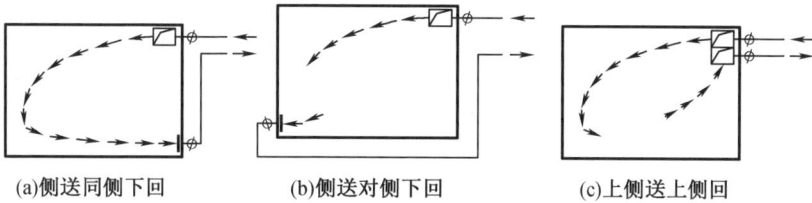

(a)侧送同侧下回   (b)侧送对侧下回   (c)上侧送上侧回

图2-5 常见的侧送侧回气流分布形式

4. 回风口和回风形式

回风口布置原则:宜布置在回流区,位置、形状影响不大;不应布置在射流区,防止短路;有集中负荷处要尽量把回风口布置在负荷处。

回风形式:走廊回风、管道回风、吊顶回风(不建议,把吊顶内灰尘带进空调送风系统影响室内空气品质)。

2.2 船舶空调热舒适要求

船舶空调主要是为船员旅客在船舱内提供舒适的工作和生活环境,适宜的室内微气候环境可以保证人群高效工作,减少事故概率;有益于身体健康,可防止呼吸道等疾病的发生;利于使人保持良好的精神状态。因而船舶设计、生产相关规范标准都对船舶空调提出了严格的热舒适要求。

然而,船舶空调的热舒适又相当难以维持。这是因为在航行中,舱室热环境不断地受到内、外干扰量等诸多因素的影响,包括航速和方向的不断变化、由舱外渗透进入室内的空气参数和数量不断变化等。另外,与陆地居住条件不同,船舶舱室并非始终与外界大气相通,人们往往生活和工作在密闭的舱室中,每个船员占有容积仅为 $5\sim6$ m³;再加上船舱内拥挤布置着很多设备;人体产热对热环境影响较大;空气难以均匀分布;噪声和振动较大;这些原因导致了舱室内冷、热变化迅速。

船舶空调应使舱室空气参数维持在某一特定范围内,使生活在舱室的人通过自身机体温度自动调节,就可感到舒适。人类机体生命活动产生的热量是通过人的皮肤以辐射换热、对流换热、导热(显热)、汗液蒸发潜热及呼吸过程传给外界环境的。影响舱室内人体冷热感的因素大体如下。

1. 空气温度

空气温度是指室内空气的干球温度,它是影响热舒适的主要因素。船舱里的人们可以对环境的冷热程度做出判断。当船舱内温度低于 20 ℃时,人体会产生凉爽甚至冰冷的感觉,当船舱内温度高于 30 ℃时,人体会产生温暖甚至燥热的感觉,所以船舱内空气温度需要维持在 25 ℃左右,人体才会感觉舒适。

2. 相对湿度

船舱内空气相对湿度直接影响人体皮肤表面的散热蒸发量,从而影响人体的舒适度。相对湿度过低人体会感觉船舱内特别干燥,相对湿度过高会促进船舱内环境中的细菌、霉菌等生长繁殖,加剧室内微生物污染,所以船舱内空气的相对湿度维持在 65%~80% 为宜。

3. 气流速度

船舱内空气流动速度影响人体的对流换热和蒸发换热,同时也促进室内空气的更新洁净。当船舱内空气流动速度较低时,室内环境中的空气得不到有效的通风换气,造成室内空气质量恶化,船员在室内生活所排出的各种微生物相对聚集在空气中或在某些角落大量增生会致使室内空气质量进一步恶化。

4. 平均辐射温度

平均辐射温度是指舱室内对人体辐射热交换有影响的各表面温度的平均值,它主要取决于围护结构表面温度。平均辐射温度的改变,主要对人体辐射热造成影响,一般情况下,人体辐射散热量占总散热量的 42%~44%。船体的围护结构内表面的温度过低或者过高,都会对人体产生冷或者热辐射,使人产生冷或者热感。一般可以从提高围护结构的保温性能方面来改善热舒适水平。

5. 空气品质

船舱内空气的温湿度影响着人体的感觉,室内气流分布状况及流场的均匀性影响室内空气的整体品质。合理的送回风方式及空气流动形式有助于排出室内油气、污浊物、尘埃,降低室内污浊气体的浓度,除湿降热,营造舒适的室内环境。按照设计标准,船员舱室的新风量一般选择为每人 30~50 m^3/h。

上述参数的不同组合可使人有相同的冷热感,相同的冷热感也可由多种参

数组合所致。如果生活在舱室里的人员不感到热也不感到冷,也没有空气流动的感觉,则舱内空气介质(包括舱壁温度)就被认为达到了热舒适要求。

各种空气参数只有在一定的组合下才能确保舱室环境的热舒适,人们通过大量热环境现场调查,经统计分析实验数据,得到了热平衡方程和热舒适方程,用以确定热舒适所需的环境条件。除此之外,还可参照一些评价人冷热感的方法来确定热舒适时所具备的环境参数,这些方法基本上考虑到了所有对人体热舒适感有影响的环境参数,主要有:有效和等价-有效温度法、含有影响冷热感的数学公式、辐射-有效温度法、综合温度法。

其中,综合温度法因其较为完善和简单适用的特点,被作为船舶空调设计和运行时的舱室微气候计算标准。传统的采暖能耗估算中主要的气象因子是室外平均气温,即干球温度,但与采暖负荷估算有一定的误差,而室外综合温度以温度值表示室外气温、太阳辐射和大气长波辐射对船舶外表面的热作用,包括太阳辐射的热量、空气对流换热量和长波辐射换热量。

该方法主要借助诺莫图(图 2-6),结合干球温度、湿球温度和送风速度确定舱室内空气温度 t_k,便可得出该种热环境下的人体热舒适感觉,并按要求改善室内环境参数。

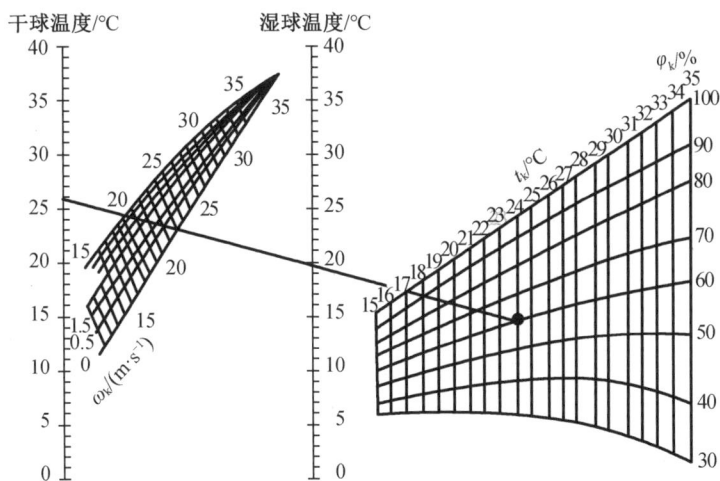

图 2-6　诺莫图

2.3 热舒适评价指标

安全、舒适和健康的船舶舱室空气环境是现代船舶设计和建造中的一个重要方面。船舶舱室往往具有层高较低、空间封闭和人员密集等特点，而军用舰船、公务船和豪华客船等还对空气环境有许多特殊要求，所以船舱空调热舒适性设计和通风系统的设计面临着更大的挑战。

空气调节工程师、工业卫生学家和采暖工程师们进行热舒适研究所希望的，就是通过得出室内环境参数对人体冷热感觉的影响，实现对人体热舒适的定量预测。学者们先后提出了不少热舒适的评价指标，在此先对一些重要的指标做简单介绍。

2.3.1 有效温度 ET

有效温度的定义为："这是一个将干球温度、湿度、空气流速对人体冷暖感或冷感的影响综合成一个单一数值的任意指标。它在数值上等于产生相同感觉的静止饱和空气的温度。"该指标由美国采暖、制冷与空调工程师学会于 1919 年提出。

1923 年，Houghten 和 Yaglou 为研究空调建筑中湿度对人体舒适度的影响，建立了两个温度和湿度不同的实验环境，其中一个为静止饱和空气环境（即"标准环境"），另一个模拟真实环境，让穿着标准服装（0.6 clo）的受试者在两个实验环境中来回走动，达到相同的热感觉，则将静止饱和空气环境的温度定义为另一环境的有效温度（effective temperature，ET），并以等舒适线的形式绘制在一张温湿图上。根据绘制出的等舒适线可知，除非空气的相对湿度为 100%，否则有效温度总是小于实际的干球温度。此后，又以诺莫图（图 2-6）给出了基本温标和标准温标两种形式，且提出有效温度计算模型为

$$ET = t - 0.4(t-10)(1-0.01\varphi) \tag{2-1}$$

$$ET = 0.4(t_d + t_w) + 4.8 \tag{2-2}$$

式中　　t——空气温度，℃；

　　　　φ——相对湿度，%；

t_{d}——干球温度，℃；

t_{w}——湿球温度，℃。

式（2-1）是空气温度-相对湿度的函数，式（2-2）是干球温度-湿球温度的函数，湿球温度通过所确定的干球温度和相对湿度查诺莫图所得。两种方式计算出的有效温度误差很小。

1932 年，因为 ET 在变量构成和系数权重方面存在局限，没有考虑辐射对人体热舒适性的作用，弗农和沃纳使用黑球温度代替干球温度，用黑球温度综合反映辐射热环境中人和物的实际感觉对热辐射进行修正，产生了修正有效温度（correction effective temperature，CET）。CET 计算模型分为两种情况，适用于空气流速为 0.1 m/s 的情况。

（1）穿着热阻为 1 clo 的上衣

$$CET = \frac{1.21t_{g} - 0.2t_{w}}{1 + 0.029(t_{g} - t_{w})} \tag{2-3}$$

（2）未穿上衣

$$CET = \frac{0.944t_{g} - 0.56t_{w}}{1 + 0.022(t_{g} - t_{w})} \tag{2-4}$$

式中　t_{g}——黑球温度，℃；

t_{w}——湿球温度，℃。

但是，因为船舶航行在江河湖海，热环境会比在陆地上恶劣，所以如果使用修正有效温度还需要考虑周围环境、船员旅客劳动强度、在甲板时间、水分新陈代谢等问题。

1957 年，因为美国海军训练时经常出现热损伤事故，Yaglou 等研究人员又以 CET 为基础提出了湿球黑球温度指数（wet bulb globe temperature，WBGT），其计算模型为

$$WBGT = 0.7t_{nw} + 0.3t_{g} \tag{2-5}$$

式中　t_{nw}——自然湿球温度，℃；

t_{g}——黑球温度，℃。

直到 1972 年，Ellis 等将原诺莫图按国际单位制重新绘制，得出了标准温标下的修正有效温度。

当空气流速较低（$v < 0.15$ m/s）时，标准有效温度可按下式进行计算：

$$ET = \frac{1.21T_{d} - 0.21T_{w}}{1 + 0.029(T_{d} - T_{w})} \tag{2-6}$$

$$ET = 0.492T_d + 0.19p + 6.47 \qquad (2-7)$$

基本有效温度估算如下式：

$$ET = \frac{0.944T_d + 0.056T_w}{1 + 0.022(T_d - T_w)} \qquad (2-8)$$

式中　T_d——干球温度，℃；

　　　T_w——湿球温度，℃；

　　　p——蒸汽压力，10^2 Pa。

尽管该指标由经验推导而来，但在近数十年中，它作为标准指标被很多官方和专业团体所采用。其不足是在低温时过分强调了湿度的影响，而高温时对湿度的影响强调得不够，即过高估计了湿度对凉爽和舒适状态的影响。

2.3.2　新有效温度 ET*

1971 年，Pierce 实验室的 Gagge 提出了新的有效温度 ET*（net effective temperature）指标。该指标综合了温度、湿度对人体热舒适的影响，适用于穿标准服装和坐着工作的人群，并已为 ASHRAE 55-74 舒适标准所采用。新有效温度 ET* 改变了有效温度过高估计湿度在低温下对凉爽和舒适状态的影响，把皮肤湿润度 ω 的概念引进来，ASHRAE 55-74 舒适标准中以此作为对于坐着工作、穿轻薄衣服和较低空气流速的标准状况下的舒适标准（图 2-7）。

图中斜画的一组虚线即为等有效温度线，它的数值是在 $\varphi = 50\%$ 的相对湿度线所标注对应的温度值。如 $t = 25$ ℃，$\varphi = 50\%$ 两线交点的虚线即为 25 ℃等有效温度线，这些等有效温度线是在室内空气流动速度为 0.15 m/s 时，对服装热阻为 0.6 clo 的静坐人员实测所得。菱形面积适用条件：身着服装热阻为 0.6~0.8 clo，静坐的人。平行四边形面积适用条件：身着服装热阻为 0.8~1.0 clo，坐着的人，活动量较大些。两块舒适区重叠处是被推荐的室内空气设计条件。

2.3.3　标准有效温度 SET

标准有效温度定义为某个空气温度等于平均辐射温度的等温环境中的温度，其相对湿度为 50%，空气静止不动，在该环境中身着标准热阻服装的人若与他在实际服装热阻条件下的平均皮肤温度 T_{sk} 和皮肤湿润度 ω 相同，则必将具有相同的热损失。该指标已为美国采暖、制冷与空调工程师学会采用，并出现在

ASHRAE 55-74 舒适标准中。在 Gagge 提出皮肤湿润度概念之后,综合考虑平均皮肤温度 T_{sk} 和皮肤湿润度 ω 由热传的物理过程分析而得到。

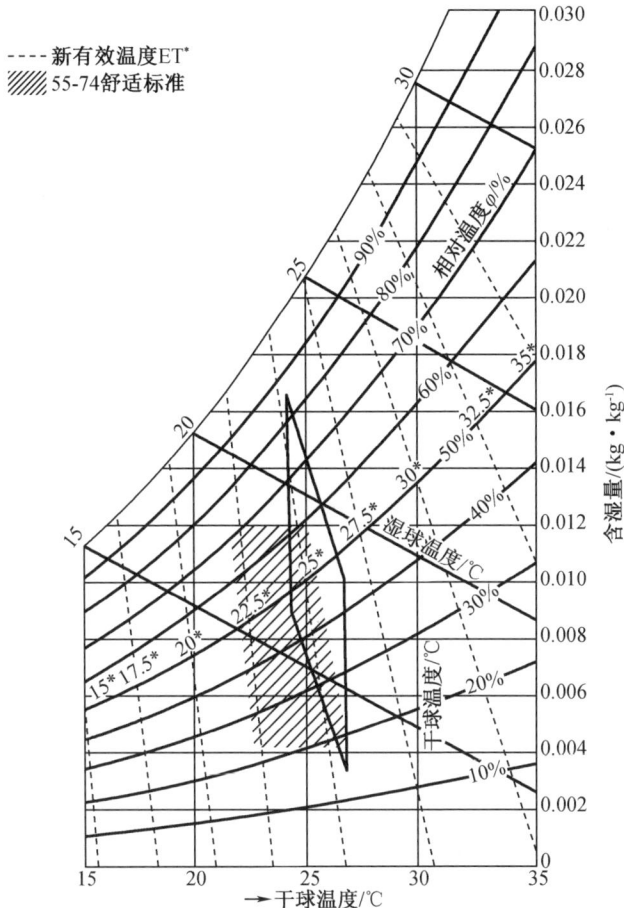

图 2-7　新有效温度 ET* 与 ASHRAE 55-74 舒适区图例

SET 的理论基础是 Gagge 提出的人体温度调节的两节点模型。该模型是将人体看作两层,即核心层和皮肤层。新陈代谢在核心层产生,产生的一部分热量通过呼吸直接散失在环境中,其余的热量传到皮肤表面。传到皮肤表面的热量一部分由汗液蒸发散失掉,其余的热量通过衣服传到衣服表面,然后通过辐射和对流散失到环境中。传热过程被视为是一维的。核心层和皮肤层的热平衡方程分别为

$$M_{cr}c_{cr}\frac{dT_{cr}}{dt}=M+M_{sh}-W-Q_{re}-(K+m_{bl}c_{p,bl})(T_{cr}-T_{sk}) \tag{2-9}$$

$$M_{sk}c_{sk}\frac{dT_{sk}}{dt}=(K+m_{bl}c_{p,bl})(T_{cr}-T_{sk})-Q_{dr}-Q_{ev} \tag{2-10}$$

式中　M_{cr}、M_{sk}——单位表面层质量和皮肤质量；

c_{cr}、c_{sk}——核心层平均比热容和皮肤层平均比热容；

T_{cr}、T_{sk}——核心层温度和皮肤层温度；

t——时间；

M——单位体表面积新陈代谢率；

M_{sh}——单位体表面积寒战调节产热量；

W——单位体表面积对外所做的机械功；

Q_{re}——单位体表面积呼吸热损失；

Q_{dr}——单位体表面积与环境间的显热换热量；

Q_{ev}——单位体表面积与环境间的潜热换热量；

K——核心层与皮肤层间的导热系数；

m_{bl}——核心层与皮肤层的血流量；

$c_{p,bl}$——血液比热容。

确定某一状态下的该指标数值基本过程分两步。首先根据实测或 Gagge 的二节点体温调节的数学模型计算得出人体平均皮肤温度 T_{sk} 和皮肤湿润度 ω，然后通过对人体的传热分析，求出产生相同皮肤温度和湿润度的标准环境温度。将常数 T_{sk} 和 ω 的轨迹以直线形式表示在一张温湿图上，便得到等标准有效温度线。

SET 是活动情况、服装及环境的物理变量的函数，是与人体感觉而不是空气温度直接相关。通过研究，Bedford 提出了二者之间的相互转换关系。但该对应关系只是在人体坐着状态下的讨论结果，即活动量是标准的 1.1 MET，不能适用于不同活动量的感觉。为了解决这个问题，在 1977 年，Gagge 提出了活动量、标准衣着、平均体温及皮肤湿润度之间的适当组合，标准有效温度与人体热感觉（表 2-1）在满足要求的状况下，生理描述均符合坐着工作的状态，从而使得表 2-2 可适用于任何活动情况。

表 2-1　标准有效温度与人体热感觉

标准有效温度/℃	热感觉	坐着工作的人的生理状态
高于 37.5	很热、很不舒适	调节失效
34.5～37.5	热、令人非常不满	大量出汗
30.0～34.5	温暖、令人不适和不满时出汗	出汗
25.6～30.0	稍暖、令人有些不满	轻微出汗,血管扩张
22.2～25.6	舒适并令人满意	适中
17.5～22.2	稍凉、令人有些不满	血管收缩
14.5～17.5	凉、令人不满	身体慢慢变冷
10.0～14.5	冷、令人非常不满	冷战

表 2-2　标准有效温度公式中的标准衣着的热阻随活动量变化关系

活动量 /MET	标准衣着 /clo	适中的生理状态	
		平均体温/℃	皮肤湿润度/%
0.3	0.7	36.26	0.06
1.1	0.6	36.35	0.07
2.0	0.5	36.56	0.14
2.9	0.4	36.71	0.21
3.8	0.3	36.88	0.23

　　尽管标准有效温度最初被设想用以预测人体排汗时的不舒适感,经过发展却可以应对各种衣着条件、活动量和环境变量的情况,可以说是一个相当全面的热舒适评价指标。美中不足的是,在皮肤温度和皮肤湿润度未知时,必须借助复杂的程序进行计算,因而未得到广泛应用。

2.3.4　预测平均投票值和不满意度 PMV-PPD

　　预测平均投票值（PMV）是丹麦学者 Fanger 将干球温度、风速、湿度、平均辐射温度及人体的新陈代谢率、服装热阻这六个变量综合起来,从统计学的角度建立的热舒适评价指标。他认为在稳态环境下,可建立以下人体热平衡方程:

人体产热-对外做功消耗-体表扩散失热-汗液蒸发失热-呼吸的显热和潜热交换=通过衣服的换热=在热环境内通过对流和辐射的换热 (2-11)

除此之外,Fanger 还提出只有同时满足舒适所具有的皮肤平均温度和最佳的排汗率,人体才能处于热舒适的状态下。通过将人体热平衡方程式与方程中每个变量表达式相结合,得出了著名的舒适方程,即

$$PMV = \frac{M}{A}(1-\eta) - \left\{ 0.408 \left[43 - 0.61 \frac{M(1-\eta)}{A} - p_a \right] - 0.49 \left[\frac{M(1-\eta)}{A} - 50 \right] - \right.$$

$$\left. 0.001\,45 \frac{M}{A}(34 - t_a) - 0.002\,28 \frac{M}{A}(44 - p_a) \right\} -$$

$$\left\{ 3.91 \times 10^{-8} f_{cl} \left[(t_{cl} + 273)^4 - (t_r + 273)^4 \right] + f_{cl} h_c (t_{cl} - t_a) \right\} \quad (2-12)$$

式中 M——单位体表面新陈代谢率;

A——人体表面积;

η——对外做功系数;

p_a——人体周围空气的水蒸气分压力;

f_{cl}——穿衣人体外表面积与裸身人体表面积之比;

t_{cl}、t_a、t_r——衣服外表面温度、人体周围空气温度和环境平均辐射温度;

h_c——对流换热系数。

根据上述关系,可以推导出热舒适的数学表达式如下:

$$PMV = 0.303 e^{-0.036M} + 0.028 \left\{ (M-W) - 3.05 \times 10^{-3} \left[5\,733 - 6.99(M-W) - p_a \right] - \right.$$

$$0.42 \left[(M-W) - 58.15 \right] - 1.7 \times 10^{-5} M (5\,867 - p_a) -$$

$$0.001\,4M(34 - t_a) - 3.96 \times 10^{-8} f_{cl} \left[(t_{cl} + 273)^4 - (t_r + 273)^4 - \right.$$

$$\left. f_{cl} h_c (t_{cl} - t_a) \right] \Big\} \quad (2-13)$$

式中 W——人体所做的机械功。

f_{cl}、T_{cl}、h_c 由以下方程决定:

$$T_{cl} = 35.7 - 0.002\,8(M-W) -$$

$$I_{cl} \left\{ 3.96 \times 10-8 f_{cl} \times \left[(T_{cl} + 273)^4 + f_{cl} h_c (T_{cl} - T) \right] \right\} \quad (2-14)$$

当 $I_{cl} > 0.078$ 时,

$$f_{cl} = 1.05 + 0.645 I_{cl} \quad (2-15)$$

当 $I_{cl} \leqslant 0.078$ 时,

$$f_{cl} = 1.00 + 1.29 I_{cl} \quad (2-16)$$

PMV 值在 $-3 \sim +3$ 之间(表 2-3),分别表示七种热感觉:

表 2-3 PMV 七点式生理感觉标尺

热感觉	热	暖和	稍暖	舒适	稍凉	凉快	冷
PMV 值	+3	+2	+1	0	−1	−2	−3

同时,对于大多数人表示满意的热环境,由于人与人之间生理等方面的差别,仍会有人感到不满意,因而用预期不满意度(PPD)指标,即对当前热环境仍不满意的人数在总体人群中所占的百分数来表示对热环境的不满意度。PMV 确定后,PPD 利用下式求解:

$$PPD = 100 - 95 \times e^{-0.335\,3 \times PMV^4 + 0.217\,9 \times PMV^2} \qquad (2-17)$$

PMV 与 PPD 结合起来形成了当下应用最广泛、最主流的 PMV/PPD 评价指标。国际标准化组织认为比较舒适的环境 PMV 指数在−0.5~+0.5 之间,同时 PPD 不超过 10%。PMV-PPD 关系图如图 2-8 所示。

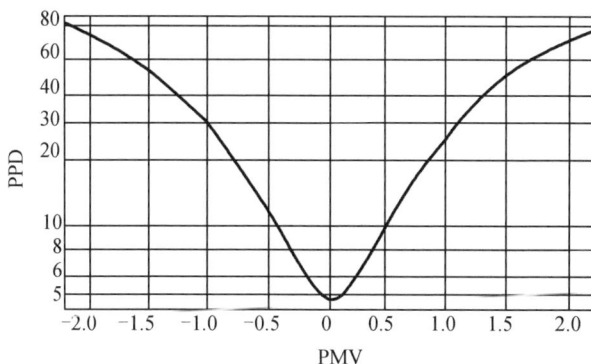

图 2-8 ISO(DIS 7730)中 PMV-PPD 关系图

综上所述,舒适方程不仅包含了热环境参数,还引入了与人体有关的活动量和衣着参数。因而 PMV-PPD 指标成为业内评价室内热环境的一项权威评价标准,在许多建筑法规的室内热环境评价中受到青睐。然而,Fanger 认为在满足舒适方程的条件下,却不一定能达到舒适,特别是当环境瞬变时更是如此。另外,由于该方程是根据对美国或欧洲青年人的试验推导而来的,是否适用于各种人群也遭到人们的质疑。因而在使用该指标时,应当结合现场调查研究结果,对其做适当的修正,以便对不同地区、不同人群、不同热环境下的热舒适状况做出较为真实贴近的评价,有针对性地提出切实有效的改进措施。

2.3.5　其他指标

除以上介绍的指标之外,在热舒适研究历史中还出现过很多重要的指标,它们代表了当时热舒适研究的发展,也为后来的研究提供了参考价值。

最早出现的热舒适评价指标是 1914 年 Leonard 博士提出的卡他冷却能力。该指标以大温包温度计的热损失量为依据,综合了平均辐射温度、空气温度、空气流速的影响,缺陷在于未考虑到湿度因素。

1929 年 Dufton 研制了一种综合恒温器,又称为拟人器(eupatheostat),该仪器可以使舱室维持舒适的温度,并提出了当量温度概念。该温度并未给出其与周围环境参数进行计算的关系式,加上拟人器又很笨重,严重限制了该指标的广泛应用。

Mc Intyre 还提出一个主观温度评价指标,定义为:"一个具有环境温度与热辐射温度相等,空气流速为 0.1 m/s 和相对湿度为 50% 的均匀封闭空间的温度,该环境将产生与实际环境相同的环境温暖感。"从定义上看,该标准和标准有效温度实质是相同的,且很大程度上取决于主观的温暖感。通常由环境变量表示的主观温度表达式都可以由现有的温暖感数据确定。因此,其属于经验推导而来的指标,必须结合实验数据进行评价。

以上介绍的各指标、目标和概念都不同,不同国家、不同机构推荐使用的指标也不相同。但经检验,在室内常见的物理变量范围内,大多指标给出的结果差异不大,仅在高新陈代谢、高温、高湿时有差异。过去半个多世纪产生了一系列关于热舒适评价的标准,包括 ASHRAE 55-74 标准及后来的 ASHRAE 55-81 标准,国际标准化组织根据丹麦工业大学 Fanger 教授的研究成果于 1984 年制定了 ISO 7730 标准——《适中的热环境——PMV 与 PPD 指标的确定及热舒适条件的确定》。这些标准中大多采用有效温度和 PMV-PPD 评价指标。考虑到标准有效温度需要极其复杂的计算程序,本书采用 PMV-PPD 为船舶舱室热舒适研究的评价指标。

2.4　气流组织对热舒适性的影响

影响人体冷热感受(热舒适性)的因素有空气温度、相对湿度、气流速度、平均辐射温度、船舱内空气品质,空气温度会直接影响人体通过对流及辐射的干热交换;相对湿度对人体热舒适性的作用与温度有关;气流速度对人体流散热量蒸发散热有影响;平均辐射温度对人体辐射热造成影响;船舱内空气品质会直接影响人体感受。

气流组织对热舒适性的影响主要通过形成的速度场和温度场起作用,不同的气流组织方式会形成不同的速度场和流速场,从而产生截然不同的热舒适感觉。气流速度对人产生影响的表象就是有强烈的吹风感,它是指空气的流动而引起人体不适应的局部冷感觉。所以,一般在送风口附近的人,被风吹会产生凉爽、寒冷的感觉。

所以空调系统设计的气流组织对船舱室内空气品质影响很大,设计合理,可以将新鲜空气按质按量送到人员活动区,还可及时将污染物排出;设计不合理,会造成送风、回风短路,被污染的空气还会滞留在舱室里,导致同一船舱内的船员或游客感觉到不同程度的闷热与头疼等状况,船舶采用合理的气流组织,就可以改善、优化室内空气品质,人体的热舒适性就会提高。理想的气流组织应该将高质量的空气送给每一个人,使清洁的新鲜空气到达人员生活区域。对于动态条件下的不同气流组织形式,异侧上送上回可以保持舱室气流贯通,更接近于室内自然送风的形式;如果将波动气流直接送至人体所在位置,减小送风速度,提高送风温度,在满足吹风感要求的同时保证不会产生忽冷忽热的波动效果,则可更好地满足人们对舒适度的要求。

对于船舶空调系统来说,要求控制的温度是一定的,但是船员或游客的数量是不定的,所以它的冷热负荷都在不断变化。尤其在航行过程中,海面(河面)的温度状况与空调设计工况就会出现偏差。虽然有很多空调系统采用变风量调节,但还是不能很恰当地调节到所需要的温度和湿度,并同时实现以较低的能耗达到较高的使用者满意度,这是我们进一步研究与努力的方向。

第3章
船舶舱室内微环境数值模拟研究

│3.1 船舶舱室物理模型的建立│

本章以上海海事大学 4.8 万吨级教学实习船"育明"轮为母体开展了相关的研究工作。

"育明"轮总长 189.9 m,型宽 32.26 m,型深 15.7 m,航速 17 kn,集航运、教学、科研及货物运输为一体,是目前国际上投资规模最大、设施配备最先进、功能最齐全的教学实习船。"育明"轮汇集了当今国际先进的航海教学实习与科研设施,设有船员和学员两个生活区,教学生活设施一应俱全,被誉为国家培养高素质航海类人才的"海上移动校园"。其为学校创新了人才培养模式,培养了学生的实践能力和创新意识,拓宽了学生的专业视野,在上海海事大学为国家航运事业发展培养专门人才中,发挥着无可替代的作用。

"育明"轮从船底到主甲板的船身部分,共设有 5 层甲板,前部为 5 个货舱,后部为教学区和机舱;轮机功能测试室、多功能学术室等分布在主甲板以下。它具备教学实习、科学研究、国际交流和散货运输等 4 大功能。由于使用了型线优化和节能主机,使得其能耗较同类船低,同时具有最先进的船舶污水和垃圾处理能力。"育明"轮突出学生实习和实训功能,可同时承担 160 名学生进行海上实习的任务。除实习、实训外,部分专业课程教学也可在实习船上完成,生活区舒适,教学设备和娱乐设备完善,还建有一个标准篮球场。

为了对船舶舱室内的微热环境进行研究,我们采用 CFD 对舱室内部的热量交换进行数值模拟。CFD 是计算流体动力学(computational fluid dynamics)的简称,是流体力学和计算机科学相互融合的一门新兴交叉学科,它从计算方法出发,利用计算机快速的计算能力得到流体控制方程的近似解。CFD 的基本思想

为将连续流场中的物理量离散化,用一定的离散点和集合上的物理量来代替连续的物理量,依据变量间的一些原则建立和求解代数方程组以得出近似的变量。CFD 在最近 20 年中得到飞速发展,除了计算机硬件工业的发展给它提供了坚实的物质基础外,还因为无论分析的方法或实验的方法都有较大的限制,例如由于问题的复杂性,既无法做分析解,也因费用昂贵而无力进行实验确定,而 CFD 的方法正具有成本低和能模拟较复杂或较理想的过程等优点。经过一定考核的 CFD 软件可以拓宽实验研究的范围,减少成本昂贵的实验工作量。在给定的参数下用计算机对现象进行一次数值模拟相当于进行一次数值实验,历史上也曾有过首先由 CFD 数值模拟发现新现象而后由实验予以证实的例子。CFD 软件一般都能推出多种优化的物理模型,如定常和非定常流动、层流、紊流、不可压缩和可压缩流动、传热、化学反应等。对每一种物理问题的流动特点,都有适合它的数值解法,用户可对显式或隐式差分格式进行选择,以期在计算速度、稳定性和精度等方面达到最佳。CFD 软件之间可以方便地进行数值交换,并采用统一的前、后处理工具,这就省却了科研工作者在计算机方法、编程、前后处理等方面投入的重复、低效的劳动,从而可以将主要精力和智慧用于物理问题本身的探索上。舱室内人员及物品位置与尺寸如表 3-1 所示。

表 3-1　舱室内人员及物品位置与尺寸

名称	起点位置 $(x,y,z)/m$	终点位置 $(x,y,z)/m$
舱室	$(-2,0,1.5)$	$(2,2.5,1.5)$
送风口	$(-0.1,2.5,-0.8)$	$(0.1,2.5,-0.6)$
日光灯	$(-0.23,2.4,-0.1)$	$(0.23,2.5,0.1)$
办公桌	$(-0.65,0.7,-0.9)$	$(0.65,0.7,-1.5)$
人员 1	$(-0.45,0.1,-0.55)$	尺寸$(1.71\times0.3\times0.2)$
衣柜	$(-2,0,1.5)$	$(-0.5,1.2,1.02)$
回风口	$(0.1,0.15,1.5)$	$(-0.2,0.3,1.5)$
床 1	$(0.3,0.385,-0.75)$	$(0.6,0.468,-0.395)$
椅子 1	$(-0.6,0.385,-0.75)$	$(-0.3,0.468,-0.395)$
椅子 2	$(0.3,0.385,-0.75)$	$(0.6,0.468,-0.395)$
床 2	$(1.3,0.55,-1.5)$	$(2,0.55,-0.4)$
人员 2	$(-0.45,0.1,-0.55)$	尺寸$(1.75\times0.35\times0.22)$
圆形窗	圆心$(0,1.8,-1.5)$	直径 0.3

表 3-1(续)

名称	起点位置(x,y,z)/m	终点位置(x,y,z)/m
门框	(0.7,0,1.5)	(1.6,2,1.5)
开启的门	(1.6,0,1.5)	(−0.239 4,2,−0.657 7)

按照实际情况,该舱室采用卧式诱导器送风,回风口位置参照图 3-1 和表 3-1。室内屋顶有两盏日光灯,模拟时考虑其不打开,故可忽略其散热量。物体大小、位置都按照实际物体尺寸和在舱室内的实际位置布置。在模拟过程中需要考虑内热源,同时由于窗户在航行中会有太阳辐射,所以在模拟时与东侧外舱壁有所区分,必须考虑因太阳辐射导致的传热。

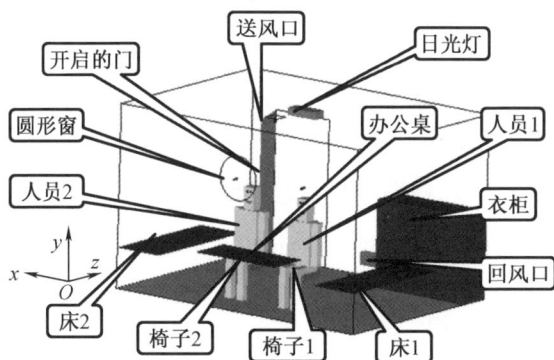

图 3-1　舱室模型示意图

由于在教学实习船上除了上课,大部分时间都是在居住舱学习和休息,所以本书选取居住舱室建立一个物理模型,使研究具有通用性。本书建立居住舱室内流场计算的数学模型所作简化如下:

(1)考虑到当气流速度在 50 m/s 以下时,气体的密度变化很小,可以将流体当作不可压缩流体对待。在舱内流场情况下,空气运动速度比较小,空气的密度变化不大,可近似为常数,因此舱室内空气可看作三维不可压缩流场。

(2)雷诺数相对较小,但是仍然超过了临界雷诺数,因此流场按湍流模式处理,并且流动和传热视为稳态过程。

(3)由于此舱室位于整个船只的中央,上下前后均为空调舱室,且各舱室设计温度相同,所以其他舱壁(包括天棚、地板、前后舱壁)均当作绝热条件处理。

(4)除送风口和回风口外没有空气渗漏,认为舱室内气密性良好。

(5)在本书中着重考虑舱室内流场处理稳定状态后的情况,认为舱室的气密性好,所以不考虑通过舱门渗透风的影响,也不考虑舱门开合过程中对舱室内空气运行情况的影响,所以在几何模型中没有建立舱门。

(6)送风口空气速度、温度流场均匀。

(7)在确定居住舱入口边界的温度、速度分布后,主要是如何确定紊流动能(k)和紊流动能耗散率(ε),当入口边界 k 值无实测值可依据时,可参考山口克人博士的取法:$k=0.04$,$\varepsilon=0.008$;污染源设定为质量入口边界。

3.2 湍流模型及模型的选择

湍流模型就是以雷诺平均运动方程和脉动运动方程为基础,依靠理论与经验的结合,引进一系列模型假设,而建立起的一组描写湍流平均量的封闭方程组。通过确定湍流输运项的一组代数或微分方程使得 Reynolds 方程得以封闭。它基于对湍流过程的假设,借助经验常数或函数,建立高阶湍流输运项与低阶湍流输运项直至与平均流之间的某种关系。

3.2.1 湍流的基本方程

湍流是一种高度复杂的三维非稳态、带旋转的不规则流动。湍流中流体的各物理参数,如速度、压力、温度等都随时间与空间发生随机变化。在湍流流场中,流体微团的随机运动在足够长的时间内服从某种数学统计规律。空间上任一瞬时物理量均可用平均值与脉动值之和来表示,采用这种方法的主要原因为:

(1)各物理量的瞬时值是随机的,使理论研究遇到很多困难,采用上述分解后,可以在大多数情况下假定流动是准定常的,并可采用统计的平均方法对流动方程进行数值求解。

(2)试验研究时,各物理量的瞬时值的确定比较困难,而时间平均值的测定较容易。

对于一般的工程问题,知道流动的平均值已经可以满足要求。湍流运动虽然十分复杂,但它仍遵循连续介质的一般动力学规律,流场中的任一空间点上的流动参数满足黏性流体流动的纳维-斯托克斯(N-S)方程组。

描述湍流的规律主要有：质量守恒、动量守恒和能量守恒。在此,考虑不可压流动,使用笛卡儿坐标系,以张量形式表示基本方程。

连续性方程：

$$\frac{\partial \rho u_i}{\partial x_i} = 0 \tag{3-1}$$

动量方程：

$$\frac{\partial \rho u_i}{\partial t} + \frac{\partial \rho u_i u_j}{\partial x_i} = \rho g - \frac{\partial p}{\partial x_i} + \frac{\partial}{\partial x_j}\left[\mu\left(\frac{\partial u_i}{\partial x_j} + \frac{\partial u_j}{\partial x_i}\right)\right] \tag{3-2}$$

3.2.2　边界条件及热源

在控制方程建立以后,方程组已经封闭,但必须给出一定的合适的定解条件,才能获得唯一解,确定计算区域边界条件是数值模拟研究的关键,合理的边界条件直接影响到计算结果的精度和收敛性。舱室的边界条件主要包括进、出口边界,固体壁面边界,热边界条件,压力修正方程边界,假想对称面边界条件等。

1. 进口边界条件

室内空调通风一般是通过送风口的空气射流来实现送风和室内空气的混合,以达到控制温度和通风的目的,风口尤其是送风口对舱室空气流动的影响很大。实际的送风口几何形状复杂,种类也很多,要正确预测居住舱内空气流动和换热情况,必须准确描述入流边界条件。目前,主要研究了四类风口模型来简化复杂的空调风口入流边界条件:直接描述的动量法、指定速度法、盒子模型法和基本模型法。简化后送风口的计算量为一般工程所接受,从而被暖通空调界普遍采用。

盒子模型是把送风口入流边界条件假想为包围送风口的一个盒子的边界上,借助射流公式计算值或测量值描述边界条件,避免了直接描述送风口出口处复杂的流动情况。基本模型就是将风口简化为一个有效面积的矩形开口,矩形开口的面积取风口的有效面积,该模型保证了入流速度和动量与实际一致,根据需要可以改变矩形的纵横比,使得射流衰减趋势与实验相似,但当有效面积比很小时,因影响射流的特征尺度和射流特性都发生变化,速度场与实验相差较大。动量模型是在送风口处直接给定入流边界条件,具有不受受限与否、送风射流等温与否的限制等优点,并考虑了影响风口射流的主要因素,是一种比较简单合理

的风口模型。该模型将实际风口代替为与原风口外形相同的矩形开口,将其空气入口动量设置为实际的空气入口动量。指定速度法是用一个矩形或者长方体的"盒子"包围送风口来描述送风参数的,可以通过射流公式或者测量得到。

2. 出口边界条件

出口边界条件是最难处理的边界条件,通常很难用实验方法进行测量。在流动出口的边界上(即流体离开计算域的地方),常用的处理方法有局部单向化假设、切向速度齐次诺依曼边界条件、充分发展的假定及法向速度局部质量守恒。目前,普遍采用坐标局部单向化方式处理,即假定出口界面上的节点对第一个内节点没有影响,从而可以假设出口边界节点对内节点的影响系数为零。这样出口界面上的信息对内部节点的计算就不起作用,从而无须了解出口边界上的值。这种简化处理方法不会引起太大误差,确保了数值计算的可靠性,数值计算处理时必须保证出口截面上应无回流及出口截面距感兴趣的计算区域比较远。

出口处的速度根据质量守恒导出,k、ε 为自由出流条件,流动采用充分发展边界条件。对于空气龄变量,入流处边界条件处理为第一类边界条件,即 $\tau = 0$;而在出口处,边界条件处理为第二类边界条件,即 $\dfrac{\partial \tau}{\partial \eta} = 0$,$\eta$ 表示法向。

3. 固体壁面边界条件

舱室内气固耦合问题采用整体求解法,对于固体区域黏性系数取大值,固体表面的气体流动符合无滑移条件,即速度为 0,k 和 ε 按壁面函数法取值。

3.2.3 湍流模型的选择

居住舱内采用气体湍流射流,属于有限空间内的温差射流与贴附射流,送风口送风时一般都存在涡的分离和合并等复杂的流动。送风口的送风速度一般取 2~5 m/s,流速较低。当送风速度较大时,可能会出现射流冲击的现象。同时贴附射流时,柯恩达效应对空气流场分布影响非常大,加上居住舱内复杂的几何结构,如床柜、衣柜、送风口和回风口构造等,要能准确预测舱内流场,是一项极具挑战性的工作。选取合适的湍流模型就是其中一个关键点。

计算湍流运动主要通过三种方法(分类示意图如图 3-2 所示):直接数值模拟(DNS)、大涡模拟(LES)和基于雷诺平均 N-S 方程组模拟(RANS)。DNS 直接求解全尺度的湍流 N-S 方程,可以得到湍流的全部信息。但是由于计算机条件的约束,只能求解一些低雷诺数的简单流动,对于复杂流动问题无法计算。LES

对湍流脉动部分进行直接模拟,即从流场中去除小尺度涡,求解大涡方程。虽然 LES 方法计算成本相对 DNS 较小,但对于大部分工程问题仍然有很长的路要走。RANS 是将满足动力学方程的瞬时运动分解为平均运动和脉动运动,其中脉动项采用雷诺应力来体现,再根据各自经验、实验等方法对雷诺应力进行假设,从而封闭湍流的平均雷诺方程而求解,RANS 相当于在 N-S 方程基础上添加了一个额外的黏度项,对于该黏度项的处理方式不同。湍流模型分为很多种,ANSYS Fluent 包括 S-A 模型(spalart-allmaras)、$k-\varepsilon$ 方程(k-epsilon)、$k-\omega$ 方程(k-omega)、3 方程转捩模型(transition $k-kl-omega$)、4 方程转捩模型(transition SST)、雷诺应力(Reynolds stress)方程、SAS 模型(scale-adaptive simulation)、分离涡模型(detached eddy simulation)、大涡模拟模型。不同湍流模型的应用范围也各不相同,部分湍流模型及其特点如表 3-2 所示。

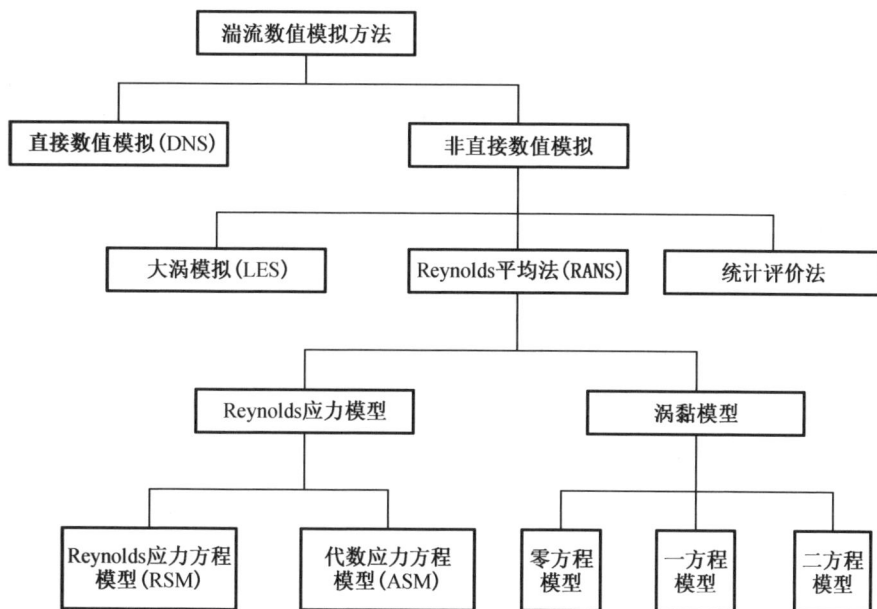

图 3-2　湍流数值模拟方法

表 3-2　部分湍流模型及其特点

模型	特点
S-A 模型	常用于航空外流场计算,对几何相对简单的外流场计算非常有效,计算量也较小;不适合求解流动尺度变换比较大的流动问题,不适用于复杂的工程流体问题

表 3-2(续)

模型	特点
k-ε 方程	工业流动计算中应用最为广泛的湍流模型,计算量适中,精度相当,包括标准、RNG、Realizable 三种模型:标准 k-ε 方程忽略分子间黏性,只适用于完全湍流;RNG k-ε 方程考虑湍流旋涡,其湍流 Prandtl 数为解析公式(而非常数),考虑低雷诺数黏性等,故而对于瞬变流和流线弯曲有更好的表现;Realizable k-ε 方程提供旋流修正,对旋转流动、流动分离有很好的表现
k-ω 方程	可预测自由剪切流传播速率,像尾流、混合流动、平板绕流、圆柱绕流和放射状喷射,因而可以应用于墙壁束缚流动和自由剪切流动
转捩模型	用于模拟层流向湍流的转捩过程
雷诺应力方程	最符合物理解的 RANS 模型,考虑到旋涡黏性各向异性,适用于飓风流动、燃烧室高速旋转流、管道中的二次流、旋风分离器内流动等;占用较多内存,计算时间长,较难收敛

S-A 模型是相对简单的单方程模型,只需要求解湍流黏性的输运方程,不需要求解当地剪切层厚度的长度尺度。由于没有考虑长度尺度的变化,不太适合用于一些流动尺度变换比较大的流动问题,比如平板射流问题、从有壁面影响流动突然变化到自由剪切流、流场尺度变化明显等问题。S-A 模型中的输运变量在近壁处的梯度要比 k-ε 中的小,这使得该模型对网格粗糙带来的数值误差不太敏感。S-A 模型不一定适用于所有的复杂工程流体,如不能依靠它去预测均匀衰退、各向同性湍流。

雷诺应力模型(RSM)由各向异性的前提出发,完全抛弃了 Boussinesq 表达式的概念,直接建立以雷诺应力为因变量的微分方程,然后做适当假设使之封闭。RSM 模型也称为二阶封闭模型,已广泛应用于均匀湍流、自由射流、边壁射流、尾流、二维和三维灌流等湍流中。由于 RSM 比单方程和双方程模型更加严格地考虑了流线型弯曲、旋涡、旋转和张力快速变化,因此对于复杂流动有更高的精度预测的潜力。但是这种预测仅仅限于与雷诺压力有关的方程。压力张力和耗散速率被认为是使 RSM 模型预测精度降低的主要因素。一般来说,通过RSM 预测得到的平均流速分布和雷诺应力分布与实测值比较符合,尤其是预测边壁射流中的边壁效应(包括曲率效应和二次流)更为有效,但对轴对称射流和圆盘后尾流预测的结果并不理想。另外,在固体表面附近,由于分子黏性的作

用,湍流脉动受到阻尼作用,雷诺数很小,RSM 不再适用。

标准 k-ε 模型是从实验现象中总结出来的半经验公式,它适用范围广且精度合理,自从被 Launder 和 Spalding 提出之后,就变成了工程流场计算中主要的工具。该模型假设流动为完全湍流,分子黏性的影响可以忽略,此标准 k-ε 模型只适合完全湍流的流动过程模拟。RNG k-ε 模型来源于严格的统计技术。它和标准 k-ε 模型很相似,但是有以下改进:

(1)RNG 模型在 ε 方程中加了一个条件,有效地改善了精度。

(2)考虑到了湍流旋涡,提高了在这方面的精度。

(3)RNG 理论为湍流 Prandtl 数提供了一个解析公式,然而标准 k-ε 模型使用的是用户提供的常数。

(4)标准 k-ε 模型是一种高雷诺数的模型,RNG 理论提供了一个考虑低雷诺数流动黏性的解析公式。

这些公式的作用取决于是否正确地对待近壁区域。这些特点使得 RNG k-ε 模型比标准 k-ε 模型在更广泛的流动中有更高的可信度和精度。Realizable k-ε 模型是近期才出现的,与标准 k-ε 模型相比有两个主要的不同点:

(1)Realizable k-ε 模型为湍流黏性增加了一个公式。

(2)Realizable k-ε 模型为耗散率增加了新的传输方程,这个方程来源于一个为层流速度波动而做的精确方程。

Realizable k-ε 模型适合的流动类型比较广泛,包括旋转均匀剪切流、自由流(射流和混合层)、腔道流动和边界层流动。对以上流动过程模拟的结果都比标准k-ε 模型的结果好,特别是可再现 k-ε 模型对圆口射流和平板射流模拟中,能给出较好的射流扩张。Realizable k-ε 模型的一个不足是在主要计算旋转和静态流动区域时不能提供自然的湍流黏度,这是因为可实现的 k-ε 模型在定义湍流黏度时考虑了平均旋度的影响。这种额外的旋转影响已经在单一旋转参考系中得到证实,而且其表现要好于标准 k-ε 模型。

Realizable k-ε 湍流模型与标准 k-ε 湍流模型、RNG k-ε 湍流模型相比,可以更加精确地模拟平面和圆形射流的扩散速度,并且在带方向压强的边界层计算、分离流计算、旋转流计算等有更精确的模拟。综上所述,本书选取 Realizable k-ε 湍流模型对居住舱内空气流动特性进行模拟计算。

Realizable k-ε 模型由 Shih 提出,针对标准 k-ε 模型在时均应变率特别大的情形,有可能导致负压的正应力。为了使流动符合湍流的物理定律,需要对正应

力进行某种数学约束。Realizable k-ε 模型满足对雷诺应力的约束条件,因此可以在雷诺应力上保持与真实湍流的一致性。这一点是标准模型 k-ε 和 RNG k-ε 模型都无法做到的,这个特点在计算中的好处是,可以更精确地模拟平面和圆形射流的扩散速度,同时在旋转流计算、带方向压强梯度的边界层计算和分离流计算等问题中,计算结果更符合真实情况。Realizable k-ε 模型主要用于旋转均匀剪切流、包含有射流和混合流的自由流动、管道内流动、边界层流动和带有分离的流动。

k 方程:

$$\frac{\partial(\rho k)}{\partial t}+\frac{\partial(\rho k u_i)}{\partial x_i}=\frac{\partial}{\partial x_j}\left[\left(\mu+\frac{\mu_t}{\sigma_k}\right)\frac{\partial k}{\partial x_j}\right]+G_k+G_b-\rho\varepsilon \tag{3-3}$$

ε 方程:

$$\frac{\partial(\rho\varepsilon)}{\partial t}+\frac{\partial(\rho\varepsilon u_i)}{\partial x_i}=\frac{\partial}{\partial x_j}\left[\left(\mu+\frac{\mu_t}{\sigma_\varepsilon}\right)\frac{\partial\varepsilon}{\partial x_j}\right]+\rho C_1 S\varepsilon-\rho C_2\frac{\varepsilon^2}{k+\sqrt{v\varepsilon}}+C_{1\varepsilon}\frac{\varepsilon}{k}C_{3\varepsilon}G_b \tag{3-4}$$

Realizable k-ε 模型中的模型常数与函数表达式为

$$C_1=\max\left[0.43,\frac{\eta}{\eta+5}\right],\eta=S\frac{k}{\varepsilon},S=\sqrt{2S_{ij}S_{ij}},S_{ij}=\frac{1}{2}\left(\frac{\partial u_i}{\partial x_j}+\frac{\partial u_j}{\partial x_i}\right)$$

$$C_{1\varepsilon}=1.44,C_2=1.9,\sigma_k=1.0,\sigma_\varepsilon=1.2$$

船舶舱室内流场的研究是舱内环境控制的重要方面,合理的舱内气流组织能有效改善船员和乘客的热舒适性,使舱室内的温度、湿度、流速符合人体工程学要求。通过对影响舱内流场的各种因素的分析,可以有针对性地对存在的问题加以改进,达到有效利用能源和改善舱内空气品质、提高船舶空调系统动态热舒适性的目的。

3.2.4 网格划分

在进行数值模拟之前,首先需要对物理模型进行网格划分。网格划分应遵循以下基本原则:

(1)网格数量的多少将影响计算结果的精度和计算规模的大小。一般来讲,网格数量增加,计算精度会有所提高,但同时计算规模也会增加,所以在确定网格数量时应权衡两个因数,综合考虑。

(2)网格疏密是指在结构不同部位采用大小不同的网格,这是为了适应计算

数据的分布特点。在计算数据变化梯度较大的部位(如应力集中处),为了较好地反映数据变化规律,需要采用比较密集的网格。而在计算数据变化梯度较小的部位,为减小模型规模,则应划分相对稀疏的网格。这样,整个结构便表现出疏密不同的网格划分形式。

(3)许多单元都具有线性、二次和三次等形式,其中二次和三次形式的单元称为高阶单元。选用高阶单元可提高计算精度,因为高阶单元的曲线或曲面边界能够更好地逼近结构的曲线和曲面边界,且高次插值函数可更高精度地逼近复杂场函数,所以当结构形状不规则、应力分布或变形很复杂时可以选用高阶单元。但高阶单元的节点数较多,在网格数量相同的情况下由高阶单元组成的模型规模要大得多,因此在使用时应权衡考虑计算精度和时间。

(4)网格质量是指网格几何形状的合理性。质量好坏将影响计算精度。质量太差的网格甚至会中止计算。直观上看,网格各边或各个内角相差不大、网格面不过分扭曲、边节点位于边界等分点附近的网格质量较好。网格质量可用细长比、锥度比、内角、翘曲量、拉伸值、边节点位置偏差等指标度量。划分网格时一般要求网格质量能达到某些指标要求。在重点研究的结构的关键部位,应保证划分高质量网格,即使是个别质量很差的网格也会引起很大的局部误差。而在结构次要部位,网格质量可适当降低。当模型中存在质量很差的网格时,计算过程将无法进行。

由于舱室内分布物品较多,对气流会有较大影响,为了更精确地反映室内的气流组织状况,在划分网格时对有物体的地方应当进行细化,特别是人体周围要增加网格密度,以便于后期分析热舒适状况。在此通过软件对话框内对送风口、回风口、人体等进行设置。

对所建立的数学模型进行网格划分(划分时默认单位为 m,后续涉及数字未标单位)。对气流速度梯度大的计算区域进行了网格的细化。在计算中,先采用较疏的网格,再不断进行细化。当计算流场划分的最小间距为 0.2×0.125×0.15 时(图 3-3),与前面使用的网格的计算结果相比。二者之间的差异已达到了可以忽略的程度,因此对于舱室模拟计算的整个流场内最终网格数为 101 781,节点数为 111 853。

在组图 3-4 中可以看出,人体周围的网格细化都较为理想,其中 $z=-0.55$ 和 $y=0.8$ 处分别为人体水平和竖直方向的中心截面位置,在此两截面上重点分析 PMV-PPD 的分布状况。而 $x=0.0$ 截面为送、回风气流分析截面;且结合 $z=0.1$

分析不同送风方式对人体热舒适的影响。

图 3-3　舱室壁面网格

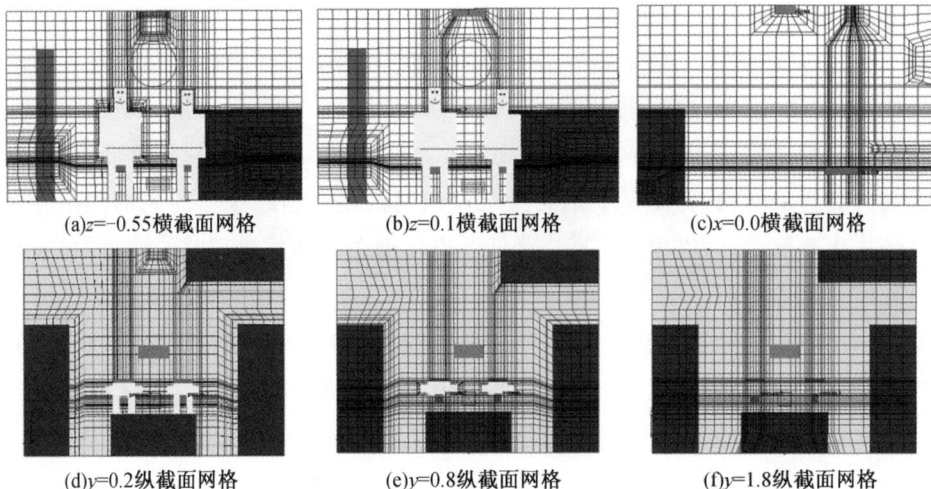

(a)z=-0.55横截面网格　　(b)z=0.1横截面网格　　(c)x=0.0横截面网格

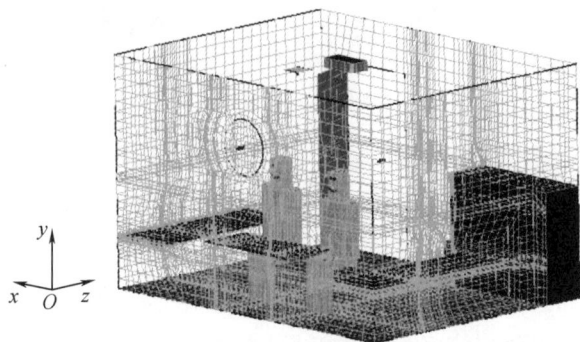

(d)y=0.2纵截面网格　　(e)y=0.8纵截面网格　　(f)y=1.8纵截面网格

图 3-4　模型截面网格

3.3　居住舱室内微气候环境数值模拟研究

　　当一个人身处在一个特定的环境中时,哪些因素会影响这个人对环境整体上的感受呢? 其实,每个人对于同一环境的感受都会有一定的差异,这种差异受生理和心理共同影响。人体与环境的热交换会影响人的生理活动,而生理活动

会产生心理活动,形成热感觉,最终影响热舒适。热舒适是人对周围热环境所做的主观满意度评价,某一热环境是否舒适可以从三个方面来评判:

(1)物理方面:根据人体活动所产生的热量与外界环境作用下穿衣人体的失热量之间的热平衡关系,分析环境对人体舒适的影响及满足人体舒适的条件。

(2)生理方面:研究人体对冷热应力的生理反应如皮肤温度、皮肤湿度、排汗率、血压、体温等并利用生理反应区分环境的舒适程度。

(3)心理方面:分析人在热环境中的主观感觉,用心理学方法区分环境的冷热与舒适程度。

由于影响人体热舒适的因素与条件十分复杂,经过大量的实验研究,综合不同因素的相互作用,已陆续提出若干评价热舒适的指标与热舒适范围。一般认为有六大基本因素会影响人体热舒适,可以将这六大基本因素分为两类,第一类为环境因素,包括空气温度、空气相对湿度、空气流速和平均辐射温度,第二类是人为因素,包括服装热阻和新陈代谢率。

(1)空气温度是表征室内热环境的主要指标之一,它可以用来判定环境的冷热程度。

(2)空气相对湿度是指在一定温度和压力下,空气中实际水分含量与饱和空气中水蒸气含量之比。空气湿度会直接影响人体皮肤的蒸发散热,以及通过皮肤的水分扩散,继而影响人体代谢平衡,从而影响人体温度、热感觉。低湿度时,皮肤的极度干燥会导致皮肤的损伤、粗糙和不适应性;高湿度会使皮肤的水分增加,并关闭汗腺,减少出汗,并且会影响人对织物的触摸感。有研究表明,在舒适的温度(16~25 ℃)时,空气的相对湿度对人体的热感觉影响较小,相对湿度每下降10%,相当于空气温度升高 0.3 ℃,且随着代谢率的增加,相对湿度对人体热感受的影响也会增强,表现为湿度越高,人体的冷感受越明显。也有学者发现,在环境温度大于 28 ℃,空气相对湿度大于 70%时,即在湿热条件下,相对湿度对人体热感觉有明显影响。

(3)空气流速会影响人体的对流传热和蒸发传热,从而影响热舒适性。空气流速会影响热环境中与人体舒适度密切相关的两个感觉要素——皮肤表面湿润度和皮肤表面温度。当空气流速增加时,不仅可以增加皮肤表面与环境的换热系数,也会加快汗液的蒸发,迅速降低皮肤表面的温度和湿润度。因此,在夏天出汗时,吹风扇会让人感觉到凉爽。室内风速过大时会让人产生不适的冷感(吹风感),风速过小时又会影响空气的流通和降温。有关研究表明,室内最佳风速应处于 0.1~0.7 m/s。

（4）平均辐射温度是指环境中与人体辐射换热有影响的各个物体表面温度的平均值。任何两个温度不同的物体之间都会有热辐射的存在，热辐射受辐射物体温度与辐射面积、辐射物体间距离、辐射物体的相对位置影响，且总是从温度高的物体向温度低的物体辐射散热，直到两个物体的温度相等为止。

（5）服装是人类与外界环境进行热交换过程中的一层阻隔，这层阻隔在人体热平衡过程中主要起保温和阻碍水分扩散的作用。服装不仅仅指衣服，也指一套衣物的组合。服装可以在人体和环境之间进行热湿调节，让人体与服装之间形成微小气候，使人体达到热舒适的状态。

（6）人体通过新陈代谢产生的热量维持体温和活动需要的能量。新陈代谢率受到活动量、年龄、性别、身体健康状况等许多因素的影响。

还有一些次要因素被人们认为会影响人的热舒适，其中包括年龄、性别、体质、季节、人种等。但是，这些因素对人体热舒适的影响程度还存在一定的争议。本书研究了太阳辐射、人体散热、送风温度、送风速度、送风方式对舱室内人体热舒适性的影响。

3.3.1 太阳辐射、人体散热对舱室内人体热舒适性的影响

国内外研究证明，在热舒适研究过程中，特别是对于长期运行的空调系统，可以认为平均辐射温度等于空气温度。一般情况下，该假设对人体热感觉的影响很小，但在高辐射差时应区别对待。考虑船舶环境的特殊性，较为严谨的方法为：先计算平均辐射温度，看其与空气温度之间的差异大小，再决定是否可做简化。

考虑太阳辐射、舱壁传热和人体散热时，在送风速度为 4 m/s、送风温度为 18 ℃工况条件下，舱室内人体的热舒适性。从图 3-5 和图 3-6 可知，座位区 PMV 值为-0.6~0，PPD 值最大为 15%，PD（平均空气温度、速度和湍流强度函数的吹风感引起的不满意率）>15%，说明送风条件基本能满足人体热舒适需求。在回风口处，由于回风口的抽气作用，PD 值小于 20%，人体感觉吹风感较小；进门过道区域最大达到-1.0，说明人体感觉稍凉，人体有吹冷风感；座椅区受送风口向下送风的影响强烈，在人体头部区域最大达到了-2.0，PPD 值最大达 60%，PD 值达 76%，说明乘客感觉热不舒适，有较强的吹风感。

接下来具体分析一下太阳辐射对船舱内温度分布的影响。当船舶在水上航行，舱内的空调系统的热负荷除了室内设备、人员活动以外，太阳辐射也是一个

重要的因素。借助 Fluent 软件进行仿真分析,相应的模型如图 3-7 所示。该模型描述的是一长、宽均为 10 m,高为 2.5 m 的小型人员聚集性舱室(如餐厅、会议仓等),网格划分总数为 15 万个左右,网格类型采用四面体网格。模型的空调风系统采用上送上回的送风方式,送风口和回风口均为一对 30 cm 方形风口,分布于舱室顶部的四角。舱内设计温度为 26 ℃,由于对舱内温度要求不高,这里采用大温差送风的方式,送风温度为 18 ℃,风速为 3 m/s。在舱室的一壁面的外侧施加恒定强度的光照辐射,辐射强度为 200 W/m²,设定该壁面外侧的对流换热系数为 20 W/(m² · K),其他方向壁面由于没有直接暴露在室外环境中故设定为 8 W/(m² · K),假定外界空气温度为 30 ℃,求解模型为湍流模型与辐射模型复合模型。本次仿真中将主要记录空调开始送风后舱内温度场的变化。

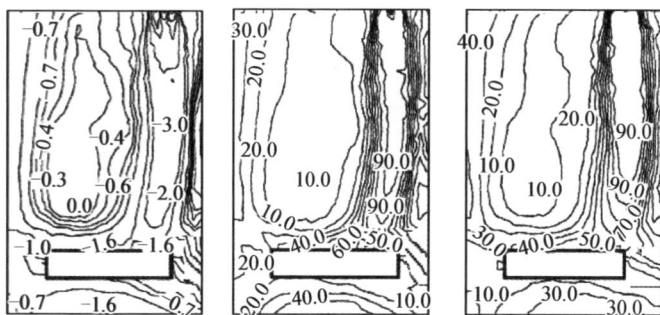

图 3-5　18 ℃和 4 m/s 送风工况下,$y = 1.00$ m 座椅区域断面 PMV、PPD 和 PD 分布图

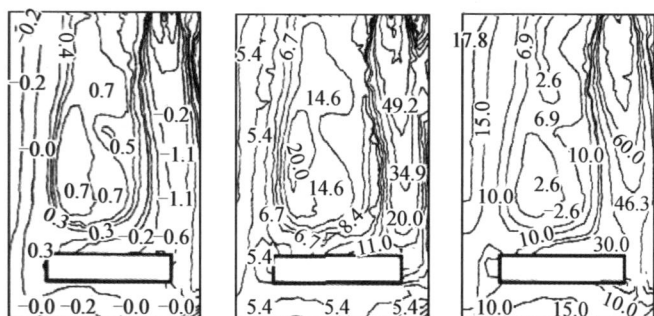

图 3-6　18 ℃和 4 m/s 送风工况下,$y = 2.30$ m 座椅区域断面 PMV、PPD 和 PD 分布图

开始送风后,壁面温度的变化情况如图 3-8 所示。可以发现,壁面的整体温度随着时间的推移呈现下降的趋势,且越靠近送风口温度越低。由于受到阳光辐射的影响,外侧壁面的温度变化相对来说并不明显,且越靠近该壁面的地方温

度越高。图 3-9 描述了距船舱地面 1.5 m 处的空气域的切面温度场变化趋势（平行于地面）。可以发现，由于受到太阳辐射传热的影响，靠近外侧壁面的空气域温度变化相比其他位置要高一些，温度场的变化速率也要相对慢一些。图 3-10 描述了空气从送风口进入舱内后的温度变化及流动趋势。可以发现，随着时间的推移，舱内空气的温度场会逐渐达到均匀。图 3-11 描述了各壁面热流密度的变化趋势，可以看到受到太阳辐射一侧的热流密度要高于其他壁面，这是由于壁面吸收的热辐射使得温度升高，内外两侧的空气温差加大，因此热流密度也就相对更高。这说明太阳辐射加大了通过船舱壁面的热负荷，因此能耗也就相应增加。在实际船舶制造工程中，可以考虑在外表面增加反射率较大的涂料层来减少辐射热量的吸收，以达到节能的目的。

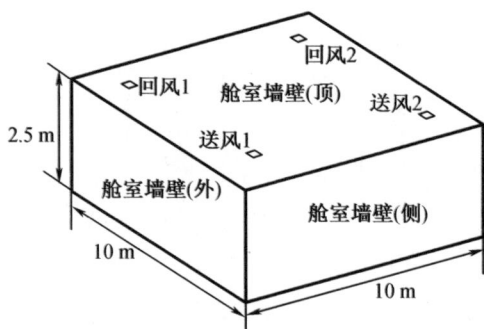

图 3-7 船舱仿真模型示意图

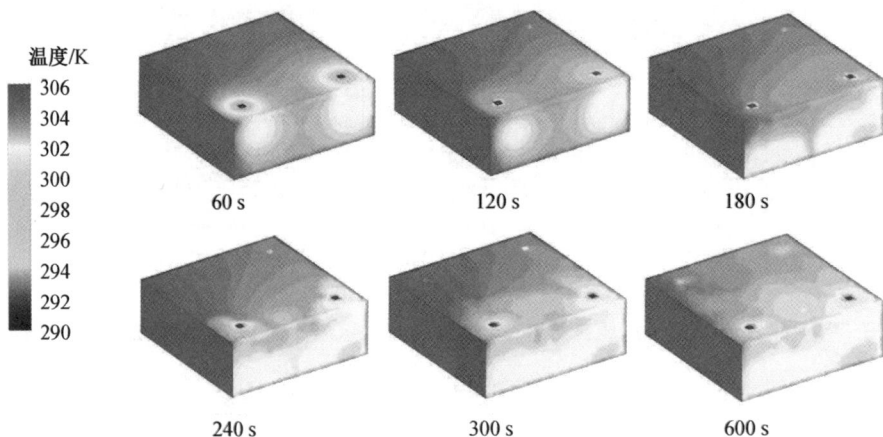

图 3-8 船舱各壁面温度分布图

温度/K
306
304
302
300
298
296
294
292
290

| 60 s | 120 s | 180 s |

温度/K
306
304
302
300
298
296
294
292
290

| 240 s | 300 s | 600 s |

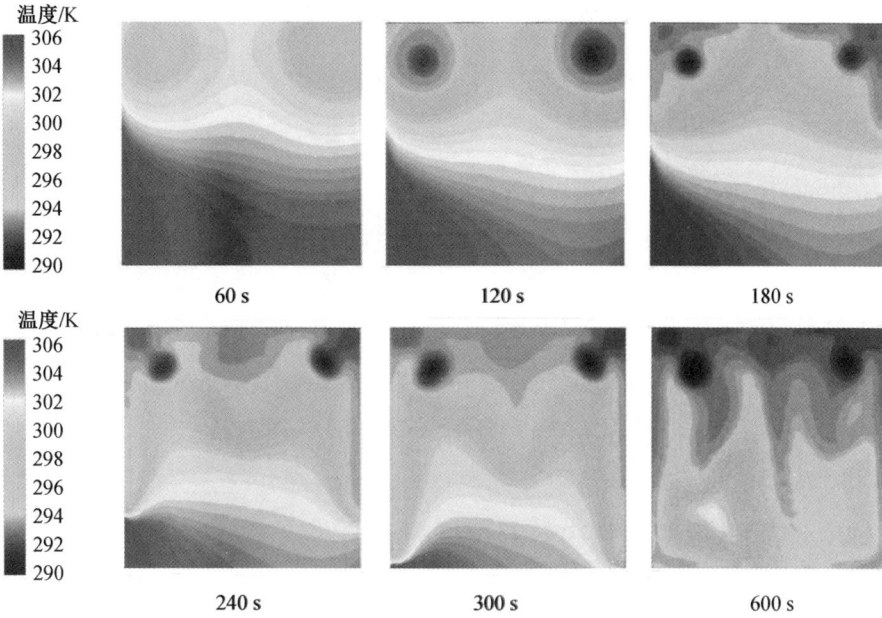

图 3-9　船舱内部空气域温度分布图

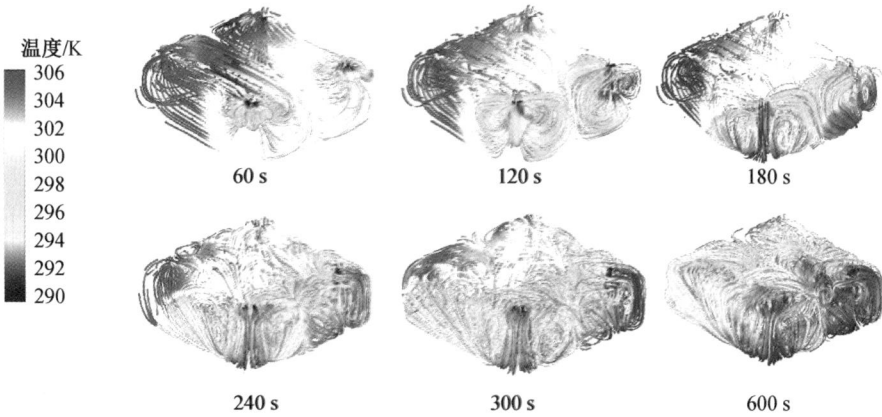

温度/K
306
304
302
300
298
296
294
292
290

| 60 s | 120 s | 180 s |

| 240 s | 300 s | 600 s |

图 3-10　船舱内部空气流动分布图

边界热流密度/(W·s⁻²)

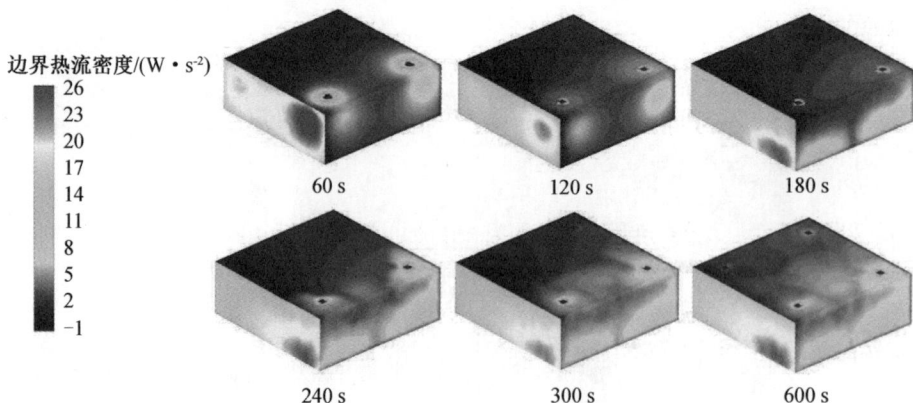

图3-11　船舱壁面热流密度分布图

3.3.2　送风速度对舱室内热舒适性的影响

空气流速的改变,可以引起人体对流换热和蒸发换热的效果。根据传热学原理,增加空气流速,可以强化对流换热。人体表面在流动的空气环境中,会形成一个温度速度边界层,增加空气流速,边界层厚度减小,对流换热系数增加;同时,传湿系数亦增大,对流换热和蒸发换热同时得到强化。气流速度过大会引起吹冷风感,冷刺激过强会使人不舒适,或引起头痛、眼睛发干、呼吸困难等不适感。空气流速过小,会让人感觉很闷。因而,应使人类居室内保持适当的空气流速,在其他条件不变的情况下,分析不同送风速度对舱内气流组织和热舒适性的影响。将送风速度从 4 m/s 改变为 3 m/s、5 m/s 送风工况后,结合图分析舱内热舒适变化情况。

从图3-12和图3-13可知,随着风速降为3 m/s,送入冷量降低,PMV值增加,PPD值和PD值降低;由于送风口的作用,人体区域PMV值最大达-2.0,PPD值达49.2%,PD值达76%,人体感觉不舒适;座位区域由于人体散热使PMV值在0.3~1.0范围,PPD和PD值基本在满意范围;舱室内除了送风口下部区域PD值偏大,其他区域PD值符合要求,人体没有吹风感。回风口处座位区PMV值增为0.7,其座位区域PMV值最大为1.0,而PPD和PD值在要求范围内。若放宽PMV舒适区范围,扩大为-1.0<PMV<1.0,则认为此工况基本能满足舱内热舒适性要求。

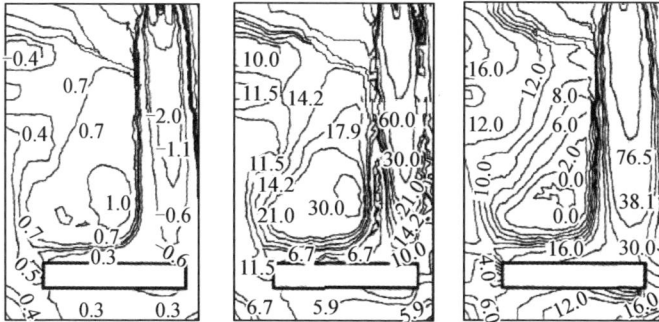

图 3-12　18 ℃和 3 m/s 送风工况下, y=1.00 m 断面座位区域 PMV、PPD 和 PD 分布图

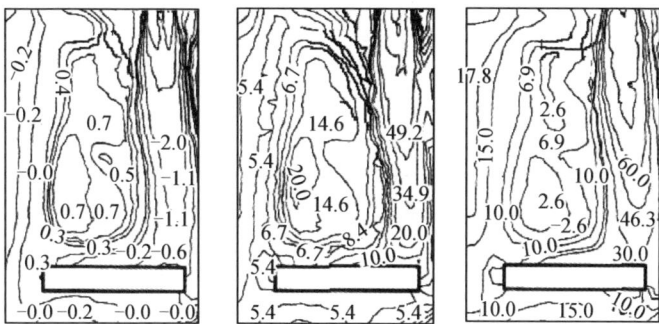

图 3-13　18 ℃和 3 m/s 送风工况下, y=2.30 m 断面座位区域 PMV、PPD 和 PD 分布图

从图 3-14 和图 3-15 可知,在 18 ℃和 5 m/s 送风工况下,送风口正下方区域 PMV 值最大达到-2.7,PPD 值达到 90%,PD 值达 80%,说明送风口对人体热舒适影响很大,大的送风速度使得送入冷负荷增大,同时增大了人体对流换热,人体感觉寒冷,并有强烈的吹风感。远离送风口侧人体区域 PMV 值在-1.0～-0.5,PPD 值在 6.0%～16.2%,PD 值在 4.0%～20.0%,仅仅在座位表面 PPD 值达 30%,但吹风感不明显。座位下部区域 PMV 值在-1.2～0.5,PPD 值为40.0%,PD 值为 30%,说明人体腿部、脚部感觉冷,并有吹风感。可见,以 18 ℃和 5 m/s 的参数送风时,舱室内人体热舒适感较差。

当送风速度为 3 m/s 时,靠近送风口侧座位区 PMV 值在-0.7～0.2,PPD 值小于 15%,PD 值在 0～50%;远离送风口侧的 PMV 值在 0.5～1.0,PPD 值达到30%,PD 值小于 10%。送风口正下方船员不可避免有吹风感,但是靠近送风口侧 PPD 值小于远离送风侧的 25%。可见,适当地吹风能提高舱内人员热舒适性。送风速度为 4 m/s 时的热舒适性优于 5 m/s 时的热舒适性,靠近送风侧的PD 值远远大于远离送风口侧的 PD 值。靠近送风口侧的 PMV 值达到了-1.8,

103

PPD 值达到了 80%，PD 值达到了 80%；远离送风口侧的 PMV 值在 -1.0 附近，座位上部 PPD 值为 15%，座位下部 PPD 值在 30%~70%，PD 值为 20% 左右。可见，要提高远离送风口侧人体的热舒适性，舱内送风速度不宜过小；要提高靠近送风侧船员的热舒适性，舱内送风速度不宜过大；综合考虑多方面因素，4 m/s 的送风速度比较适宜，既能保证船舱内人员的热舒适性，又能有效降低人体的吹风感。

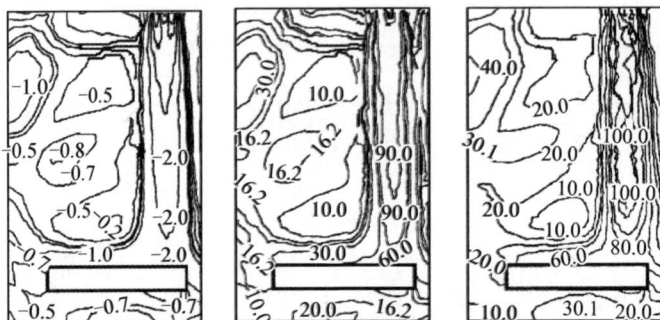

图 3-14　18 ℃和 5 m/s 送风工况下，y=1.00 m 断面座位区域 PMV、PPD 和 PD 分布图

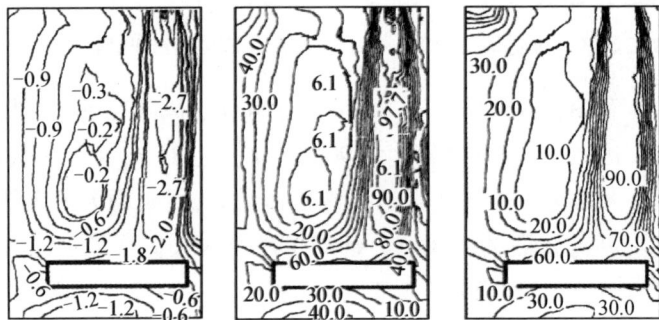

图 3-15　18 ℃和 5 m/s 送风工况下，y=2.30 m 断面座位区域 PMV、PPD 和 PD 分布图

3.3.3　送风温度对舱室内人体热舒适性的影响

讨论在送风速度 4 m/s 不变的条件下，送风温度由 18 ℃改变为 20 ℃、21 ℃和 17 ℃时舱内热舒适指标分布情况。

从图 3-16 可知，在 20 ℃和 4 m/s 的送风工况下，远离送风口侧座位区 -0.3<PMV<0.7，回风口附近 PMV=-0.3，说明回风口的抽吸排气作用，使得回

风口附近风速有所增加,在座位区不易形成涡旋,能有效排除热量。在送风口正下方,头部区域 PMV=-0.8,PD 值最大达到 60%,说明送风口送出空气对乘客有吹风感。在送风口垂直正下方小部分区域 PPD 值较大,其他区域 PPD<20%,船员对舱内环境基本满意。

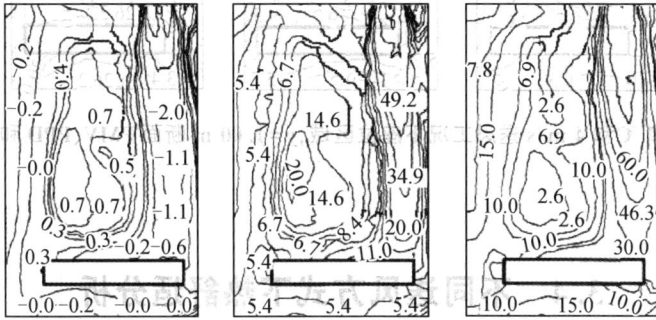

图 3-16　20 ℃和 4 m/s 送风工况下,座位区域 y=1.00 m 断面 PMV、PPD 和 PD 分布

在 21 ℃和 4 m/s 送风工况下(图 3-17),座椅区域 PMV 值在 -0.5~1.0,PPD 值在 10%~20%,在送风口正下方区域 PMV 值达到 -1.0,PPD 值达 50%,DP 值达 80%。这说明在此送风条件下,车室内 PMV 值、PPD 值、PD 值在大部分区域能达到标准范围,除了送风口正下方区域受送风速度的强烈影响外,此工况条件基本能满足舱内人体热舒适性要求。

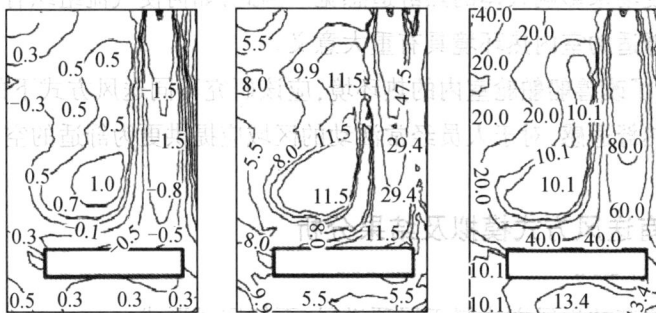

图 3-17　21 ℃和 4 m/s 送风工况下,座位区域 y=1.00 m 断面 PMV、PPD 和 PD 分布

在 17 ℃和 4 m/s 送风工况下(图 3-18),舱内座椅区域 PMV 值达到 -1.5,PPD 值达到 60%,PD 值达到 40%,说明采用此工况条件不满足舱内人体热舒适性要求。

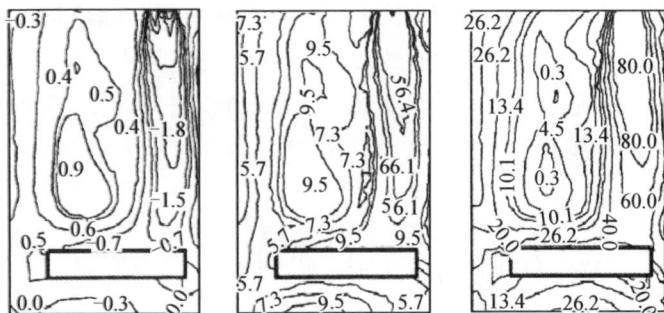

图 3-18   17 ℃和 4 m/s 送风工况下座位区域,$y=1.00$ m 断面 PMV、PPD 和 PD 分布

3.4   不同送风方式下热舒适分析

通常,按照送、回风口布置位置和形式的不同,气流组织大致可以分为以下几种:侧送侧回、顶部上送下回、下送上回及上送上回。尽管气流组织有多种形式,但均主要通过在室内形成的气流温度场与速度场来影响人体的热舒适感觉。但不同的气流组织会形成不同的温度场,产生的温度梯度会影响人体热舒适。上海交大的连之伟教授指出,空调舱室的气流组织主要通过在室内形成的气流温度场与速度场来影响人体的热舒适感觉。因此,如何使气流组织有效合理,对于创造良好舒适的室内热环境具有重大意义。

为此,为了改善船舶舱室内的热环境,应该研究不同送风方式下的室内空气状况和人体热舒适感,对于人员经常活动的区域应提供更为舒适的空气流动。

3.4.1   原有送风方式模拟及结果分析

该舱室原有的送风方式属于屋顶送风、下侧回风形式。

首先根据该方案送风形式和条件,可以进行初步的分析和推测。由于其送风方向为垂直向下,送风口的位置距离人员座椅水平距离很近,因而在外界环境温度较高时,为了获得较低的室内环境温度,在调大送风速度时,人员可能产生过冷吹风感。另外,将排风口设置在新风口对侧,且距离门很近,这就可能导致门敞开时新风口和排风口之间的送风气流在门附近区域过强,对靠近门一侧的

床位处舒适性产生不利影响。在经 Fluent 求解器计算得出雷诺数为 29 044,普朗特数(Pr)为 21 583,说明该模型符合高雷诺数紊流模型的特点;且验证该模型的能量方程成立,k、ε 均收敛(图 3-19),即模型建立成功。

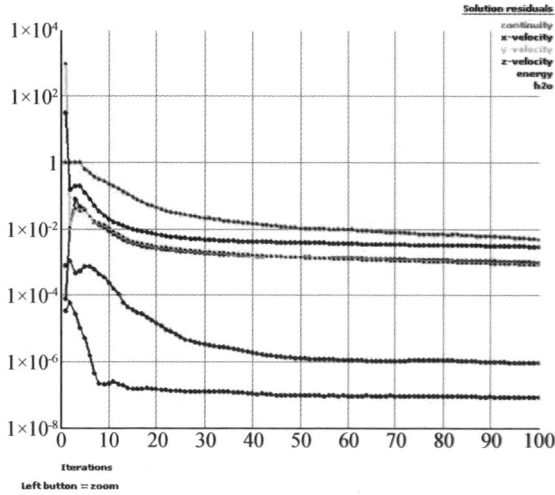

图 3-19　模型收敛性验证

对该种送风方式下的舱室环境进行模拟,得到的结果如图 3-20 所示。

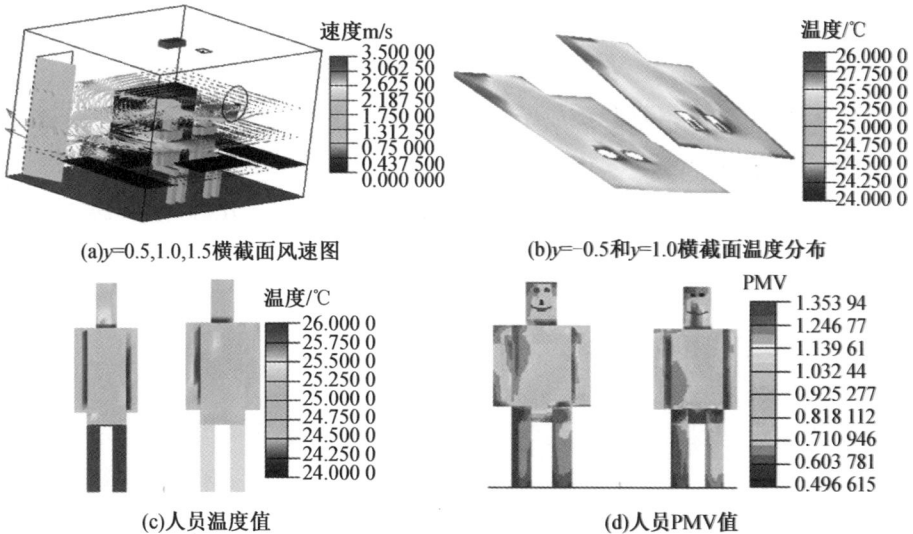

(a)y=0.5,1.0,1.5横截面风速图

(b)y=-0.5和y=1.0横截面温度分布

(c)人员温度值

(d)人员PMV值

图 3-20　原有方案模拟结果

(1)送风方式基本合理,舱室内气流没有出现明显的短流。由图3-20(a)可以看出,在送风条件下,可以实现送风方向上的气流接力。由于射流边界与周围介质之间的湍流动量交换,周围空气被卷入,射流不断扩大,同时射流的速度场从中心开始逐渐向边界衰减。桌子和床附近的气流速度分布均匀,无明显的空气停滞死区。整个舱室空间的空气由于送风口、回风口的吹动和卷吸作用被带动起来,形成了良好的空气流动。

(2)从舱室的温度场分布(图3-20(b))来分析,原方案可基本使温度波动在较小的范围,人员逗留区温度在25 ℃左右,除舱壁面温度较高之外,其他区域均在人员可接受的温度范围之内。

(3)从图3-20(b)与图3-20(d)的计算结果可以看出,在送风口直下方的区域内,有部分区域温度较低,且该区域内的风速值比其他区域要稍微高一些,造成此区域内的PMV值较低。这与初步的分析相同,即竖直风向造成了过冷吹风。

(4)在门附近的区域空气流动呈中心回旋。这是由于从走廊内进入室内的空气和舱室内气流产生撞击,气流运动方向均发生变化,对照门关闭时的状况,可以看出走廊进风对室内气流的影响也不可忽视,但由于该气流状况和船舶航行实际有密切关系,因而要做到对这部分更为详尽的分析还是相当难。

(5)从人员的温度图和PMV图来看,人员1的整体热舒适要好于人员2;人员2靠近舱门,腿部PMV值较身体其他部位高出很多,这是由门附近区域强烈的气流扰动造成的,且门开启时,外界高温气流涌入舱室,对人员的热舒适影响很大。因而在改进时,应着重注意人员2的热舒适。

以上得出的结论说明,该舱室目前的状况虽然基本满足了人员的热舒适要求,但是仍然存在一些不足之处,有待于做进一步的改进。为此,在参照国内外一些研究的基础之上,提出了以下改进方案,并进行对比分析,寻求较为理想的送风方式和送风条件。

3.4.2 改进的方案模拟与分析

由于本舱室仅有一个送风口,因此研究时仅考虑送风口、回风口布置的不同,以及送风温度、风速和风向的变化。如表3-3所示为三组改进方案。

表 3-3　三组改进方案

	第一组	第二组	第三组
送风口位置/m	$(+0.5,0,0)$	$(+0.5,0,-0.2)$	$(0,0,-0.2)$
回风口位置/m	$(0,0,0)$	$(-0.2,0,+0.2)$	$(-0.2,0,+0.2)$
送风温度/℃	17.5	17.0	18.5
风速/$(m \cdot s^{-1})$	0.85	0.85,0.85	0.85,0.85
风向	垂直向下	y 偏 z30°	y 偏 x45°

注:送风口、回风口位置坐标为该组方案中风口中心位置相对原有方案中心坐标的偏离矢量。

对三组改进方案下的舱室温度场、速度场及 PMV 场进行对比分析,可得出以下结论:

(1)从温度场分布来看,第二组温度场较为均匀,波动较小,在人员滞留时间较长的桌椅及床附近区域的温度场较原有方案有较明显的改善。第三组的温度比其他两组稍高,人员经常逗留区域温度并非最佳。

(2)从空气流速组图看,第三组的气流没有短流,也无过于强烈的区域,但是由于风口离窗户过近,透过窗的太阳辐射的热不可忽视,有可能使桌子附近气流温度偏高,进而影响人员热舒适。第一组在人员身体中部出现了相当高的风速,导致人员的不适。

(3)结合后两组的风向来看,一定角度的送风效果优于垂直送风,PMV 场的结果(图 3-21(b)、图 3-21(d))表示可以得到更适宜的热舒适。这主要是由于 z 方向的气流运动对 y 方向气流产生了一定抑制作用,减弱了垂直气流强度,进而不易造成过冷吹风感。

(4)在送风温度上,室内温度较高时,将送风温度调低无疑是最佳选择(图 3-21(a)、图 3-21(c)、图 3-21(e)),但是必须考虑到温度适宜区域位于人员经常活动的区域,以免造成不必要的能源浪费。

(5)综合来看,第二组的送风设置是较为合理的,速度场理想,温度适宜,PMV 值也接近要求。但是由于模型建立时没有考虑太阳辐射得热及相邻舱室的温差传热,因而室内的温度实际可能比模拟结果要复杂一些。

从以上可以看出,尽管原来舱室的送风方式基本可以创造舒适的热环境,但经过对风口位置和送风条件进行调节后,可以进一步改善热环境状况。

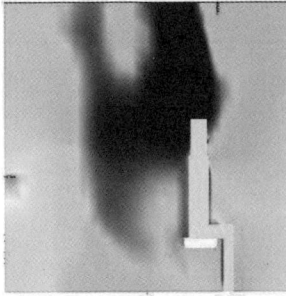

(a)第一组yz面温度场

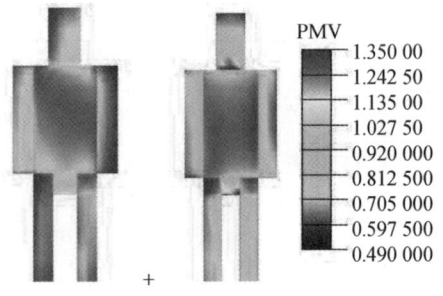

(b)第一组PMV

(c)第二组xz面温度场

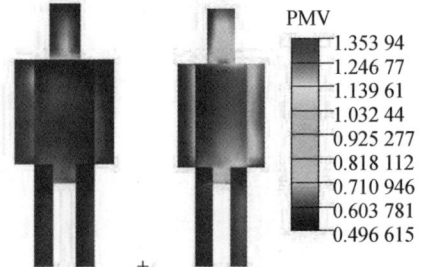

(d)第二组PMV

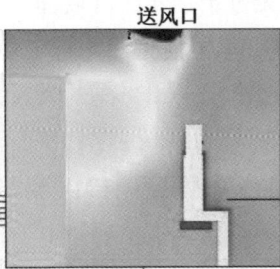

(e)第三组yz面温度场

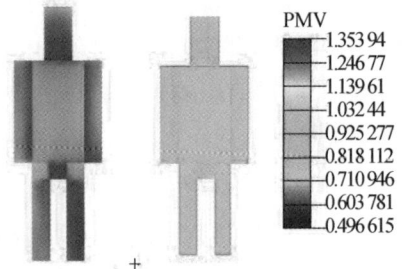

(f)第三组PMV

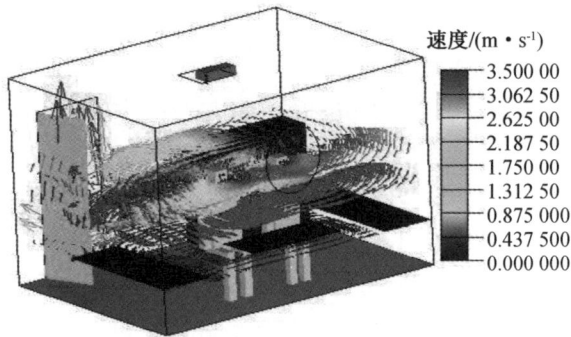

(g)第一组气流模拟结果

图3-21　改进方案模拟结果

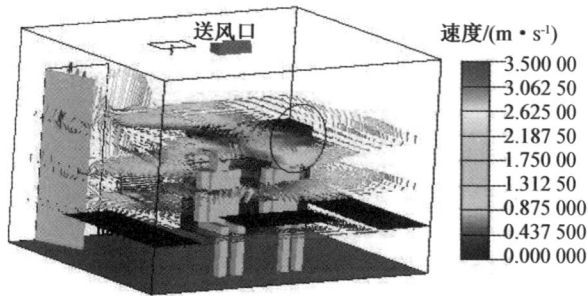

(h)第二组气流模拟结果

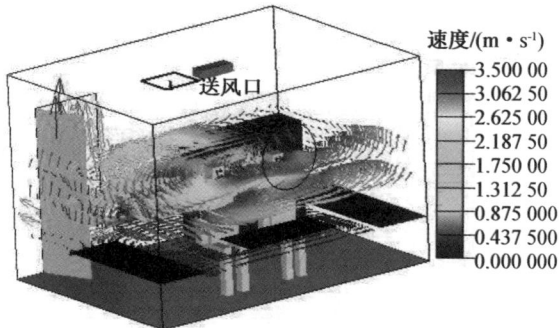

(i)第三组气流模拟结果

图 3-21(续)

3.4.3　下送上回方式模拟与分析

随着空调技术的发展,送风方式也日益多样化。与传统的顶板送风(ceiling supply system)相比,在某些场合采用地板送风(underfloor air distribution,UFAD)、工位送风(task ambient conditioning,TAC)和置换通风(displacement ventilation,DV)等空调方式具有通风效率高、运行能耗低等优点。特别是下送风方式在气流组织方面的优势已逐渐得到认可,但是并没有研究者进行船舶舱室的应用研究。船舶舱室空间狭小,布置紧凑,对气流组织要求更高。同时舱室地板若位于甲板间层,地板附近的气流温度场也会有一定的波动,因而从这些方面来考虑,对下送风方式下船舶舱室内热环境进行模拟是具有实际意义的。

将原来的送回风口位置互换,保持其大小不变,则送风方式变为下送上回,参数设置与实际条件相同,送、回风口位置如表 3-4 所示。

表 3-4　下送上回送、回风口位置

名称	起点位置(x,y,z)/m	终点位置(x,y,z)/m
送风口	$(0.1,0.15,1.5)$	$(-0.2,0.3,1.5)$
回风口	$(-0.1,2.5,-0.8)$	$(0.1,2.5,-0.6)$

将模拟得到的温度场、PMV 值和空气流速场整理得到图 3-22 至图 3-25。对其进行分析,可以得出:

图 3-22　下送上回模型图

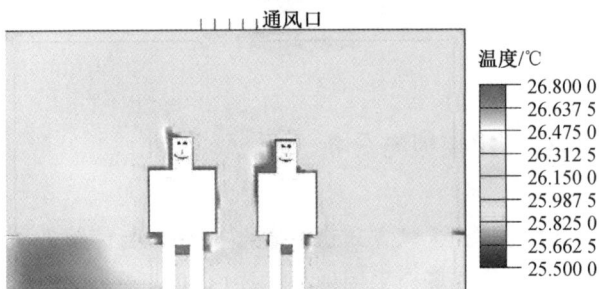

图 3-23　下送上回温度场模拟结果

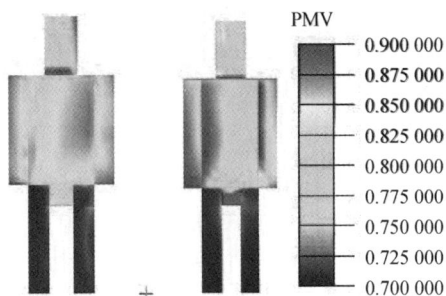

图 3-24　下送上回 PMV 模拟结果

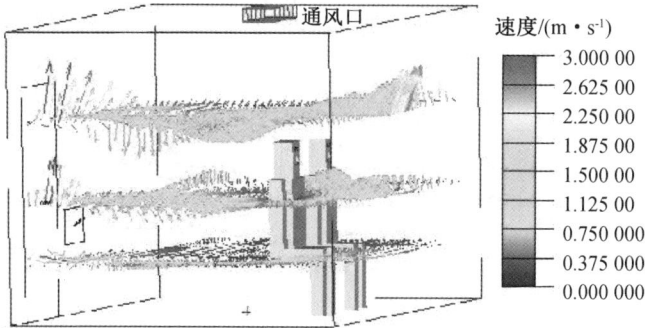

图3-25　下送上回空气流速场模拟结果

（1）采用下送上回方式后，舱室平均气温上升，人员活动区域温度稳定，人员2周围的空气温度得到改善。平均温度的升高主要是因为下送上回的气流方向为由门侧向室内送风，室外热空气进入舱室后，在上层空间形成一个高温高压的气层，进而影响整个舱室的温度。解决此问题的措施是降低送风温度或加强回风。

（2）从气流组织分析，由门外进来的热空气直接被送风口的气流充斥到上部区域，因而人员2周围没有过冷吹风现象。门侧和窗户附近的气流速度由于温差速度更大，且风向向上，因而不易造成人员的不舒适。因为送风口气流方向和从舱门一侧涌进的气流方向一致，因而不会产生紊流。同时，人员周围的风速也很理想。

（3）从人员的PMV值来看，不同于原有方案人员感到腿部略凉的现象，而是会感到稍热，PMV值在0.7~0.9之间，人员虽感到有些热，但仍可接受。

（4）在采用下送上回方式后，人员活动区域的空气流动性更好，由于与门口气流水平方向相同，通过气流互相推动可迅速将高温空气排出。因而，可适当减小送风口的送风速度，并适当提高送风温度，减少空调系统运行能耗。

另外，由于空气流动较强的区域临近地面，很容易扬尘，关于这方面涉及空气质量品质的问题，在实际中应当予以考虑和重视。不同于下回风，可将回风排到船舶走廊再送往船外，上回风会经过甲板间层，这是否会加大上层甲板的得热量，影响室内气候，也是需要进行研究的方面。

第4章
气流组织对舱室病毒传播的影响

| 4.1 病毒微生物气溶胶的传播 |

2003 年,非典型性肺炎(SARS)席卷全球,在多个国家和地区的快速传播造成了人们的高度恐慌。截至 2003 年 8 月 27 日,根据世界卫生组织在日内瓦公布的报告,非典疫情分布在 27 个国家和地区传播,全世界共发生 SARS 病例 8 422 例,死亡 916 例。2009 年 4 月,人感染猪流感(swine influenza)病例在墨西哥和美国被确诊,死亡病例已增至百人以上,并在全球呈现快速蔓延的趋势。世界卫生组织又向全世界发出了猪流感大规模流行传播的预警。此次疫情中所识别病毒为猪流感,该病毒的传播方式与普通流感相似,即通过人打喷嚏、咳嗽和物理接触在人与人之间传播。

无独有偶,自 2019 年 12 月以来,相继出现了多例以发热、乏力、干咳和进行性呼吸困难为主要表现的"不明原因肺炎"患者,在不到一个月的时间内,经分离鉴定,确认病原体为一种新型冠状病毒,并被世界卫生组织(WHO)暂时命名为 COVID-19。截至北京时间 2020 年 5 月 10 日,全球累计确诊病例 4 008 497 例,累计死亡病例 278 135 例。如图 4-1 所示为新型冠状病毒在空气气流胶上的附着。

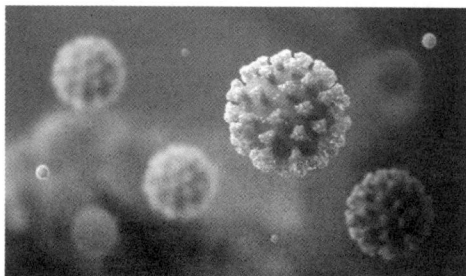

图 4-1 新型冠状病毒在空气气溶胶上的附着

新型冠状病毒在欧美大肆传播,这也许和欧美人不喜欢戴口罩有直接的关系。目前普通的医用口罩(外科医用口罩)如果佩戴严密,对病毒颗粒的过滤效率为 60%,如果考虑到可能的漏风,可以认为过滤效率为 50%。这就意味着当携带病毒者配戴口罩时,病毒的排放量也减少至 50%。如果病毒携带者与健康人员双方都佩戴了口罩,就进行了两次过滤,相当于洁净通风量加大到原来的四倍,从而减小了被感染概率。对于戴口罩者,当室内有一位病毒携带者时,要使被感染概率小于 1%,则洁净通风量应大于 375 m³/h(暴露时间 3 h)和 1 000 m³/h(暴露时间 12 h)。综上所述,在公共场合配戴口罩对于降低被感染风险有着重要的作用。

国内外大量感染案例是认识新型冠状病毒传播规律的第一来源,国内很多研究小组从很早就开始搜集案例、分析案例、现场实测、进行反演感染事件全过程的研究。目前,通过大量感染案例,已经形成以下几点共识:

(1)直接接触和间接接触是新型冠状病毒的感染途径之一,勤洗手是避免接触感染的有效措施。

(2)飞沫传播也已经被证实,打喷嚏、说话等行为均会形成射流,将口腔中带有病毒的飞沫喷出至前方 5~10 m。戴口罩是减少飞沫传播的有效措施,既可以减少感染者通过飞沫对外传播病毒,也可以有效阻挡从外部入侵的飞沫。

(3)据悉,新型冠状病毒可以通过空气中的气溶胶传播,这可能也是新型冠状病毒在世界大范围传播的重要原因。

飞沫属于大颗粒,在离开人体后很快就会蒸发或者沉降,只有粒径在 10 μm 以下的颗粒才有可能长期悬浮在空气中,随空气流动。据研究报道,粒径在 0.25~1 μm 和粒径在 2.5~10 μm 的颗粒最有可能成为携带病毒的宿主,如表 4-1 所示。带有病毒的气溶胶颗粒可以通过呼吸作用直接侵入人体内,对人造成伤害,粒径越小,越容易深入体内。空气传播引起了许多飞机、游轮、长途大巴等密集场所内相互感染的事件。针对空气传播,多开窗通风及戴口罩可以有效预防感染。武汉方舱医院无一位医护人员感染就是一个很好的例子。

表 4-1　气溶胶颗粒和深入呼吸系统的关系

粒径/μm	到达部位
30	背部气管,未达到分支部分以上
10	末端细支气管

表 4-1(续)

粒径/μm	到达部位
3	肺泡道
1	在肺泡道和肺泡囊大部分沉着(2.6%再呼出)
0.3	大部分在肺泡囊处沉着(65%再呼出)
0.1	大部分在肺泡囊处沉着(65%再呼出)
0.03	大部分在肺泡道和肺泡囊处沉着(34%再呼出)

病毒传播期间,满足人体舒适性的中央空调系统被认为是传播疾病的罪魁祸首,曾一度被停止使用。即使是炎热的夏天,出于对病毒的恐慌,大多数空调系统也都处于停机状态。

如图 4-2 所示,新型冠状病毒传播主要有 3 种途径:

(1)直接传播;

(2)气溶胶传播;

(3)接触传播。

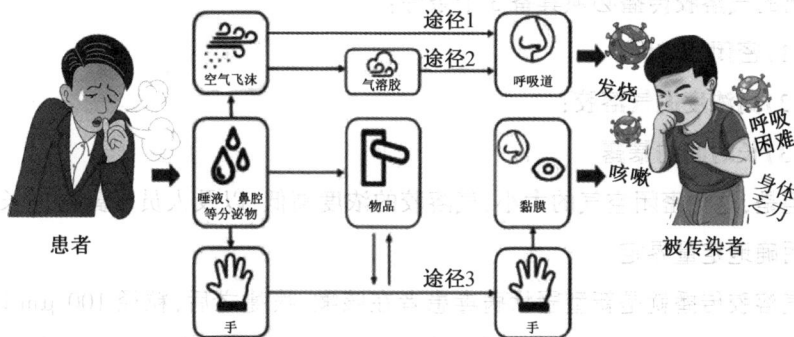

图 4-2 新型冠状病毒传播途径

根据美国疾病控制与预防中心(CDC)于 2019 年 7 月份发布的"2007 版隔离预防指南"的修订版,在疾病传播模式中,病毒仍然维持接触传播(直接或间接接触)、飞沫传播和空气传播。2004 年,美国学者 Roy 和 Milton 在《新英格兰医学杂志》上发表了有关空气传播的分类方法,即专性、优先和机会性传播。但是,人们

认为如 SARS 和 COVID-19,仅以飞沫和接触传播无法解释一些人际间的传播事件与传播效率。因为,从技术层面上讲,飞沫传播是接触传播的一种形式,某些感染源也可能通过飞沫传播途径,直接或间接接触传播,只是这类传播并没有人与人间的实际机体接触而已罢了。与接触传播不同的是,携带传染性病原体的飞沫从传染源的呼吸道直接传播到易感的黏膜表面,而通常飞沫传播是短距离的(小于 1 m)。问题的关键是,与传染源的近距离接触,发生传播的主要贡献除飞沫外,还存在数量不少的粒径在 5 μm 以下的颗粒物,被处于近距离的易感者吸入。

当发生呼吸道传染病的人际传播时,要确定接触传播、飞沫传播和空气传播是否共同存在,或者可以明确哪种传播途径起主导作用,这在当前,限于认知和检测技术都是十分困难的。因为,同一种病原体因环境因素(如船舶封闭环境的大小、气流组织、人员流动的密度)和人为因素(如手卫生、个人防护装备使用与否、手与颜面部接触的频率)等作用,导致起主导作用的传播途径发生变化,同时也改变了不同传播途径的相对贡献率。而在医疗机构中,人们通常是基于疾病传播途径来选择和使用个人防护装备。因此,了解传染病的传播途径对于医务工作者而言十分重要。美国 CDC 强调,空气传播的分类概念可以解释以其他传播途径为主的病原体通过空气传播的罕见情况。而《诊疗方案》(试行第六版)所提出的气溶胶传播必须具备 3 个条件:

(1)密闭的空间;

(2)高浓度的气溶胶;

(3)长时间的暴露。

但是,这个密闭空气的大小、气溶胶的浓度高低,以及人员暴露时间长短等,尚未明确地定量界定。

气溶胶传播就是新型冠状病毒患者在咳嗽、喷嚏之后,粒径 100 μm 以下的飞沫会干燥成飞沫核。这些飞沫核大小在亚微米到微米的范围,与烟草燃烧后的颗粒尺度类似,并且以气溶胶的形式在空气中可以漂浮很长距离,保持一段时间活性,有可能被吸入呼吸道黏膜。其空气传播示意图如图 4-3 所示。

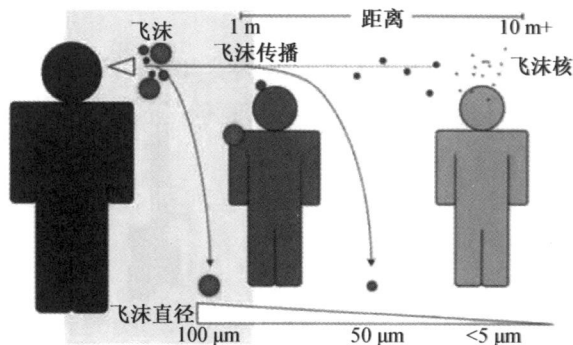

图 4-3　空气传播示意图

那么如何界定气溶胶与飞沫呢？气溶胶是指悬浮在气体介质中的固态或液态颗粒所组成的气态分散系统。这些固态或液态颗粒的密度与气体介质的密度可以相差微小，也可以很悬殊。气溶胶由于来源和形成原因颗粒直径范围很大，通常为 0.01~100 μm。例如，患者自然咳嗽（非诱导）所释放出的颗粒多半是球形的，粒径一般在 2.1~3.3 μm，而患者机体表面脱落皮屑可以是片状、针状及其他不规则形状，其粒径范围变化就更大。从空气流体力学角度来讲，气溶胶实质上是气态为连续相，固、液态为分散相的多相流体。从上述有关气溶胶粒径范围可见，气溶胶的大小覆盖了飞沫。因此，我们不能简单地采用粒径的大小去区别飞沫与气溶胶。WHO 和美国 CDC 习惯将粒径大于 5 μm 的颗粒视为与飞沫传播有关，而小于等于 5 μm 的颗粒认为是气溶胶传播。美国传染病学会（ISDA）提出，"可呼吸的颗粒（respirable particles）"定义为直径小于等于 10 μm；而"可吸入颗粒（inspirable particles）"是指直径在 10~100 μm 的颗粒，可以沉积在上呼吸道。总之，目前在全球范围内尚无明确界定飞沫和气溶胶的标准。但是，通常人们在讨论"空气传播"时就是指小于 10 μm 的气溶胶颗粒。

实际上，气溶胶传播的危害性并没有我们想象的那么大，毕竟只要注意保持室内环境的健康，降低浓度，杀灭活性，病毒的威胁就会降低。只要空气中二氧化碳的体积分数不超过 6×10^{-4}，就不足以通过气溶胶致人感染，这是专家按照新型冠状病毒感染期间的案例研究得出的结论。这意味着需要足够的通风量，每 2 h 需要开窗 10 min。同时，使用一些过滤手段，能有效阻挡病毒入侵，比如一些带过滤功能的新风系统。一般建议最好采用 F7+F9 过滤，能将头发丝五十分之一粗细（1 μm）的微粒过滤超过 90%。合理的气流组织也是值得留意的，室内循环的气流让气溶胶无组织的漂流，导致交叉污染，这也就是为什么专家建议少开或不开空调的原因。另外，室内的温湿度控制也十分重要。很多实验表明，病毒和

119

我们一样对室内的温湿度非常敏感。这次肆虐的新型冠状病毒,在气溶胶中很难被消毒剂杀死,并且在低温(10 ℃)和干燥(湿度20%)的环境下,可以存活28天以上,冷链运输中食品外包装携带新型冠状病毒就是证明。但在温度20 ℃、湿度50%的环境中,一天内死亡将近90%,活性最低。

在船舶舱室内接收到带有病毒的颗粒的概率可以通过 Wells-Riley 方程得到,则感染空气传播传染病的概率

$$P = 1 - e^{-Iqpt/Q} \tag{4-1}$$

式中　I——感染人数;

　　　q——每个感染者发生的病毒当量数,quanta/h;

　　　p——人的呼吸量,静坐取 $p = 0.3$ m³/h;

　　　t——停留时间,h;

　　　Q——通风量,m³/h。

目前,很难通过已有流行病学调查案例来确定病毒当量数,通过拟合已知空气传播的传染病数据,初步确定新型冠状病毒的病毒当量数为 14~48 quanta/h,如图4-4所示。

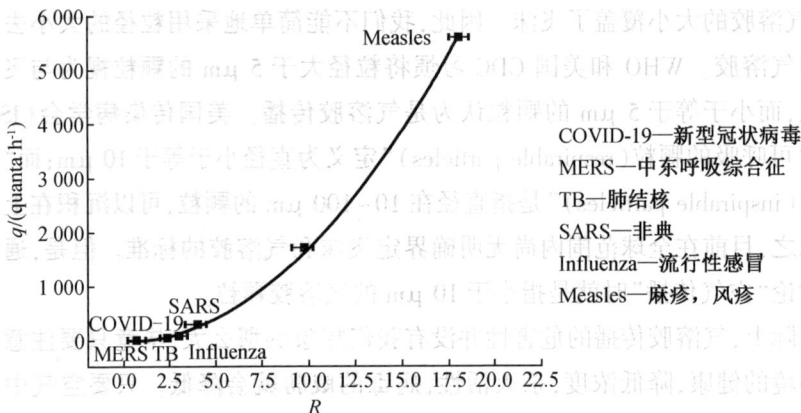

COVID-19—新型冠状病毒
MERS—中东呼吸综合征
TB—肺结核
SARS—非典
Influenza—流行性感冒
Measles—麻疹,风疹

图4-4　病毒当量数与基本传染数之间的关系

根据式4-1,可以得出空气传播感染的特点:

(1)因为排除的病毒颗粒数与带病毒者人数成正比,也与带有病毒者所处的状态有关(无症状期、发烧期、中后期),所以室内带有病毒者人数越多,其他人被感染的可能性越大。

(2)病毒当量数以指数规律增长,停留在带有病毒舱室的时间越长,被感染

的可能性越大。

（3）洁净空气换气可使室内病毒颗粒稀释，有学者认为室内空气是充分混合的，则对应每个带有病毒者的洁净空气通风量越大，其他人被感染的可能性就越小。

（4）当室内有一个带病毒者时，其他人被感染的概率低于 1% 的通风量要求为：当暴露时间为 3 h 时，结晶通风量应大于 1 500 m^3/h；当暴露时间为 12 h 时，结晶通风量应大于 4 000 m^3/h。

4.1.1　国内外关于气溶胶运动和扩散规律的研究

传染性疾病在室内环境中的传播一直是公共卫生的重大问题，人体呼出的生物气溶胶颗粒为某些传染病的传播提供了重要的载体。带有病菌的气溶胶液滴可通过远距离空气传播、近距离飞沫传播和接触传播等形式传播疾病。已知人类和动物通过呼吸、打喷嚏和咳嗽传播的病毒包括麻疹、流感病毒、腺病毒、猪疣病病毒、口蹄疫病毒、水痘病毒、感染性支气管炎病毒和天花等。近年来，国内外研究者对飞沫气溶胶污染物在室内的分布、运动和扩散做了大量理论、模拟和实验研究。研究内容包括飞沫气溶胶由人体的肺部、呼吸道黏膜和口腔的产生机理，到被呼出时的空气动力学参数特性的调查，飞沫粒子的粒径分布、蒸发、受力，在室内环境的传播，以及被吸入之后的感染概率研究等。

Chao C. T. H. 等对医院病房内的气溶胶扩散规律进行了实验和模拟研究，发现气流组织对于大粒子的飞沫传播几乎不起作用，而小粒子在气流组织的作用下可在空气中飘浮长达 360 s。

清华大学的杨旭东团队以垂直层流病房为例，研究了机械通风舱室内控制不同姿势的人员产生的气溶胶所需的送风速度，同时得到了避免医护人员和患者交叉感染的安全距离。

同济大学高乃平团队研究了置换通风模式下办公室环境的非墨气溶胶粒子的散步规律，发现患者呼出的气溶胶粒子能被自身的热羽流捕获，粒子的粒径也影响其结果分布。

清华大学赵彬比较了置换通风和混合通风模式下的气溶胶粒子的分布。结果表明，在置换通风模式下，粒子的沉积率低，空气中粒子的浓度高，由排风口排除的粒子也更多。同时，回风口的位置也影响着人员的感染量。

香港科技大学的 Chao C. 利用粒子发生器、PIV 仪器和 IMI 仪器测试了屋顶

同送同回的洁净室和 100 级向下单向流和向上单向流洁净室内呼出气溶胶的分布特性。结果显示,在向下流送风的模式下,对于初始粒径小于 45 μm 的粒子,有着小于 20 s 的沉降速度,横向分布在 0.3 m 以内,湍流扩散效应在其中起了很大作用;对于屋顶同送同回的模式,沉降时间则会增加到 32~80 s,横向可扩散至 2 m 以外,其中湍流扩散和总流流动共同影响其运动;向上单向流的通风形式对小粒径的气溶胶粒子有更高的排除效率,对于大粒子排除效率一般,总流作用的强度远大于湍流扩散。

Wang J. 用数值模拟的手段研究了人走动对室内气溶胶分布的影响。结果显示,走路的动作会减少空气中的悬浮气溶胶粒子数,对减少气溶胶的风险有积极作用。

Hang J. 研究了空气传播的污染物在共同分享一个前厅的两个卧室之间的传播。门是决定污染物传播的主要因素,而当两个舱室门常开时,温度是污染物传播的主要因素。

Fischer A. 研究了教室内通风策略和室内颗粒物之间的关系。如果风扇在工作日之前进行五次空气交换,那么夜间通风方案对于第二天的室内颗粒浓度并不重要。工作日的平均 PM10 粒子浓度为 14 $\mu g/m^3$,对于粒径<0.75 μm 的粒子,浓度在 $0.5 \times 10^3 \sim 3.5 \times 10^3$ 个/cm^3。间歇通风制度对教室的室内空气质量最不利。

Kunkel S. A. 对两种微生物(大肠杆菌 K12 和噬菌体)进行气溶胶化,利用实验量化分析了公寓内四种 HVAC 过滤粒径范围下的不同粒径的气溶胶粒子在室内的传播。结果显示两种气溶胶粒子可传播至发出源的 7 m 之外,但随着距离的增长,气溶胶粒子数量明显减少。高精度的过滤装置可减少落在 3~7 m 外的气溶胶沉降。

Bhangar S. 利用荧光化的气溶胶粒子测试了大学教室内的气溶胶浓度,针对讲座类教室,人员暴露的气溶胶数量浓度为 2×10^6 个/(人·h)。

Tian Y. 监测了涵盖春季和秋季的 13 周内的美国加州北部住宅的生物气溶胶的浓度和人员的暴露量。结果显示,当屋内有人时,气溶胶浓度比舱室空置时高出一个数量级。在夏季和冬季运动期间,居住者平均每天花费 10 h 和 8.5 h 保持清醒在家的状态。在这些时间内,每个受试者的几何平均每日 FBAP 暴露浓度(1~10 μm 直径)相似,夏季为 40 个颗粒/L,冬季为 29 个颗粒/L。

Kormuth K. 使用湿度控制室,研究了相对湿度对悬浮气溶胶和静止液滴中甲型 H1N1 流感病毒稳定性的影响。研究表明,流感病毒在各种相对湿度的气溶胶

中保持高度稳定和传染性。

Leung 监测了医院病房内的小粒径粒子中是否含有流感病毒 RNA,对 4 h 内的两床病房内的 1~5 μm 的粒子进行采样。结果显示,医护人员和访客可能经常接触感染患者呼出的空气传播的流感病毒 。

Pantelic J. 利用咳嗽机和人体模型,研究了个性化通风系统在减少个人暴露于直接释放的咳嗽液滴的有效性。结果指出,咳嗽源和暴露成员呼吸区域之间的方向是显著影响暴露的重要因素。随着咳嗽源与暴露成员之间的距离增加,暴露于咳嗽液滴的量减少 。

Cao G. 研究了线槽扩散器产生的不同室内气流分布与咳嗽呼出气体相互作用下咳嗽呼出粒子的运动。研究发现向下的平面射流可以防止咳嗽从呼出假人到被暴露假人的传播。当两个假人相距 0.5m 时,向下的平面射流可以使被暴露假人对于咳嗽粒子的暴露量降低两个数量级。

Keshavarz 使用计算建模方法研究通风隔间内人员身体的运动对其周围气溶胶浓度和空气质量的影响。结果显示人体的动作,即人身体的旋转显著影响了人体的热羽流和气溶胶颗粒物的运输,人体的旋转会减少呼吸区的颗粒物浓度,而这个现象在置换通风系统中并不明显。

Sze T. 利用气流实验室搭建了一个飞机客舱的内部模型来研究飞机客舱内部的气溶胶分布情况及其影响。研究发现,靠近座位侧的向下的气流可抑制坐在窗口的乘客排出的气溶胶,咳嗽可将大量气溶胶带到前面一排的座位,随后横向扩散。通风率的提高改善了稀释度,并减少了坐在其附近的乘客的气溶胶暴露量。60%~70%的呼出颗粒物被沉积,其中大部分沉积在了靠近散播源表面,这也说明,除空气传播的风险之外,靠近病人的乘客也会有间接感染疾病的风险。

Han Z. 通过数值模拟研究了飞机内部由于人员走动所带来的对空气传播的污染物的影响,研究表明人员的走动行为可增强粒子的向下运动,降低粒子的沉积和排除效率,增大了感染概率。

Lei H. 比较分析了飞机舱内甲型 H1N1 流感、SARS 冠状病毒和诺如病毒的传播途径。结果显示,近距离的传播是流感病毒最可能出现的传播方式,传播占比达 70%,与患者相距两排内的乘客有较高的感染风险。对于 SARS 冠状病毒,空气传播、近距离传播和接触传播占比分别为 21%、29% 和 50%。对于诺如病毒,模拟结果显示接触传播占比最大,为 85%,在过道位置的乘客承受更高的感染风险。

Zhang L. 通过数值模拟研究了一节载有 48 位乘客的高铁车厢内咳嗽产生气

溶胶的散布特性。结果显示,前 0.2 s 的粒子会穿过患者的热羽流区域,进入车厢的较低区域内,后 0.2 s 的粒子会随着热羽流漂浮在车厢的上部。如果在车厢上部增加一个从前向后的气流,则会提高气溶胶粒子的排除效率,但同时也使气溶胶传播得更远,影响更多人。

Zhu S. 利用数值模拟研究了不同通风模式下公交车内部环境流感病毒粒子的空气传播特性。结果表明,回风口的位置和座椅的分布显著影响着流感病毒粒子在人员之间的传播;置换通风会降低感染的风险。

4.1.2 船舶空调通风系统的组成部分对气溶胶的影响

1. 新风口的位置

空调通风系统的新风口可以设置在室内或者室外。当新风口位于室内时,新风口底部与地面之间的距离不得小于 2 m;当新风口设置在室外时,其位置需要处于常年主导风向的上风侧,空调通风系统新风口位置如果设计安装不规范,易导致室内空气污染。研究表明,室内与室外的新风口对于空调通风系统送风口处空气中的细菌和真菌浓度有显著影响,新风口位于室内时,空调风管处的细菌和真菌浓度分布是新风口位于室外时的 5 倍和 3 倍。并且,新风口与船舶主要污染物排出口(如餐厅的排气口)之间的距离与空调通风管道内的可吸入颗粒物、沉降在管道上的微生物气溶胶之间存在正相关。因此,通过调整并选择适当的新风口位置,有助于保证室内空气质量。

2. 过滤器

空调通风系统一般有两个过滤器,一个是用于处理室外空气的粗效过滤器,另一个是用于处理室外空气和室内回风的混合气体的高效过滤器。空调通风系统首先利用粗效过滤器处理室外空气得到室内环境所需要的新风,但是粗效过滤器的效率不高,无法完全除去室外空气中的微生物和细菌,使得这些微生物进入空调通风系统的下游。一般来说,空调通风系统的高效过滤器可以除去空气中的微生物气溶胶,并将这些微生物保留在表面,保障健康舒适的室内环境。研究表明,空调通风系统的高效过滤可以有效地去除室外空气中的细菌和真菌,并且效率分别为 70% 和 80%。但是这种高效率的除菌效果需要较低的相对湿度和较高的温度,当湿度保持长时间较高并且过滤器使用了一定时间后,下游空气中的细菌和真菌浓度明显高于上游空气,过滤器成为室内微生物气溶胶的一个来源。这种现象主要由以下原因造成:

（1）在实际操作中,新风净化不足或过滤器的更换和清理不当等,会使大量微生物气溶胶沉降在过滤器后,利用沉积在过滤器上的尘土中的营养物质进行自我复制,生成更多的微生物。微生物的浓度和过滤器上的尘土含量相关,其浓度随着尘土含量的增大而上升。

（2）微生物的粒径一般小于 10 μm,十分容易被人体吸入,在气流扰动下,过滤膜上的微生物可以气溶胶化进入空气,并且随着气流进行到下游空气,最终进入室内环境。

（3）除了过滤器上的尘土和湿度等影响因素,过滤器的分类、材料和通过过滤器的风速也可能影响过滤器上的微生物生长。

如表 4-2 所示,对于不同粒径的病毒,不同级别过滤器之间的过滤效果也存在一定的差别。

表 4-2　过滤器效率与粒径的关系

一次通过效率	0.25~1 μm	>2.5 μm
F 级别（中央空调系统常用）	14%~54%	94%~100%
HEPA 级别（移动式净化器常用）	58%~93%	90%~100%

为了减少空调通风系统过滤膜的微生物污染并提高效率,通常在过滤器上添加抑菌剂或通过释放单级空气离子、利用碳纤维离子发生器等物理化学方法来防止微生物污染。尽管长时间以来,开展了很多过滤器对微生物气溶胶的影响研究,但目前过滤器相关研究还存在如下问题需要解决:

（1）过滤器的效率随着颗粒物的积聚而变化,因此在过滤器试用期间,微生物气溶胶可能以可变的速率在过滤器上累积,从而导致定量分析微生物累计量比较困难。

（2）同一个过滤器上的微生物含量和种类存在分布不均的问题,这就使得分析结果出现很大的误差。

（3）微生物造成污染所需的环境条件和过滤膜条件有待进一步研究。

（4）微生物活性的保持,在采样分析之前,过滤器上的微生物可能失活,也有可能微生物已经完成了自我复制,无法客观地评估过滤器对微生物细胞完整性和活性的影响。

3. 通风管道

通风管道是空调通风系统中使空气充分混合并将空气输送到室内环境的部

件。由于通风管可以使用很长时间,并且管道的表面积十分大(约占室内面积的10%),微生物在通风管道内的行为对室内空气质量有着重要影响。首先,通风管道可以视为空气颗粒物的采样器,因为足够长的管道可以使微生物气溶胶沉积在其表面,尤其对于粒径大于 5 μm 的颗粒有很好的采集效率。空调通风系统管道中的细菌浓度高达 $4×10^5$ CFU/cm^2,真菌的浓度则较低,约在 1 000 CFU/cm^2 以下。其次,通风管道也可以作为微生物进行繁殖的场所,沉积在管道表面的微生物可利用管道内的尘土作为营养进行繁殖。并且,通风管道内的风速、温度、管道长度、材料、相对湿度、过滤器效率等因素均影响着管道对微生物的作用。

4.加湿器

加湿器在空调通风系统中的作用是增加空气中的湿度,以提高室内人员的舒适度。然而,空调加湿器也是微生物繁殖的重要场所,通向室内的气流可以雾化加湿器表面上的微生物,生成微生物气溶胶,并在气流的带动下进入室内环境,降低室内空气品质。目前,加湿器的研究还集中在改善性能方面,缺少空调加湿器对微生物气溶胶的影响研究。

4.1.3 气流组织对气溶胶传播的影响

对于病毒的综合防控,除了目前已经采用的个人防护(防护衣、口罩等)、洗消(洗手、表面清洁消毒)措施外,通风系统的作用也十分重要。在不同的气流组织形式中,气溶胶颗粒的运动和分布也不相同,室内感染病毒的两种情况如图 4-5 所示。

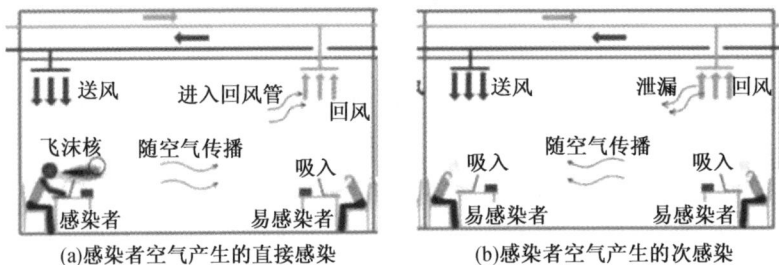

(a)感染者空气产生的直接感染　　　　(b)感染者空气产生的次感染

图 4-5　室内感染病毒的两种情况

良好的气流组织方式应满足两个条件:

(1)有效控制病毒在舱室内的传播。

(2)满足舒适要求,并且节约能源。

通过比较舱室在不同气流组织形式下的气溶胶颗粒分布,可以得到不同气流组织形式对室内病毒的防控能力。对一个净尺寸为 10.0 m×6.0 m×4.0 m 的舱室在不同气流组织形式下气溶胶颗粒分布进行了研究。实验舱室及送排风系统如图 4-6 所示。

根据实验舱室体积及实际通风量范围,模拟了舱室在不同气流组织形式下,采用五种不同换气次数(0 次/h、1 次/h、2 次/h、3 次/h、4 次/h)的气溶胶浓度变化。如图 4-7 所示,由图可以看出,不同气流组织形式下,细菌气溶胶的浓度变化不尽相同,但是随着室内换气次数的增加,细菌气溶胶的浓度在 3 种气流组织形式下整体呈现出下降的趋势。对比 3 种送排风组合对室内细菌气溶胶的影响发现,当气流组织形式为侧送侧排时对细菌气溶胶的去除效果最好,且在换气次数为 3 次/h 的时候,其浓度达到最低。对于侧面送风底面排风的送排风组合,在室内换气次数为 1 次/h,室内细菌气溶胶的浓度出现了一个短暂的增加,继续增加室内换气的次数,细菌气溶胶的浓度总体上呈下降的趋势,但是变化波动不大。

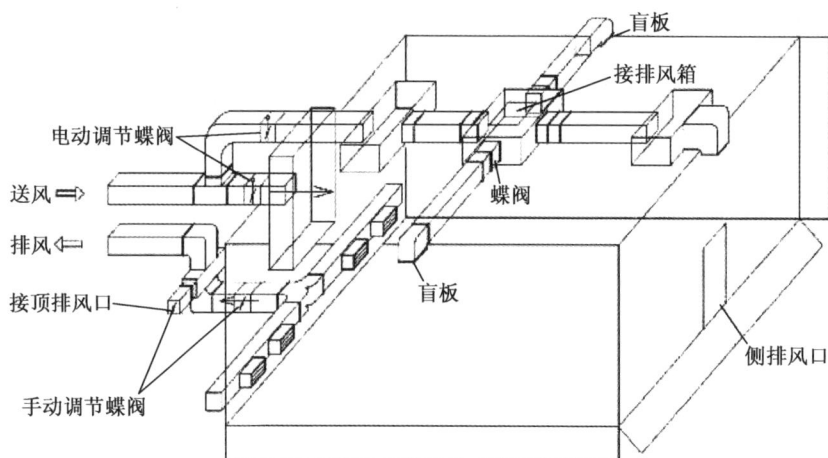

图 4-6　实验舱室及送排风系统

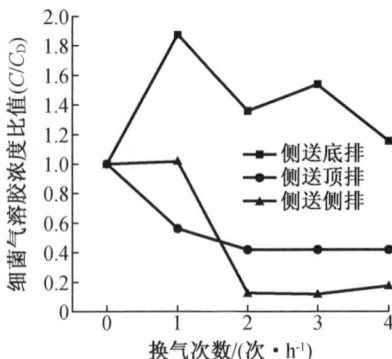

图 4-7　细菌气溶胶变化

图 4-8 是不同换气次数下真菌气溶胶的浓度比变化趋势。不同于 3 种工况下细菌气溶胶随换气次数增加的变化趋势,真菌气溶胶的浓度变化均出现了先升高后降低的趋势,而且浓度最大值点均出现在换气次数为 1 次/h 的时候,对比 3 种气流形式发现,侧送顶排对于真菌气溶胶的去除效果最好,且在换气次数为 4 次/h 的时候,其浓度最低。对于侧面排风底面送风的送排风组合形式,在换气次数由 3 次/h 增加到 4 次/h 时,室内真菌气溶胶的浓度出现了增加的情况,出现这种情况的原因可能是当采用该种送排风组合时,引入室内的新风气流向下扩散,随着换气次数的增加,引入的新风量也在增加,气流的紊动度降低,这就造成了更多的较大粒径的颗粒物悬浮于空气中,造成室内微生物气溶胶的污染加剧。

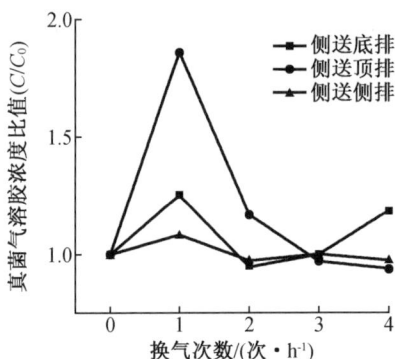

图 4-8　真菌气溶胶的浓度比变化趋势

|4.2　病毒微生物污染源的成因|

4.2.1　病毒微生物来源

大气微生物种类繁多。已知存在于大气中的细菌及放线菌有 1 200 多种,真菌有 40 000 多种。病毒是生物界中最小的一类生物,不具有细胞结构,不能独立进行代谢活动,只能在特定的寄主细胞中复制增殖。病毒的直径在 10~300 nm,因而大多数病毒只能在电子显微镜下看到。病毒能通过细菌过滤器的微滤孔,故又称滤过性病毒。具感染性的病毒颗粒称为病毒体,它在寄主细胞外时不表现任何生命活动,可以制成结晶状态而不失其感染力,因而曾被视为非生物。不过当它侵染活细胞后,却可利用细胞中的生命结构进行代谢和复制,在世代繁衍过程中表现出生物特有的适应现象,因而现多被视为生物。但因其高度寄生性,它不可能是生物进化的起点,而更可能是一种退化的类型。

病毒的来源主要有以下方面:

(1)病毒携带者通过呼吸、喷嚏、咳嗽、说话等方式,将病毒注入空气中。

(2)从带有病毒颗粒的表面或水体等二次挥发,进入空气。例如,带有病毒颗粒的衣服,经过抖动之后,病毒进入空气中;病毒积聚于某些物体的表面,经足够大的风速吹起后返回至空气中;卫生间等处带有病毒颗粒的污水喷溅时,将病毒释放到空气中;空调风道、换热器表面累积的病毒二次返回空气中。

感染者释放病毒的方式对他人接受病毒的概率也有一定的影响。

(1)喷嚏和咳嗽:从肺部深处产出高浓度,射流喷出,稀释倍数低,保持活性距离长,到达他人时稀释倍数也很低,接受者收到病毒的概率很大。

(2)没戴口罩的讲演:呼出气体浓度低,也是以射流形式喷出,稀释倍数不高,保持一定的活性距离,接受者有一定的接受病毒概率。

(3)一般呼吸:不是射流形式喷出,与通风状况有关,可按照稀释倍数定义通风量。

(4)经过口罩的喷嚏与咳嗽:不存在射流作用,可以按照稀释倍数描述。

对于海上或码头室外空气来说,即使空气中有新型冠状病毒,也已经被充分

稀释了。这种情况下的病毒极其稀薄，被接收到的概率小于百万分之一，最根本的传播源还是病毒携带者。

4.2.2 病毒微生物组成

病毒的基本结构包括中心的核酸和其外的蛋白质外壳（核壳）。与其他生物不同，病毒只有一种核酸，含 DNA 的称为 DNA 病毒，含 RNA 的称为 RNA 病毒。当病毒侵入寄主细胞后，病毒核酸中包含的基因指导细胞的代谢机器，并利用细胞中的原料和能量来复制病毒的核酸和合成病毒所需的蛋白质（主要是与核酸复制有关的酶及核壳蛋白质）。核壳具有保护作用，许多病毒便是依靠这些病毒蛋白质（核壳上的或包膜上的）与特定的寄主细胞结合，人体产生的特异性抗体也是针对这些病毒蛋白质的。按照寄主类型，病毒可分为动物病毒、植物病毒和细菌病毒等。动物病毒主要侵染脊椎动物和节肢动物，这包括多种人类常见疾病的病原体。一部分主要侵染其他脊椎动物和节肢动物，借节肢动物来传播的病毒也可在人体造成严重疾病，如多种脑炎。植物病毒主要侵染有花植物，常给人类带来经济损失。细菌病毒又称噬菌体，现已知寄生于细菌的病毒也可间接造成人类疾病，如白喉毒素蛋白实际是由在菌体寄生的病毒指导下合成的。

4.2.3 病毒微生物存在形式

生物源性污染物对机体产生的作用不仅与其浓度和种类有关，还与其粒子大小有密切关系。生物源性污染物在空气中主要以两种形式存在：

（1）含于飞沫中，当人们喷嚏、咳嗽、唱歌、谈话时，由口、鼻喷出飞沫，微生物附于其上，或因其挥发形成"飞沫核"，迅速分散于室内各处并长时间飘浮在空气中。研究表明，一次咳嗽可以产生大约 3 000 个飞沫核，相当于 5 min 说话的剂量。一次喷嚏产生多达 40 000 个飞沫，可蒸发形成 0.5~12 μm 大小的颗粒。从数量上讲，空气中沉降下来的飞沫，较飞沫核多，但当飞沫的水分蒸发而体积变小时，有可能随着空气的净化和消毒再次在室内的空气中悬浮起来。一名成人的正常呼吸过程，释放出的飞沫在 1 m 左右的范围内可能被附近的另一位易感者吸入，而人打喷嚏喷射出的飞沫可达数米远。

（2）附着于空气颗粒物上，空气动力学直径大于 10 μm 的颗粒物大部分可同微生物一起降落至地面，空气动力学直径小于 10 μm 的颗粒物大多数则携微生

物长时间飘浮在空气中。病毒的传播能力极强,却很难在空气中测到。这主要由以下几个原因组成:①带有病毒的颗粒极其稀薄地存在于空气中,呈颗粒状并处于非连续的状态。②一个空间内很可能只是漂浮着若干个带毒微粒,只有取足够大体积的样本(如若干立方米空气)才有可能捕捉到阳性颗粒。③带毒颗粒毒性很强,吸入一个颗粒就有可能被感染。

4.3　微生物气溶胶及危害

　　微生物气溶胶是指悬浮于空气中的微生物所形成的胶体体系。它包括分散相的微生物粒子和连续相的空气介质,它是双相的。空气微生物是指悬浮于空气中的微生物,不包括空气介质,它是单相的。

　　气溶胶的粒子大小分布很广,从 $0.001 \sim 100\ \mu m$。微生物气溶胶的粒谱也很宽,因为微生物是个群体概念,它本身就有大约 50 多万种,那么所形成的气溶胶粒谱范围也一定很宽,大约从 $0.002 \sim 30\ \mu m$。一个成人在一般休息状态下一昼夜要呼吸 $10\ m^3$ 的空气,质量达 16 kg。如果按国内空气质量第二级标准,每立方米含有 300 μg 各种微生物质计算,每人每天吸入 3 000 μg(其中约有 50 μg 是微生物粒子)成分复杂的粒子。这对具有 3 亿多个肺泡、100 m^2 毛细血管的肺脏来讲是一个巨大而沉重的负荷。这些物质通过肺迅速(仅次于静脉注射)吸收转运到全身各个部位造成危害。

　　空气传播的病变除了引起窒息,鼻、咽喉及上呼吸道、支气管反应外,还可引起麻疹、风疹及特应性皮炎。一般情况下,细菌、真菌等在空气中都以气溶胶形式存在并传播。直径在 $1 \sim 5\ \mu m$ 的气溶胶会进入并滞留在肺部,更小的颗粒被吸入后,绝大多数被呼出;直径在 $5 \sim 15\ \mu m$ 的颗粒会附着在鼻腔、气管或支气管中;直径在 $15 \sim 20\ \mu m$ 的颗粒沉积效应较强,往往沉降在地面上。其中,对人体危害最大的是直径在 $1 \sim 5\ \mu m$ 的空气带菌粒子,它们一旦被人体吸入可以直接侵入肺泡,使人体罹患各种传染性疾病。

4.4 传染病的传播

传染性疾病的流行包括以下三个基本因素:传染源、传播途径和易感者。

4.4.1 传染源

1. 患者

患者是最重要的传染源。在疾病的潜伏期直到恢复期都有大量病原微生物排出体外,传播给周围的人群。所排出的病原微生物常具有毒力和耐药性均较强的特性。

2. 病原携带者

从隐形感染者或恢复期携带者排出的病原微生物可感染他人。病原携带者是一个重要的传染源,因无明显临床症状,不为人们所防范。如新型冠状病毒流行期间就出现很多无症状感染者,就属这类情况。

3. 环境传染贮源

环境传染贮源一般指微生物高度集中的场所,自然界中的许多腐生菌在该环境中极易生长,可通过污染空气、设备、物品、食品、水等将微生物传播给易感病人。如新型冠状病毒在冷鲜货物外包装、冷库设备等上的附着,使操作人员感染病毒。

4. 动物传染源

世卫组织食品安全与人畜共患病专家彼得·恩巴雷克表示,新型冠状病毒及所属的冠状病毒族群来源于自然界的蝙蝠,偶尔通过其他不同种类动物传播到人类,适应人体后导致疾病发生,此类传播都是源自与动物的密切接触。

4.4.2 传播途径

病原体进入人体从而导致感染的方式即为传播途径。其过程包括了病原体从传染源游离出来,传染到可感染宿主,进而进入其体内。传播途径主要可以分为接触传播、近距离飞沫传播、媒介传播和空气传播四种。致病微生物引发的传

染性疾病往往不是通过单一的传播途径而是几种传播途径同时进行传播。

1. 接触传播

接触传播是感染中最常见也是最重要的传播方式之一。可分为直接接触传播和间接接触传播。直接接触传播是指通过人体与人体的接触或是病菌从病患身上经由身体的转移而感染他人,这可能发生在看护人员或病人和病人之间,直接接触主要是指直接接触病人的身体分泌物,目前还没有研究证实各种身体分泌物中的病毒浓度,所以建议公众最好避免接触病人的口水、鼻涕、呕吐物、眼泪、眼屎、尿、便等一切身体分泌物;间接传播是指人体因接触到被病患污染的物品而被传染,间接接触的途径主要是通过接触沾染了病毒的公共物品,一般需要注意的公共物品主要有门把手、楼梯扶手、桌面、手机、玩具、笔记本电脑、公共空间台面,预防措施主要有戴手套(任何手套都可以,并且每日清洗更换,不要带潮湿的手套)、避免共用毛巾、使用公筷公勺、不要用别人的杯子喝水或是共享饮品、仔细清洗食物、每顿饭后也仔细清洗餐具、避免去卫生条件不好的餐馆用餐。家中如果有感染病毒的病人,病人的一切用品均应带塑胶手套接触,包括其口罩、床单、衣物、器皿等。

根据资料显示,健康的人接触到病毒感染者的分泌物、体液等后极易被传染。所谓的接触包括用碰过病患体液的手去揉鼻子、揉眼睛、拿食品吃等,在这些情况下受感染的概率都会大大增加。在新型冠状病毒疫情暴发期间的多宗案例也已证实,大部分的病患都是照顾病人的医护人员、与病人有密切接触的亲友和医院的其他病患。

2. 近距离飞沫传播

传染病人呼吸、说话、咳嗽和打喷嚏时都可能产生可以通过空气传播的飞沫。这些飞沫中携带着细菌或病毒,一般的空气能够使飞沫中的细菌或病毒在空气中停留很长的时间,并使其在室内传播。另外,在呼吸道治疗、支气管镜检、气管内插管、开式沙眼冲洗和尸体解剖等医学过程中产生的一些带有细菌和病毒的液滴也被称为飞沫。这些由颗粒产生源喷射出来的带有细菌或病毒的液滴在空气中推进一段距离后,可能会沉降在寄主的眼结膜、鼻黏膜和嘴里,易感人员就极有可能被感染。中国疾病预防控制中心传染病预防控制所研究员冯录召证实,新型冠状病毒感染是呼吸道疾病,主要通过患者在咳嗽或打喷嚏时产生的飞沫传播。在人员密集的封闭空间,如医院诊室、封闭交通和电梯内,通过这种传播方式受到感染的概率非常高。

3. 媒介传播

传播途径根据媒介不同可分为水、食物、血及血制品、寄生虫、药物制品和医疗器具传播等。得克萨斯大学研究人员表示,蚊子、蜱虫和其他吸血节肢动物是很多病毒和病原体的载体,目前虽没有证据表明冠状病毒可以被蚊子或蜱虫吸收并在体内存活,但也不能表明冠状病毒不会通过它们传播。随着天气变暖,人们会更多地进行户外活动,这也意味着人们可能越来越多地接触到蚊子和其他疾病媒介。因此,人们仍然需要避免被蚊蜱虫叮咬,因为除了流感和新型冠状病毒外,它们还会传播其他疾病并对公众健康构成威胁。

4. 空气传播

空气传播是指空气中浮游的携带细菌或病毒的尘粒,或是带有病原体的飞沫,被寄主吸入或沉降在寄主的黏膜上,使寄主感染。空气传播不同于飞沫传播(空气传播通常是通过直径小于 5 μm 的颗粒传播),这些颗粒来自较大的飞沫蒸发或者存在于尘埃粒子上(气溶胶)。它们可能在空中停留较长的一段时间,并可以在超过 1 m 以上的距离范围传播。由空气传播的微生物最典型的是结核分枝杆菌和水痘病毒。

针对新型冠状病毒而言,在特定环境下和可以产生气溶胶的医疗操作过程中,病毒可能会通过空气传播。

4.4.3　易感者

所谓的易感者,是指原来没有被感染过,身体没有抵抗力,病毒会感染的所有人。病原体传播到宿主后,是否引起感染取决于病原体的毒力和宿主的易感性。宿主的易感性由病原体的定植部位和宿主的防御机能决定。

新型冠状病毒感染是新发的传染病,几乎人人易感。对于一个既往未在人类中出现并流行的病毒来说,人体内并没有针对该病毒的特异性免疫,人体只有在接触过之后才可能产生诸如抗体、特异性细胞毒细胞等针对该病毒的免疫,所以新型冠状病毒是人群普遍易感的。

第5章
船舶空调系统对流行病的应急预案

近年来,船舶舱室空气质量问题引起了诸多学者和国家有关部门的重视。自20世纪60年代以来,船舶工业发展迅速,基本上所有船舶人员活动的舱室都采用空气调节来解决内部环境的控制问题。70年代出现的"能源危机",引起了对减少能量消耗的普遍重视,作为减少能耗的一些技术措施也应运而生。在热环境控制方面,大多从增强围护结构的隔热性和密闭性、降低送入空调舱室的新风量和适当降低空气环境参数等方面入手来降低能耗。这些措施的应用,在降低空调能耗方面有积极意义,同时却在一些船舶内有越来越多的人抱怨空气不清新,并引发出如眼、鼻、喉部刺激,黏膜和皮肤干燥,潮红斑(皮疹),疲倦,头痛,呼吸道感染,咳嗽,声嘶,喘鸣,瘙痒,过敏,恶心及头昏等症状。这些症状并非同时发生,但不论哪类症状均未完全弄清其致病的原因。因此,世界卫生组织将上述症候群认定为"病态建筑综合征"(sick building syndrome)。

针对上述情况,一些研究工作的成果表明,病态建筑综合征与空调有关,其诱因有通风不良、空气过滤不佳等。

2020年初时,新型冠状病毒肆虐,船舶尤其是诸如豪华邮轮等人员比较密集的特殊船舶,空调系统势必会存在病毒传染的影响。

堪称全球十五大最豪华邮轮之一的"钻石公主号",2020年1月28日确诊新型冠状病毒感染者6例,2020年2月3日抵达日本横滨港,2月5日被日本宣布实施为期14天的船上封闭隔离。截至2月19日检出新型冠状病毒感染确诊者691名,邮轮合计人数3 711人,包括旅客2 666人,船员1 045人,感染率竟高达18.7%,2月20日有2名患者乘客死亡,引发了全球热点关注和担忧。那么,是什么原因导致了大规模感染?感染的途径是什么?是否是空调系统的运行加剧了邮轮人员的感染?

该邮轮的空调系统属于全空气方式,如图5-1所示。其设计标准比一般船舶空调高出许多,空调送风量中的新风比在客舱占30%,公共区占50%,医务室、厨房餐厅是100%新风。这与有些媒体所说的邮轮内舱是内循环空调方式的说法完全不一样。

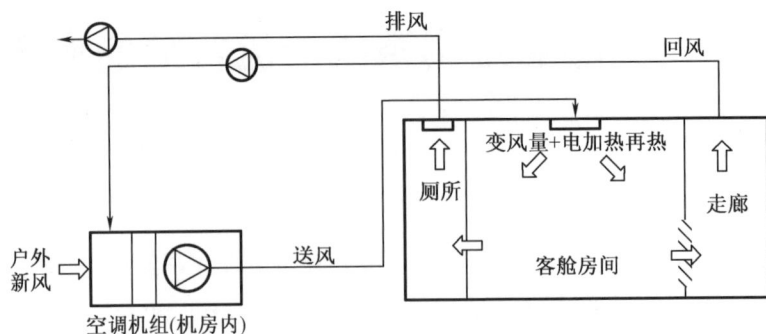

图5-1 钻石公主号邮轮的空调系统图

邮轮共有1 370间客舱,因病毒传播大量的空间密闭,邮轮上无窗户,狭小的内舱占到总客舱数量的1/3,另一些客房的观景窗嵌入舱体,无法打开,大量的密闭空间完全依靠中央空调通风。疫情爆发后,客人都待在各自舱室里,但邮轮的中央空调系统,使得气溶胶自由流动。当空调内循环系统利用原舱室内的恒温空气后,旅客所呼吸的流入空气掺杂了难以被感知的浑浊空气,增加了被感染的概率。"钻石公主号"已然沦为"病毒培养皿"。

无独有偶,在新型冠状病毒的影响下,美军四艘航母编队"罗斯福号""尼米兹号""里根号""卡尔·文森号"相继出现病患。从航母所处环境的种种迹象来看,航母成为比"钻石公主号"更可怕的"毒船"。航母疫情之所以扩散得如此之快,与其本身的结构有关,主要是通风条件不理想。作为军用舰艇,航母上除了舰岛外,位于甲板下的其余舱室都没有舷窗,几乎是一整个完全密闭的空间。整艘船共用一座空调系统,如果出现感染者,病毒很快就能通过风道在各舱室间完成传播。为了节省空间,航母内还设置了许多百人大通舱,很多轮班人员甚至使用"共享床位",这进一步增加了感染风险。

一时间,不同专业角度的各种分析及恐慌消息纷至沓来,诸如"开空调能预防病毒""一旦出现疫情应立即停用中央空调"等互相矛盾的说法使船员及在船人员不知所措,不知空调是该开还是该关。事实上,两种说法都不无道理,却也存在极端、以偏概全、夸大其词的成分。对于特殊环境,舱室狭小集中空气处理的船舶而言,空调能提供舒适的生活和工作环境,中央空调应用尤其普遍。但疫情环境下,如若不开或错开就会造成交叉感染。故而,让非专业人士明白特殊时期空调的科学运行方法,引领船员和旅客等科学使用空调系统,意义重大。

5.1　既有船舶中央空调系统应对突发事件运行措施

5.1.1　空调系统必须有新风

新风就是从室外直接或经净化等处理后进入室内的空气。其中"气溶胶传播"是指人们在讲话、打喷嚏、咳嗽的时候喷出的飞沫混合在空气中,形成气溶胶,吸入后可导致感染。而通新风则可稀释空气中病毒的浓度,使之降至感染浓度以下,从而大大降低传染风险。

如前所述,所谓的气溶胶是指悬浮在空气中的固态或液态颗粒所组成的气态分散系统。气溶胶颗粒直径通常在 $0.01 \sim 10~\mu m$,来源和形成原因很多,尤其在海况环境下,如天空中的云、雾,船舶公共环境下的尘埃,船舶锅炉和各种发动机里未燃尽的燃料所形成的烟,食品加工时所形成的固体粉尘,人造的掩蔽烟幕和毒烟等都是气溶胶的来源。当气溶胶的浓度达到足够高时,才会对人类健康造成威胁,尤其是对哮喘病人及其他有呼吸道疾病的人群。空气中的气溶胶能传播真菌和病毒,导致传染性疾病的流行和暴发。为了稀释可能潜在的气溶胶浓度,就必须在处理空气时通入新风。

5.1.2　船舶中央空调系统对微气候的调节

如图 5-2 所示,新风进入室内大致可分为两种途径:通过通往室外的门窗进入室内;通过空调、通风器等设备,从室外抽取并送入室内。

1. 新风量的确定

应在避免回风混入其他舱室的前提下,全开新风阀和排风阀,尽可能采用最大新风量运行。当系统无法避免回风混入其他舱室时,应关闭中央空调系统,并根据具体情况来通新风,以保证空气流通。一般在船有两种情况:

(1)若舱室有外窗或对外舷窗并可以开启,则开启窗户通风;

(2)若没有外窗或舷窗的舱室,开启走道等处的加压系统进行排风。

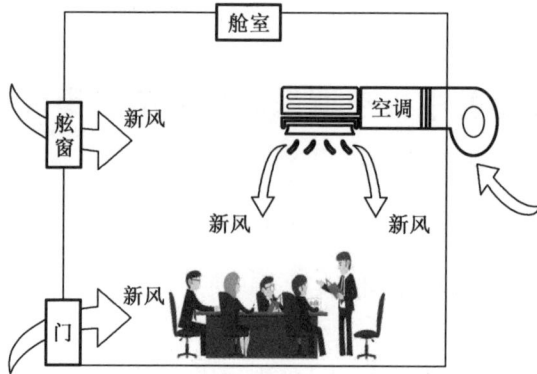

图 5-2　新风进入舱室的途径

排风系统包括中央空调排风系统和卫生间排风系统,排风系统开启数量应视风压情况而定,当中央空调的排风无法单独开启时,应保证卫生间排风系统持续运行。

既然在处理空气时,大多数场合要利用相当一部分回风,所以在夏、冬季节混入的回风量愈多,使用的新风量愈少,就愈显得经济。但实际上,不能无限制地减少新风量。一般规定,空调系统中的新风占送风量的百分数不应低于10%。确定新风量的依据有下列三个因素。

(1)卫生要求

在人长期停留的空调舱室内,新鲜空气的多少对人体健康有直接影响。人体总要不断地吸进氧气,呼出二氧化碳。表5-1给出了一个人在不同条件下呼出的二氧化碳量,而表5-2则规定了各种场合下室内二氧化碳的允许浓度。

表 5-1　人体在不同状态下的二氧化碳呼出量

船员工作状态	二氧化碳呼出量 $/[L \cdot (h \cdot 人)^{-1}]$	二氧化碳呼出量 $/[g^2 \cdot (h \cdot 人)^{-1}]$
安静时	13	19.5
轻松工作时	22	33
轻度劳动时	30	45
中等劳动时	46	69
重劳动时	74	111

表 5-2　不同舱室内二氧化碳允许浓度

舱室性质	二氧化碳允许浓度	
	L/m^3	g/kg
人长期停留的地方	1	1.5
儿童与病人停留的地方	0.7	1.0
人周期性停留的地方	1.25	1.75
人短期停留的地方	2.0	3.0

在一般居住区域及船舶舱室内,室外空气中二氧化碳含量为 0.5~0.75 g/kg。

根据以上条件,可利用《船舶设计手册》中确定全面通风量的基本原理,来计算某一舱室消除二氧化碳所需的新鲜空气量。在实际工作中,一般可按规范确定:不论每人占舱室体积多少,新风量按大于等于 30 m³/(h·人)采用,对于人员密集的舱室,如采用空调的体育馆、会场,每人所占的空间较少(不到 10 m³),但停留时间很短,可分别按吸烟或不吸烟的情况,新风量以 7~15 m³/(h·人)计算。由于这类舱室按此确定的新风量占总风量的百分比可能达 30%~40%,从而对冷量影响很大,所以在确定新风量时应十分慎重。

(2)补充局部排风装置

当空调舱室内有排风柜等局部排风装置时,为了不使空间产生负压,在系统中必须有相应的新风量来补偿排风量。

(3)保持空调舱室的"正压"要求

为了防止外界环境空气(室外的或相邻的空调要求较低的舱室)渗入空调舱室,干扰空调舱室内温湿度或破坏室内洁净度,需要在空调系统中用一定量的新风来保持舱室的正压(即室内大气压力高于外界环境压力)。图 5-3 所示为空调系统的空气平衡关系。从图中可以看出:当把这个系统中的送、回风口调节阀调节到使送风量大于从舱室吸走的回风量(如 0.9 L)时,舱室呈正压状态,而送、回风量差就通过门窗的不严密处(包括门的开启或从排风孔渗出)。室内的正压值正好相当于空气从缝隙渗出时的阻力。一般情况下室内正压在 5~10 Pa 即可满足要求,过大的正压不但没有必要,而且还会降低系统运行的经济性。

不同窗缝或者船舶结构情况下内外压差为 ΔH 时,经过窗缝的渗透风量不同,因此可以根据船舶舱室内需要保持的正压值,确定系统中的新风量 L_w。

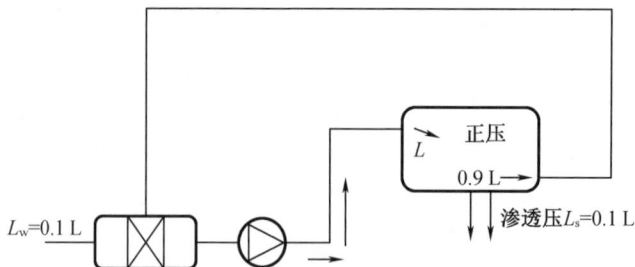

图 5-3　空调系统的空气平衡关系

在实际工程设计中,如前所述,对于绝大多数场合来说,当按上述方法得出的新风量不足总风量的 10% 时,也应按 10% 计算,以确保船舶舱室内卫生和安全。

综上所述,新风量的确定可按图 5-4 所示的框图来确定。

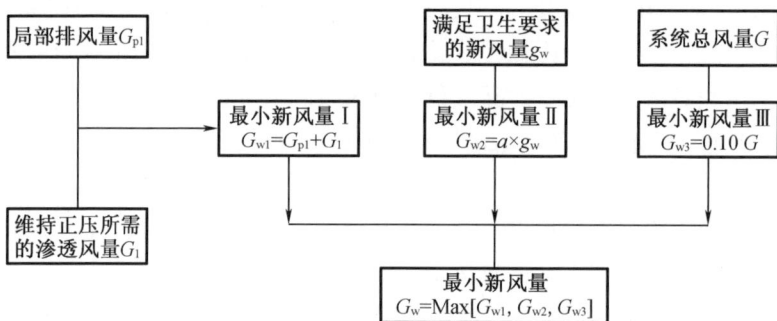

图 5-4　新风量的确定

必须指出,在冬、夏季室外设计计算参数下规定最小新风百分数,是出于经济方面的考虑。多数情况下,在春、秋过渡季节中,可以提高新风比例,从而利用新风所具有的冷量或热量以节约系统的运行费用。这就成了全年新风量变化的系统。为了保持室内恒定的正压和调节新风量,必须进一步讨论空调系统中的空气平衡问题。

对于全年新风量可变的系统,和在要求船舶舱室内正压并借门窗缝隙渗透排风的情况下,空气平衡的关系如图 5-5 所示。设舱室内从回风口吸走的风量为 L_a,门窗渗透排风量为 L_s,进空调箱的回风量为 L_h,新风量为 L_w,排风量为 L_p,则

对舱室来说,送风量 $L = L_s + L_a$。

对空调处理箱来说,送风量 $L = L_h + L_w$。

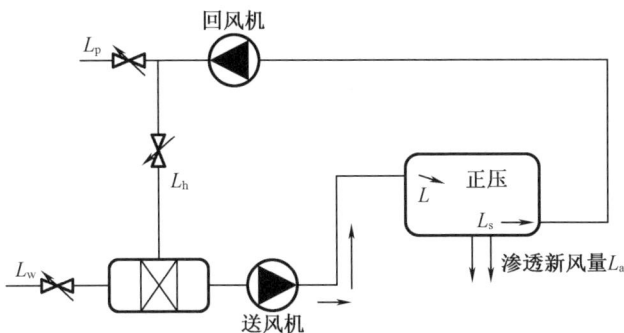

图 5-5　全年新风量变化时的空气平衡关系

当过渡季节采用较额定新风比较大的新风量,而要求室内恒定正压时,则在上两式中必然要求 $L_a > L_h$,及 $L_w > L_s$。而 $L_a - L_h = L_0$,L_0 即系统要求的机械排风量。通常在回风管路上装回风机和排风管进行排风,根据新风量的多少来调节排风量,这就可能保持室内恒定的正压(如果不设回风机,则像图 5-3 那样,室内正压随新风多少而变化),这种系统称为双风机系统。

对于其他场合(例如室内有局部排风等),可用同样的原则去分析空气平衡问题。

2. 合理控制送风状态及送风量

(1)夏季送风状态与送风量的确定

图 5-6 所示为空调舱室送风示意图,图 5-7 所示为送入空气状态过程线。图中,Δt_O 为送风温差,$\Delta t_O \max$ 为最大送风温差。室内余热量(即室内冷负荷)为 Q,余湿量为 W。为了消除余热、余湿,保持室内空气状态为 N 点,送入 G 的空气,其状态为 O 点。当送入空气吸收余热 Q 和余湿 W 后,由状态 $O(i_O、d_O)$ 变为状态 $N(i_N、d_N)$ 而排出,从而保证了室内空气状态为 $i_N、d_N$。

根据热平衡可得

$$G_{i_O} + Q = G_{i_N} \tag{5-1}$$

$$i_N - i_O = \frac{Q}{G} \tag{5-2}$$

或根据热平衡可得

$$G \frac{d_O}{1\,000} + W = \frac{G d_N}{1\,000} \tag{5-3}$$

$$\frac{d_N - d_O}{1\,000} = \frac{W}{G} \tag{5-4}$$

141

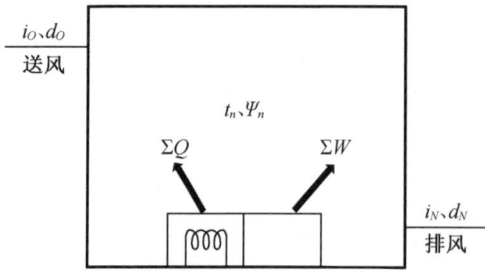

图 5-6　空调舱室送风示意图

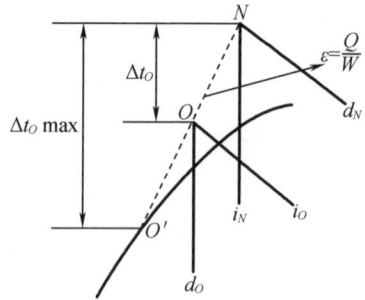

图 5-7　送入空气状态过程线

式(5-2)中除以 1 000 是将 g/kg 的单位化为 kg/kg,该式说明 1 kg 送入空气量吸收了 W/G 的湿量后,送风含湿量由 d_O 变为 d_N

由于送入空气的同时吸收了余热量 Q 和余湿量 W,其状态则由 $O(i_o,d_U)$ 变为 $N(i_N,d_N)$。显然将式(5-1)和式(5-2)相除,即得送入空气由 O 点变为 N 点时的状态变化过程(或方向)的热湿比(或角系数)ε:

$$\varepsilon=\frac{Q}{W}=\frac{i_N-i_o}{\dfrac{d_N-d_o}{1\ 000}} \tag{5-5}$$

这样,在 i-d 图上就可利用热湿比 ε 的过程线(方向线)来表示送入空气状态变化过程的方向。这就是说,只要送风状态点 O 位于通过室内空气状态点 N 的热湿比线上,那么将一定数量的这种状态的空气送入室内,就能同时吸收余热 Q 和余湿 W,从而保证室内要求的状态 $N(i_N,d_W)$。

既然送入的空气同时吸收余热、余湿,则送风量必定符合以下等式:

$$G=\frac{Q}{i_N-i_o}=\frac{W}{d_N-d_o}1\ 000 \tag{5-6}$$

式中,Q 和 W 都是已知的,室内状态点 N 在 i-d 图上的位置也已确定,因而只要经 N 点作 $\varepsilon=\dfrac{Q}{W}$ 的过程线,即可在该过程线上确定 O 点,从而计算出空气量 G。但从公式(5-1)的关系上看,凡是位于 N 点以下的该过程线上的诸点直到 O 点均可作为送风状态点,只不过 O 点距 N 点越近送风量则越大,距 N 点越远则送风量越小。送风量小一些,则处理空气和输送空气所需要的设备可相应地小些,从而初投资和运行费用均可小些。但要注意的是,如送风温度过低,送风量过小时,可能使人感受冷气流的作用,且室内温度和湿度分布的均匀性和稳定性

142

将受到影响。

暖通空调规范规定了夏季送风温差的建议值,该值和恒温精度有关(表 5-1)。表 5-3 还推荐了换气次数。换气次数是空调工程中常用的衡量送风量的指标,它的定义是:舱室通风量 $L(m^3/h)$ 和舱室体积 $V(m^3)$ 的比值,即

$$n = \frac{L}{V}(次/h) \tag{5-7}$$

表 5-3　送风温差与换气次数

室温允许波动范围/℃	送风温差/℃	换气次数/次
±0.1~0.2	2~1	150~20
±0.5	3~6	>5
±1.0	6~10	>8
>±1	人工冷源:<15	
	天然冷源:可能的最大值	

若中送风温差计算所得空气量折合的换气次数 n 值大于表中的 n 值,则符合要求。

(2)冬季送风状态与送风量的确定

在冬季,通过围护结构或者船舶舱室的温差传热往往是由内向外传递,只有室内热源向室内散热,因此冬季室内余热量往往比夏季少得多,有时甚至为负值。而余湿量则冬夏一般相同。这样,冬季舱室的热湿比值常小于夏季,也可能是负值。所以空调送风温度 t'_O 往往接近或高于室温 t_N,$i'_O > i_N$(图 5-8)。由于送热风时送风温差值可比送冷风时的送风温差值大,所以冬季送风量可以比夏季小,故空调送风量一般是先确定夏季送风量,在冬季可采取与夏季风量相同,也可少于夏季。因只调送风参数即可,全年采取固定的送风量是比较方便的。而冬季用提高送风温度减少送风量的做法则可以节约电能,尤其对较大的空调系统减少风量的经济意义更为突出。当然减少风量也是有所限制的,它必须满足最少换气次数的要求,同时送风温度也不宜过高,一般以不超出 45 ℃为宜。

3. 避免回风

为了节能,一般船舶空调都有回风。回风是空调系统从舱室中收集起来之后又被空调系统送回舱室中的空气。当空气中含有病毒气溶胶时,若被回风系

统再次送入室内,目前虽无确切证据表明回风造成的直接传染病例,但非常时期仍应尽量规避风险。

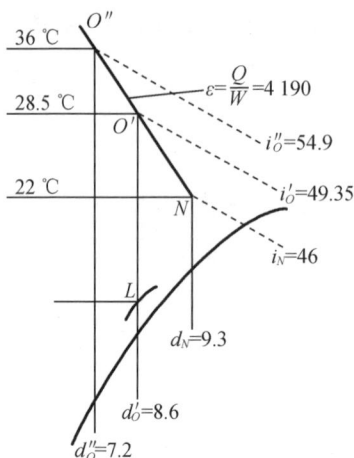

图 5-8　冬季送入空气状态过程线

　　应对不同空调系统,可以采取不同的措施。一般来说,若空调系统为全空气系统,空调机为单风机,应全关回风阀或全关回风口,避免回风渗漏(图 5-9);若空调送风、回风机兼有,将新回风调节阀的回风全关或关闭回风通道(图 5-10)。若系统为风机盘管+新风系统,则关闭风机盘管,保留新风系统(图 5-11)。当因关闭回风导致室内供热量/冷量不足时,可适当调高/降低热泵/冷机的供水温度,以改善室内舒适度。

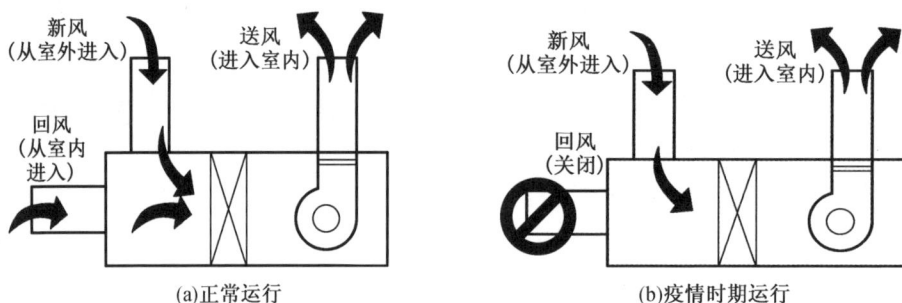

(a)正常运行　　　　　　　　　　(b)疫情时期运行

图 5-9　单风机全空气系统示意图

(a)正常运行　　　　　　　　　　　　　(b)疫情时期运行

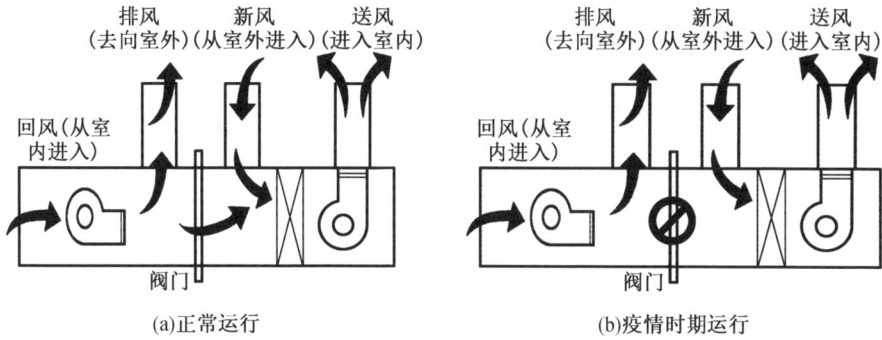

图 5-10　双风机全空气系统示意图

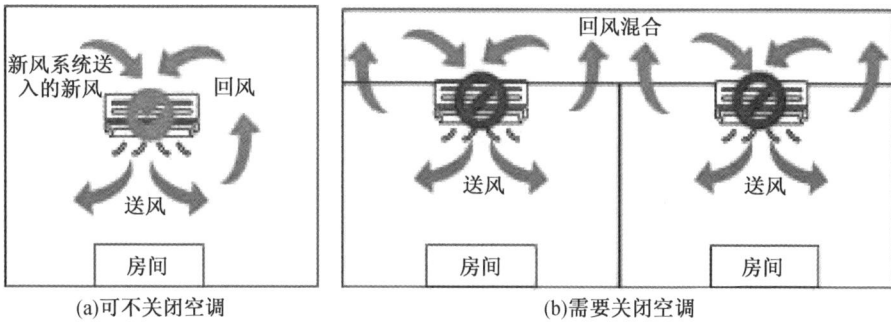

(a)可不关闭空调　　　　　　　　　(b)需要关闭空调

图 5-11　风机盘管+新风系统示意图

需要说明的是,并非所有的回风均需关闭。如风机盘管+新风系统,回风仅在自身舱室内循环,不同舱室之间互不流通,空调系统可正常运行,同时建议疫情期间以最大新风比模式运行。

4. 减少通风空调系统污染的措施

研究结果表明,空调(或通风)系统对空气的污染是不可忽视的。评价本身侧重于空气的气味。另一种污染,即由空调系统(冷却塔和热水供应)滋生的一种水载细菌(LP 杆菌),可在空气中分散成气溶胶,通过呼吸道使人体染病,严重时可造成死亡。这种病由 1976 年美国费城召开退伍军人协会时发现,当时先后共有 221 人染病,并最终导致 34 人死亡,由此引起人们的重视,并被命名为军团病。其病情类似流感,伴有头疼、发烧、腹泻及昏迷等。LP 杆菌的良好繁殖条件是温度为 30~40 ℃ 的水体,这是空调系统、冷却水系统和热水供应系统常有的条件。事后的调查研究证明,正是开会所住的饭店空调系统传播了此病,且这类流行病已有多年历史,多起发生。据近年统计,美国每年约有上万人感染此病。减少空调系统污染空气的主要措施有:

（1）增大新鲜空气量并尽量减少对新鲜空气的污染。供给新鲜空气量的合理标准尚待确定，但有人建议每人最小新风量应为 34 m^3/h，这相当于我国现行设计规范中规定值的两倍。不少事例证明，增大空调系统的新风量对改善室内空气质量是很有效的。

（2）改进空调系统的维护和管理，定期清理过滤器或更换过滤器，定期清理热湿交换设备，克服空调系统只用不管或轻视管理的倾向。

（3）重视水系统的质量管理，尤其是凝结水和其他积水的排除。对循环使用的水不仅应有较好的过滤装置且应定期清洗检查。

5.2 船舶中央空调系统消毒举措

我们已经知道，新型冠状病毒主要依靠空气中的飞沫进行传播，而空调通风系统中存在的气溶胶正可被它们利用。及时清除通风系统中的可悬浮颗粒物是防止病毒传播的有力手段。船舶中央空调的使用率很高，但其通风系统很少进行系统的清洗，已经成为卫生死角。不清洁的中央空调风管系统是在船人员的严重健康隐患，通风系统内聚集灰尘不但会污染室内的空气，还会增加风管系统的运行阻力，使系统风量下降，从而增加能耗，更对风机盘管等末端设备造成不同程度的污染和破坏，降低空调系统的运行寿命。中央空调系统的净化图如图5-12 所示。

空气净化是指去除空气中的污染物质，控制舱室或空间内空气达到洁净要求的技术（亦称为空气清净技术）。空气中悬浮污染物包括粉尘、烟雾、微生物及花粉等。现代科学与工业生产技术的发展对空气的洁净度提出了严格要求，以保证生产过程和产品质量的高精度、高纯度及高成品率。现代生物医学的发展，提出了空气中细菌数量的控制要求，以保证医药、制剂、医疗及食品等不受感染和污染，对保证人体健康具有重要意义。空气正常成分以外的一些气体和蒸气种类繁多，且多为微量，但有时却会造成对人体健康或正常工作与生活的危害。

（1）对既有中央空调系统进行清洗、消毒，需要特别注意新风系统的进风口不受污染。

（2）空调滤网应按国家和政府防疫指导部门要求，根据所在地疫情变化决定采用预防性消毒或疫源地消毒。建议适当采用静电或紫外线等消毒方式，对已

污染空间进行消毒处理,以保障后续进入空间人员的安全。

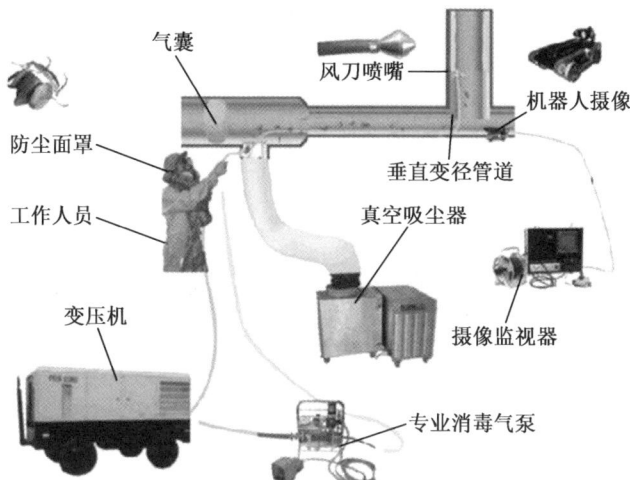

图 5-12　中央空调系统的净化图

　　利用静电空气净化器可以改善空调舱室的空气品质。中央空调通风系统中有出风口和进风口,在中央空调的出风口安装等离子空气净化装置。携带有病毒的空气在风机的作用下从出风口经过等离子空气净化装置,等离子场持续出现电晕放电,病毒经过等离子场时,等离子体产生的激发态高速粒子直接对病毒体进行高速射击,致其死亡。经过一系列物理、化学反应将病毒杀灭净化,从而排出清新洁净的空气,不造成二次污染,达到净化空气的效果。

　　利用光触媒改善室内空气品质。光触媒的主要成分是纳米级的二氧化钛(TiO_2),其吸收阳光中的紫外线后,内部电子被激发,形成活性氧类的超氧化物,它超强的氧化能力,可以破坏病毒细胞的细胞膜,使细胞质流失死亡,凝固病毒的蛋白质,抑制病毒的活性,并捕捉、杀除空气中的浮游细菌。同时,二氧化钛受光照后生成的氢氧自由基能使有机物质和有害气体产生氧化还原反应,将其转化为无害的水和二氧化碳,从而达到净化环境、净化空气的功效,能从根本上解决空气的污染,不仅效果显著,而且对人体绝对安全。

　　(3)活性炭吸附器。活性炭的主要材料为硬质植物和果核等,经加工活化后,炭的内部形成极小的非封闭孔隙,1 g 活性炭的有效接触面积高达 1 000 m^3,而每升活性炭就有 485 g,因此它具有很强的吸附能力。对一些气体而言,活性炭的吸附值等于其本身质量的 1/6~1/5。

　　(4)空气离子化。在空气净化中,曾经提出利用强的电场放电使粒子带电。

在人们日常生活的空间里,来自船舶材料的放射性或外部空间的宇宙射线和放射性物质,同样可使空气中的中性分子失去一个外层电子,并与接近的另一中性分子结合形成基本负离子。失去一个外层电子的分子则成为基本正离子。这种成对产生的基本正离子或负离子在极化力作用下,再与某些中性分子结合形成轻离子,带正电荷的轻离子称为正离子,带负电荷的轻离子称为负离子。轻离子再与水滴或灰尘类凝结核结合形成中离子或重离子。

5.3 流行病期间船舶空调管理策略

研究证明,当中央空调及相应通风系统应用于具有空气或飞沫传染病的舱室时,由于传染性病毒是以点源形式分布,以感染者呼出的空气和飞沫为传染源的,在常规空调系统的气流推动下,传染性病毒在病房中大面积扩散,易引起人员的交叉感染。因此,加强船舶空调管理,对于预防疾病传播具有重要意义。根据国家相关文件要求,原则上停止使用集中空调通风系统,有条件的地方可日常开窗增加自然通风。但由于船舶体量大、舱室多、密闭性好、透气性较差,为满足日常使用需求,较多区域必须使用空调系统。故在疫情突发期间,如何保障空调的安全、合理、高效使用显得尤其重要。常用的空调系统主要包括全新风空调系统、混风空调系统、风机盘管+新风系统、净化空调及分体空调、多联机、精密空调等。其中全新风空调系统、混风空调系统、风机盘管+新风系统、多联机空调属于集中空调系统,船舶应根据不同类型采取不同的处置方案。

5.3.1 管理总策略

1.建立健全后勤质量管理小组

在突发疫情期间,成立由船长或轮机长为组长,轮机员、医务人员及设备技术人员为组员的中央空调质量管理小组,明确人员的职责分工,责任到个人。相关人员应全面分析各类空调运行特点,制定疫情期间全船不同类型空调处置方案、清洗消毒处置标准操作规程及预防空调系统相关性感染暴发流行应急预案。医务人员负责清洗消毒方案和流程的制定及对消毒效果进行评价。各部门同心协力,各负其责,围绕中央空调质量管理为核心开展工作。

2. 制定个性化空调处置方案

为有效应对疫情,防止飞沫传播感染,首先应尽可能停止使用空调系统,有条件的区域可开窗增加自然通风,不具备开窗条件的舱室应减少使用,或降低空调运行时间。根据较常见的几种不同类型空调运行特点,制定详细的个性化操作方案,如表 5-4 所示。

表 5-4　疫情期间船舶不同类型空调处置方案

空调类型		管理方案	措施
全新风系统	全新风空调(普通)	可以使用	定期对送风口、新风机组过滤网清洗消毒,并做好书面记录,使用时应该确保新风直接取自室外,禁止从机房、仓道内取风,保证排风系统正常运行,排风口离开新风口、窗户和人员密集场所
	负压舱、化学品舱空调系统	可以使用	配备有负压舱室的可以将负压舱室作为临时隔离区,但需要加强管理,每天专人巡视检查,确保舱室压差、送排风口等设备正常使用,并制定消毒清洗制度,确保在归港后实施全面消毒,更换送风和排风过滤网
混风空调系统		关闭	若重开使用,在使用前清洗消毒送、回风口,清洗或更换滤网等
风机盘管+新风系统		在确保各舱室独立通风的条件下可以使用	新风空调系统应全部正常投入使用,同时开启相应机械排风系统。此外,每周对送、回风口和过滤网清洗消毒,并做好书面记录。确保新风直接取自室外
净化空调		对暂不排除感染人员的舱室,应尽可能关闭空调系统	增加初、中效过滤网的更换频率,在疫情结束后更换高效过滤网并清洗消毒管道、机箱等空调设施、设备
分体空调、多联机、精密空调		可以使用,加强空气自然流通;多联机的送、回风口不在同一舱室时应该停止使用	增加对送、回风口和风口过滤网清洗消毒频率,做好书面记录

3. 规范空调清洗消毒标准操作规程

(1)每周对开放式设备、空调送(回)风口、净化器、表冷器、冷凝水盘、加热(湿)器、空调处理机组使用 500 mg/L 的含氯消毒液进行喷洒或擦拭,作用 30 min 后用清洁布巾表面擦拭。对需要消毒的金属部件建议优先选择 75% 酒精消毒剂。

(2)每周对可拆卸、可清洗的过滤网、过滤器使用 500 mg/L 的含氯消毒液进行浸泡,作用 30 min 后,晾干使用。若过滤网、过滤器为一次性,无法清洗的则进行更换。

(3)消毒用布巾,不能混合使用,使用后使用 2 000 mg/L 含氯消毒液浸泡 30 min 后,清洗,晾干备用。

(4)在专门清洗消毒间进行操作,每天对工作场所进行空气和环境清洁消毒。必要时使用循环空调消毒机消毒,保持续开机状态。

(5)以上所有空调系统,待疫情结束后重新开启前,由具有清洗消毒资质的专业机构对集中空调通风系统清洗消毒或将部件更换一次。

(6)作业人员严格按照疫情防控要求做好流行病学筛查,筛查合格以后方可实施操作。操作时应做好个人防护,佩戴口罩、帽子、手套、勤洗手。

4. 加强在船人员培训,提高其认知能力及防护能力

一方面应加强对全船人员进行中央空调与病毒微生物感染相关知识的培训,提高船员对中央空调系统相关性感染防控工作的认识,减少交叉感染风险。另一方面针对突发疫情加强空调管理和现场作业人员医疗知识的培训,包括病毒传染常见途径、个人防护、消毒剂配比方式、应急预案等,提高个人业务能力。

5. 建立效果评价细则,提高执行力

为确保各项措施落到实处,制定空调运行管理考核细则,通过全过程监管,及时发现问题,立即反馈,提出解决问题的办法和措施,并给予相应的指导,促进相关人员按规范要求进行操作,促进感染管理质量的持续改进。

6. 发现疑似或确诊病例应急方案

若在船或港口发生了疑似或确诊感染病例,立即报告所在海域周边国家及属国港口相关部门,启动应急方案。包括:

(1)该患者立即隔离至全新风空调区域或自然通风良好的区域。

(2)原区域的空调系统立即停止使用。

(3)该区域立即实施全面消毒,包括空调系统的风口过滤网、送(回)风口、表冷器、冷凝水盘和空调机组过滤网等均应清洗、消毒、浸泡或更换。

（4）待完成上述工作后,经卫生学评价合格后方可重新投入使用。

（5）上述工作均需分工明确,责任到人,并结合医疗状况,实施应急演练。

此外,针对集中空调通风系统(包括全空气空调系统、风机盘管加新风系统、无新风的风机盘管系统、多联机系统)和分体式空调,分别应注意以下事项:

5.3.2　各类型空调系统注意事项

1. 全空气空调系统

（1）开启前准备

①掌握新风来源和供风范围等,加强人员培训。

②应检查过滤器、表冷器、加热(湿)器等设备是否正常运行。对开放式冷却塔、空气处理机组等进行清洗、消毒,有条件时对风管进行清洗。首选由专业机构对空调系统进行清洗、消毒。保持新风采气口及其周围环境清洁,新风不被污染。

③新风采气口与排气口要保持一定距离,避免短路。

（2）运行中的管理与维护

①中高风险地区应关闭回风。如在回风口(管路)或空调箱使用中高效及以上级别过滤装置,或安装有效的消毒装置,可关小回风。

②室内温度调节建议不低于 26 ℃。如能满足室内温度调节需求,建议空调运行时门窗不要完全闭合。

③人员密集的场所使用空调系统时,要加强室内空气流动,可优先开窗、开门或开启换风扇等换气装置,或者空调每运行 2~3 h 通风换气 20~30 min。

④对于人员流动较大的场所应加强通风换气;需要中央空调系统停止运行时,空调系统新风与排风系统应继续运行一段时间。

⑤加强对空气处理机组和风机盘管等冷凝水、冷却水的卫生管理。

⑥对运行的空调系统的过滤器、风口、空气处理机组、表冷器、加热(湿)器、冷凝水盘等设备和部件进行定期清洗、消毒或更换。

⑦对下水管道、空气处理装置水封、卫生间地漏及空调机组凝结水排水管等 U 型管应定时检查,缺水时及时补水。

2. 风机盘管加新风系统

（1）开启前准备

①掌握新风来源和供风范围等。

②应检查过滤器、表冷器、加热(湿)器、风机盘管等设备是否正常运行。对开放式冷却塔、空气处理机组、冷凝水盘等进行清洗、消毒,有条件时对风管进行清洗。空调系统的清洗、消毒首选由专业机构进行作业。

③保证新风直接取自室外,禁止从机房、楼道和天棚吊顶内取风。保证新风采气口及其周围环境清洁,新风不被污染。

④新风系统宜全天运行。

⑤新风采气口与排气口要保持一定距离,避免短路。

⑥保证排风系统正常运行。

⑦对于低层甲板的舱室,应采取措施保证内部区域的通风换气;如新风量不足(低于每人 30 m³/h 国家标准要求),则应降低人员密度。

(2)运行中的管理与维护

①室内温度调节建议不低于 26 ℃。如能满足室内热舒适性,建议空调运行时开门或开窗。

②加强人员流动较大场所的通风换气;空调停运前,空调系统应继续运行一段时间。

③增加人员密集的场所的通风换气频次,在空调系统使用时,可开窗、开门或开启换风扇等换气装置,或者空调每运行 2~3 h 通风换气 20~30 min。

④加强空调系统冷凝水和冷却水等易污染区域的卫生管理。

⑤应定期对运行空调系统的冷却设备、空气处理机组、送风口、冷凝水盘等设备和部件进行清洗、消毒或更换。

⑥加强对下水管道、空气处理装置水封、卫生间地漏等 U 型管检查,及时补水,防止不同甲板层空气掺混。

3. 分体式空调

(1)开启前准备

①断开空调机电源。

②用不滴水的湿布擦拭空调机外壳上的灰尘。

③按空调使用说明打开盖板,取下过滤网,用自来水将过滤网上的积尘冲洗干净,晾干或干布抹干。

④装好过滤网,合上盖板。

⑤接通电源,然后开启空调制冷模式,检查空调能否正常运行。

(2)运行中的管理与维护

①每天使用分体空调前,应先打开门窗通风 20~30 min 再开启空调,建议调

至最大风量运行 5~10 min 以上才能关闭门窗;分体空调关机后,打开门窗,通风换气。

②长时间使用分体空调、人员密集的区域(如会议室、培训室、教室),空调每运行 2~3 h 须通风换气 20~30 min。

③室内温度调节建议不低于 26 ℃。如能满足室内温度调节需求,建议空调运行时门窗不要完全闭合。

4.无新风的风机盘管系统或多联机(VRV)系统相关运行管理要求,参照分体式空调。

5.空调系统的停止使用

当场所发现新型冠状病毒感染病例和疑似感染病例时,应采取以下措施:

(1)立即关停确诊病例和疑似病例活动区域对应的集中空调通风系统。

(2)在当地疾控部门的指导下,立即对上述区域内的集中空调通风系统进行强制消毒、清洗,经卫生学检验、评价合格后方可重新启用。

(3)集中空调通风系统的清洗消毒应符合《公共场所集中空调通风系统清洗消毒规范》(WS 396—2012)的要求。

美国科研人员发现,在室温偏低、50% 相对湿度条件下病毒失活最快。因此,疫情期间可通过调整船舱空调机组的设定,在人体及货物可适应的范围内适当增高温度,同时将相对湿度严格控制在50%左右。除此之外:

①在船舱空调机组增加光等离子空气净化器、紫外线等杀菌消毒装置,在船舶运行过程中,对船舱内空气进行循环消毒。需要注意的是,高强度的紫外线辐射对人体有害,如果在船舱通风空调系统上加装紫外线灭菌装置,必须做好装置保护措施,如提高紫外线灯管质量,防止因装置损坏泄漏紫外线照射到船员;同时也需加强对工作人员的保护措施。此外,由于紫外线消毒方法对于照射时间和照射强度有要求,紫外灯灭菌装置至少持续开启 2 h 以上才能达到比较好的杀菌效果。如果考虑到节能和使用寿命等要求,可在未来空调设计中留出特定空间专门用于在疫情期添加空气净化和消毒设施。

②在船舶靠岸停运期间,在船舱内采用臭氧消毒等手段进行静态消毒,关闭新风门进行封闭式消毒,消毒后对船舱进行清洗通风。

③对船舶空调通风系统采取平疫结合的措施。疫情期间适当关闭回风阀,降低回风量,最大开启新风阀门,对于新风门自动控制系统要关闭自动调节功能。此外,还应提高空调过滤器等级,并提高清洗频率,及时更换滤网。

5.3.3　常态化防控措施

面对新型冠状病毒长期存在的可能性,做好常态化防控对于船舶防疫同样至关重要,具体措施如下:

1.通风的重要性及新风的运用

密闭的空调舱室容易导致室内空气污浊,病菌、霉菌、病毒等微生物的大量滋生,使长期生活在这种环境中的人容易感染微生物引起的疾病。目前,社会上流行的一些传染性的疾病主要通过近距离的空气和飞沫传播,而通风是避免进一步传播的主要途径。船舶应优先利用自然通风来消除余热、余湿,稀释病毒的浓度。自然通风不良,则必须安装足够的通风设施(如排气扇等)。空调采用全空气空调系统时,应具备可最大限度使用新风实现直流式(全新风)运行的功能。风机盘管空调、变制冷剂流量的分体式空调(一拖多)等系统,均应设置新风系统。空调机房内空调箱的新风进气口必须用风管与新风竖井或室外新风口直接连接,禁止间接从机房内、仓道内和天栅吊顶内吸取新风。此外,空调系统的新风量不应小于各舱室每小时所需新风量,且不低于卫生标准(每人 30 m³/h)。增加新风量是改善室内空气品质的必要措施,但我们不能只满足新风的量,却忽略了它的质量和人们实际所得的新风量。设计失误易造成新风质量低和人们实际所得的新风量小,有必要开创有效的通风系统设计。通风的有效性是指供给足够的新风量、恰当的送风量、理想的送排风布局,提高通风效率。换气效率与通风效率综合表示通风系统的送风效应,实践中应争取高效率。换气效率是衡量室内某点或全室空气更换效果优劣的指标,换气效率愈高意味着入室空气停留时间愈短,表明它的清洁度愈高。通风效率是表示送风排除热和污染物的能力的指标。对于隔离区(含临时隔离区)的空调通风系统,均应单独设置,严禁不同区域合用一个空调通风系统,以免产生交叉感染,造成疾病的扩散。

2.空调系统的清洗、消毒

在一些舱室和特殊场合,通风仍不可避免疾病的传播,为了确保空调系统的安全送气,防止疾病的爆发流行,需要对空气系统进行定期的清洗、消毒,这样才能从根本上杜绝传染性疾病的二次传播。

(1)空调机房内应保持清洁卫生,并定期消毒。

(2)空调舱室的循环风及新风要保持清洁干净,对空调回风过滤网定期清洗,一般每两月一次,在疫情流行期间应保证每周至少清洗消毒一次。

（3）保证新风机组吸入的空气必须是新鲜清洁的空气,对新风机组的吸气过滤器要定期进行清洗。一般情况下每月一次,在疫情流行期间每周清洗一次,每三个月清洗更换一次中效过滤器,每两年更换一次高效过滤器。对可能被致病微生物污染的空气过滤器,在清洗与报废前必须先进行消毒,保证机组内紫外线杀菌灯有效运行。新风口过滤网等两周清洗消毒一次,在疫病流行期间每周清洗消毒一次。

（4）一旦发现有新型冠状病毒感染疑似病人,应立即关闭中央空调,进行开窗排气,同时进行严格的空气消毒措施,对回风口要特别消毒处理。还要对整个供气设备和送风管路用消毒剂溶液擦拭消毒。

（5）风机盘管表冷器及凝水盘一般每年冲洗一次,一旦发现有疑似病人,要对风机盘管每周喷雾消毒一次,每天对凝水盘进行消毒。对凝结水必须单独收集,经消毒后方可排放。

（6）对于单体式空调,使用前一定要清洗空调过滤网上的积尘,然后用消毒液将过滤网浸泡消毒,并用清水冲洗晾干。每天开机的同时,先开窗通风一刻钟,第一次使用的时候应该多通风一些时间,让空调里面积存的细菌霉菌和螨虫尽量散发。

（7）使用喷淋式海水冷却器的船舶在疫情期间,应通过提高排污量与增加补水量的方法,改善冷却水的水质,降低含菌量。

3.消毒措施

研究表明,针对当前的新型冠状病毒疫情,用含氯消毒剂和过氧乙酸,按照我国卫计委推荐的浓度,在几分钟内完全可以杀死粪便和尿液中的病毒;应用紫外线照射的方法在距离为 $80\sim90$ cm,强度大于 $90\ \mu W/cm^2$ 的条件下,30 min 可杀灭体外新型冠状病毒。因此,只要采取正确的方法,完全可以预防和消灭病毒的传播。

空气的消毒可用 0.2%过氧乙酸、3%过氧化氢、活化的二氧化氯等消毒剂喷雾,但它们都对金属制品有较大的腐蚀性,对织物有漂白的作用,使用后应用水漂洗或用清水擦拭,以减轻对物品的损坏。过氧乙酸具有极强的刺激性和腐蚀性,应严格按比例配制喷洒,对室内场所消毒后要通风,防止慢性中毒。同时,要注意个人防护,配制使用消毒剂时,应戴防护眼镜、口罩和手套,打开瓶盖时勿将瓶口直对人体。

除了使用消毒剂以外,各舱室还应定时用紫外线灯、臭氧机或静电除菌装置等进行杀菌解毒,消毒时间一般不小于半小时,要注意对人体的保护。各净化机

155

组、新风机组都要安装紫外线杀菌灯并保证良好运行,定期检查工作状况,一旦损坏要及时更换。

5.3.4 不同国家地区防护要求对比

鉴于不同地区对新型冠状病毒的预防需求不尽相同,而船舶频繁穿梭各国港口,本书给出各防护标准对比如下。

1. 美国采暖、制冷与空调工程师协会(ASHRAE)应对策略

ASHRAE 在 2020 年 4 月 20 日发布了 2 条声明,反对关闭居住建筑或商业建筑的空调系统。研究表明新型冠状病毒很可能通过空气传播,应合理进行暖通空调系统运维以减少病毒空气传播。暖通空调系统的通风和过滤作用可以减少病毒的空气传播概率。无空调系统或空调系统不运行的区域,热湿环境失调会直接危害健康,使人对病毒的抵抗能力降低。总的来说,不建议关闭暖通空调系统。

ASHRAE 更新了对传染病气溶胶传播的立场文件。ASHRAE 的指南文件中认为,暖通空调系统对新型冠状病毒的传播影响很小,飞沫传播和接触传播的影响更大,所以采取保持 1~2 m 社交距离并进行物体表面消毒、洗手和其他卫生保健措施更重要。在做好上述措施后也建议采取以下暖通空调系统的措施:

(1)增大新风量,取消需求控制通风(DCV),增大新风阀的最小开度,尽可能全开新风阀,关闭回风阀。

(2)提高集中空调的过滤器等级至 MERV-13 级或过滤器架可安装的最高过滤等级,并密封过滤器边缘,防止空气从过滤器边缘旁通。

(3)保持系统运行更长时间,有条件的系统每周 7 天、每天 24 h 持续运行。

(4)考虑使用高效过滤器(HEPA)级别的移动式空气净化器。

(5)考虑使用紫外线照射(UVGI)等设备,尤其是在高风险地区,如港口码头等候室,并设置保护罩以防使用者被紫外线辐射。

ASHRAE 针对气溶胶传播的立场文件将建议分为了 A(强烈建议,有足够的证据支撑)、B(建议,至少有证据支撑)、C(中立,该措施的益处和害处相近)、D(建议不要,证据无效或害处大于益处)、E(没有足够的证据来证明或反对)5 个等级。自然通风合理利用可实现通风目的,但自然通风舱室的通风量不断变化且不可控,故对于传播风险的可控性较低,并且自然通风模式下的室内空气品质受窗户高度和室外空气洁净度影响很大。ASHRAE 立场文件中认为暖通空调

系统可采取的策略主要包括稀释通风、气流组织、压差控制、控制温湿度及其分布、过滤及紫外线杀菌照射灯等。

（1）通风和空气净化策略

气流组织良好的通风是控制病毒传播的主要措施，它可稀释被污染的空气，但具体的通风量难以确定。应控制舱室压差，使空气从安全区流到非安全区，由个人使用区流向公共区，如从接待室流向隔离舱。建议使用高效过滤器，集中式空调系统中的高效过滤器可降低共用室内回风的区域交叉感染的概率，单个舱室的高效过滤器可显著降低舱室内的传染性气溶胶的浓度，但过滤器不能完全消除气溶胶传播风险。ASHRAE 认为波长在 $200\sim280$ nm 的紫外线波段杀菌能力最强且不会穿透人体组织，虽可穿透皮肤和伤害眼睛，但设置防护罩并避免直射眼睛使用时是较为安全的。美国疾病预防控制中心也赞成紫外线照射等可辅助过滤器减小病毒传播风险。建议采取个性化送风和局部排风或全新风，在人员隔离舱设置高效过滤器或紫外线杀菌装置。

（2）温湿度设置

研究表明，控制相对湿度可削弱某些病毒的空气传播，如流感病毒。40%～60%相对湿度下微生物最不易存活。相对湿度低于 40%时感染率增大的原因有：一是干燥环境下飞沫很快蒸发变成飞沫核，长期悬浮在空气中并传播到远处；二是很多病毒和微生物在干燥条件下生存能力更强；三是相对湿度低于 40%时会使人体黏膜受损，更容易受到感染。故控制温湿度对控制病毒空气传播是有益的，我们建议根据各个舱室的实际情况谨慎考虑温湿度的设置。

2. 欧洲暖通空调会（REHVA）应对策略

REHVA 在 2020 年 4 月 3 日对应对新型冠状病毒的空调系统指南做出了更新，更新内容主要包括病毒传播机理、通风设备运行、病毒在不同温湿度条件下的活性、热回收设备的运行、运维人员的保护措施等 7 个方面，并总结了 14 条具有实践价值的建议：

（1）保证每个人的新风量。分散人员、保持距离（最小物理距离 2~3 m）。

（2）有机械通风的舱室或区域建议增加通风系统运行时间，提前 2 h 开启通风系统，延迟 2 h 关闭。在控制二氧化碳浓度的系统中，将二氧化碳体积分数设定值降至 4×10^{-4}。

（3）无人时不要关闭排风系统，低风速运行。对于因疫情关闭的区域，也不建议关闭通风系统，应使系统按一定风速持续运行，使物体表面的病毒扬尘到空气中并排到室外。

（4）有外窗的舱室定期通风，增大开窗通风量。无机械通风的舱室，在上一人使用该舱室后，建议保持开窗 15 min 后再进入该舱室，以避免交叉传染。

（5）保持厕所通风系统 24 h 运行，以避免粪口传播。

（6）避免打开厕所的窗户，以确保气流正确流向。

（7）冲洗厕所时关闭马桶盖，根据 SARS 暴发时香港淘大花园小区病毒通过排污管道进行传播的经验，为避免排水设施或卫生器具的水封失效，建议定期根据气候情况而定加水。

（8）关闭空气处理器的回风模块，保证全新风运行，回风带有过滤器的系统也不应开启回风，因为回风口过滤器的过滤等级通常达不到 HEPA 等级。

（9）检查热回收装置，确保漏风量在可靠范围内。转轮式换热器合理安装漏风率在 1%~2% 之间，系统中漏风率低于 5% 是可接受的。但若系统中存在回风机使得回风压力较大，则可能导致漏风率高达 20%，故换热器运行时需在送风段和排风段设置压力传感器控制压差，并设置旁通管道。无证据表明合理设计、安装、运维的转轮换热器的漏风会使携带病毒的大于 0.1 μm 的颗粒物从回风混入到送风中，且漏风率不取决于转轮的转速，故没有必要关闭转轮，由于低风速下污染物的泄漏率更高，故建议采取增大通风量的方式运行。

（10）风机盘管不建议开启，以防二次扬尘，除非舱室仅有一人使用。若风机盘管不能关闭，则建议一直开启，以防止关闭后再开启时沉积在过滤器上的病毒二次扬尘散发到空气中。

（11）不建议改变温度或相对湿度设定值。研究发现新型冠状病毒在 4 ℃ 可保持较高活性 14 d，37 ℃ 可保持较高活性 1 d、56 ℃ 保持 30 min 才可灭活病毒。在温度为 21~23 ℃、相对湿度为 65% 的特定环境中检测到新型冠状病毒仍有很高活性，并没有足够证据表明相对湿度在 40%~60% 时可以降低新型冠状病毒活性。且只有在非常低的相对湿度（10%~20%）下鼻腔黏膜的防御能力降低，人才容易被感染。

（12）疫情期间不需进行管道清洁。空调系统不是污染源，病毒也不会沉积在风管内。

（13）集中式的新、排风过滤器效率低，只可过滤大颗粒物质，但应正常运维，防止过滤器阻塞而减少送风量。

（14）进行过滤器更换或运维工作时应做好戴口罩、手套等常规保护措施。

对于空气净化装置，REHVA 认为达到高效过滤器级别的空气净化器是有效的，但空气净化器处理风量有限。紫外线装置应用于送风管道或舱室内也是有

效的。

3. 中国应对策略

(1)空调系统运行

空调系统使用应尽量增大新风量,空调系统运行前应了解空调系统形式。全空气系统承担多个舱室负荷时应采用全新风方式运行,必须采用回风时,新回风比应大于 40%,回风应设置 F7 及以上等级过滤器。风机盘管加新风系统应确保新风质量。既没有新风系统又不能开窗通风换气的舱室,应停止使用。船舶内发现疑似病例,所有室内的对流型冷热末端(风机盘管等)均宜停止运行。空调系统运行应提高供热时的送风温度,降低制冷时的送风温度。

(2)新排风系统

有外窗的舱室尽量开启外窗;无外窗也无排风系统的舱室可配置双向节能换气机,以满足舱室通风换气需求。配置了集中新风系统且楼层有排风系统的舱室,建议将门保持一定开度(或在门上设一定面积的百叶),或者在隔墙上设置机械排风扇保证每层集中排风系统的总排风量不小于该层新风设计总送风量的 70%。舱室设置集中新风系统但未设置集中排风系统的舱室,可合理增设机械排风系统,或在消防部门同意的前提下考虑用消防防排烟系统来集中送风。通风不足时,应启动排风系统或增设室内可移动式 HEPA 过滤空气净化器。空调及机械通风系统应提前开启并延迟关闭。

(3)气流组织

餐厅与厨房之间应隔开并且保证厨房微正压,在厨房排油烟风机运行时应进行补风。厕所、排污间等的排风系统应投入运行,保持负压。

(4)热回收装置

换热器应采用不存在回风混入新风危险的间接式换热器(如热管、铝箔板翅式),转轮式热回收设备目前不应使用,热质型热回收设备也不建议使用,在换热器处设置旁通。

(5)空气净化装置

确保空调器过滤器的清洁,对于办公区不建议在空调舱室、空调送风系统及空调机房内采用任何化学药剂消毒;不建议在空调系统安装紫外灯;在上班时段,室内空气净化装置应投入运行。

(6)清洁与运维

定期对系统进行检查与清洁,检查新风口位置,确保新风质量,避免新回风短路。

(7)给排水系统

排查各个排水、废水、中水、冷凝水系统和排水器具的水封是否有效,保持污水系统升顶通气立管畅通,在管道中设置银离子、光催化氧化消毒器等措施保证水系统的安全。

第6章
船舶中央空调空气净化除毒技术研究

　　船舶中央空调的空气来源一般是新风和回风,过滤方式主要是初效和中效过滤器,但是这两种过滤器不能够有效过滤空气中存在的大颗粒物和对人体具有危害的微小颗粒物及有害气体。微小颗粒物中包含有致病微生物,容易通过通风管道的气流进入中央空调系统,结成灰尘并且在中央空调通风系统管道中累积,同时中央空调的恒温环境使累积在通风管道中的微生物在良好的环境中大量繁殖,微生物就通过通风管道进入室内,污染室内空气。

　　室内空气污染主要有装修材料所释放的总挥发性有机物化合物(TVOC)、甲醛、二甲苯、可吸入颗粒 PM10、可入肺颗粒物 PM2.5 等和细菌病毒等。较之室外环境污染,室内环境污染物的组分更加复杂,毒性也更大。一方面,室内空气品质与室外大气环境是密切相关的,室外大气中的污染物不可避免地通过自然渗透或机械通风系统进入室内空气环境;另一方面,在空调得到普遍应用的现代社会,为了节能而提高的船舶密闭性大大降低了自然通风换气能力,在室内污染源不断增加的前提下,室内空气污染物自然衰减能力却大大降低。现代生活方式又造成人们工作、生活、娱乐、交通等绝大多数时间处于室内,人们越来越切身感受到室内空气污染带来的严重影响。室内空气的污染程度有时超过室外的5~8倍,对人体的危害更为严重,因此急需运用空气净化技术对室内空气进行处理。

　　船舶舱室由于要求密闭性好而新风量又受到限制等因素,空气污染更加严重。由于舱室空气污染导致的各种疾病已严重影响了船员的工作效率和长期健康。从船舶设计角度看,舱室可利用空间有限,无法拿出相当大面积舱室用于安装各型空气净化器。同时,由于中央空调和通风系统的设计,已经将颗粒污染物进行一定程度的脱除,舱室内部环境及船员生活习惯并不会产生额外大量的颗粒污染物。船舶舱室内大量使用的装饰材料,船员日常生活所产生的各种分泌物、微生物,在一定程度上会造成空气品质下降,形成挥发性有机物污染及悬浮微生物污染,危害到船员的身心健康。因此,舱室空气质量问题已成为行业的研究热点之一。

当前,我国尚未出台船舶中央空调相关的微生物检验规范,相关技术方案亟待修订。而中央空调空气污染危害表现在对人体健康的影响。中央空调通风系统引起的人类健康问题主要是传染性疾病和过敏性疾病。由于中央空调会导致室内空气的污染,对人体健康有直接影响,人长期处于这种室内环境中容易感到恶心、头晕、胸闷,并且长期使用中央空调会降低空气中的负离子浓度,使人体出现如失眠、头痛等不良反应,导致人体对自然的适应感受能力下降,容易让人患上呼吸道疾病,降低对冷热环境的耐受力。

6.1 空气净化技术

空气净化技术是追求室内空气洁净的一项综合性技术,可以提高室内空气质量,改善居住、办公条件,增进身心健康。其主要通过粗效、中效、高效三种过滤器过滤掉空气中的微粒,得到洁净空气,然后通过中央空调匀速的送风吹走有微粒的空气,使室内空气达到净化效果。

目前,舱室室内空气净化的主要手段有通风换气、过滤、光催化、静电技术、吸附、臭氧净化、吸收法、膜分离技术、等离子体空气净化等多种方式。

6.1.1 通风换气

通风就是室内外空气互换,可分为自然通风和机械通风。加强通风换气,用室外新鲜空气来稀释室内空气污染物,使污染物浓度降低,从而改善室内空气质量。通风换气式是最为简单的一种室内空气净化手段,主要是在室内开窗保持通风或者安装换气机。当开窗通风换气室内平均风速满足通风率的要求时,可减少甲醛的蓄积;而且合理使用空调的附加功能,如负离子发生器、高效过滤等功能,对改善室内空气品质有一定的作用。在舱室外空气质量基本满足舱室内空气质量要求的情况下,经常开门窗或安装使用通风换气机是清除室内污染最便捷、经济、有效的方法。对于已经进入到舱室和舱室内部产生的污染物,通过加强通风换气,用经过滤的新鲜空气可稀释舱室内空气污染物,使其浓度降低。局部通风是利用局部气流,在局部污染源设置局部通风装置,使其不受污染,从而形成良好的空气环境。全面通风是指当室内污染物较分散且浓度较高时,应

对整个室内空间进行通风换气,使室内污染物浓度达到安全水平。由于全面通风的风量和设备较大,因此只有当局部通风不适合时,才考虑全面通风。

从改善室内空气品质的角度考虑,机械送入式新风系统比较合理。室内微正压可以避免负压系统带来的自然渗透进风,因为室外渗透空气没有经过必要的净化或热湿处理,会影响室内空气品质和热舒适性。

但通风换气对舱室内空气污染物的处理只是起到了稀释效果,对舱室内污染物的清除是不够的;再者,只要污染源存在,通风换气停止一段时间,污染物又会积聚到一定浓度。因此,通风换气也只是治标不治本,还需采用空气净化技术从根本上治理舱室空气污染物。综合来看,通风换气对室内空气污染情况一般的室内场所较为实用,但是完全解决室内空气污染程度较重的情况具有一定的局限性。

6.1.2 过滤

室内空气净化过滤技术是目前应用较广泛的一种室内空气净化方式,通过设置过滤材料对室内空气进行过滤、筛选、拦截等,将室内悬浮在空气中的一些大于或接近过滤材料孔径的固体微粒和液体微粒截留下来,达到室内空气净化的目的,如图 6-1 所示。过滤材料的种类主要有纤维滤料、复合滤料、功能性滤料等。

将不同纤维交织的过滤材料扬长避短,发挥各自的优点,如玻璃纤维与涤纶交织过滤材料。玻璃纤维滤材具有耐温性好、伸长率低、强度高、耐腐蚀性好等特点,同时因纤维表面光滑、直径细、过滤阻力小,因而过滤效率高。但玻璃纤维耐折性和耐磨性差,在使用过程中因频繁清灰而容易磨损、折断,影响使用寿命。涤纶具有耐折、耐磨性好的优点,但有强度低、伸长率大、不耐高温等缺点。交织以后的滤料具有良好的性能,已开始应用。

复合滤料是近年来兴起的一个热点。如纺粘非织造布强力大,但其均匀性差,将它与熔喷非织造布叠制而成的复合滤料既能克服熔喷非织造布强力小的缺点,又能充分发挥其过滤性能优良的特点。SMS 复合滤料就是将纺粘、熔喷、纺粘三层非织造布,在一定温度和压力的作用下热粘合而成的。

功能性空气过滤材料是针对特定行业,如耐高温、耐腐蚀、抗静电、拒水、拒油、阻燃、清除有害气体等,而开发的空气过滤材料,是空气过滤材料的又一新热点。

防静电滤料一般是通过加入金属纤维(如不锈钢纤维)而产生导电性,可防止由于静电吸附大量粉尘,系统阻力增大,导致的滤料破损加剧,同时还能防止产生静电火花,使含有可燃气体的烟气复燃。

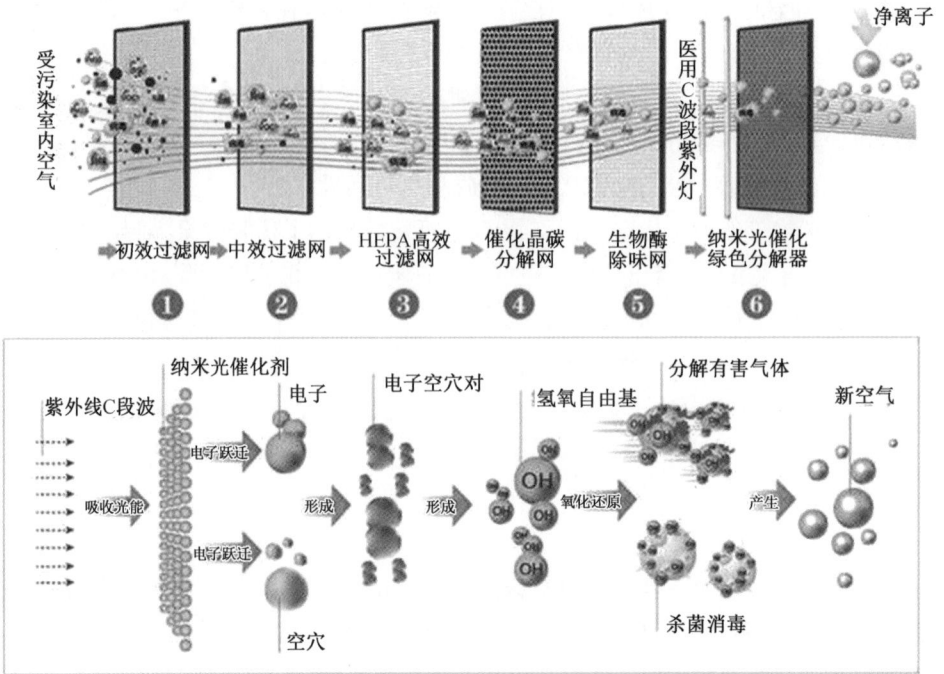

图 6-1　空气过滤净化示意图

空气过滤的过滤机理主要有以下 5 种：拦截效应、惯性效应、扩散效应、重力效应、静电效应。其原理如图 6-2 所示。

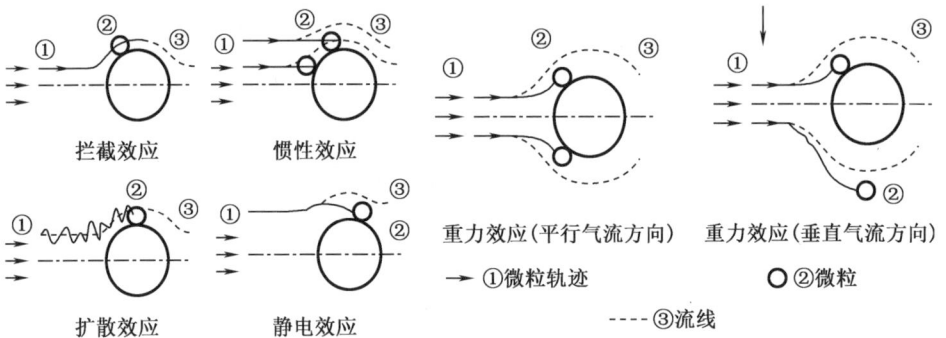

图 6-2　空气过滤除颗粒物的原理

室内空气净化过滤器主要有粗效过滤器、中效过滤器、高效过滤器三种。对于一般通风用过滤器，按大气尘计数法可将其分成 5 个和 4 个等级，如表 6-1 所示。

表 6-1　一般通风用过滤器分类（大气尘计数法）

分类一	I	II	III	IV	V
粒径/μm	≥5.0		≥1.0		≥0.5
计数效率/%	$E<40$	$40≤E≤80$	$20≤E≤70$	$70≤E≤99$	$95≤E≤99.9$
分类二		粗效	中效	高中效	亚高效
粒径/μm		≥5.0		≥1.0	≥0.5
计数效率/%		$20≤E≤80$	$40≤E≤70$	$70≤E≤99$	$95≤E≤99.9$

对高效过滤器,按钠焰法检测标准,可分为 A、B、C、D 四类。A 类过滤器要求在额定风量下效率不低于 99.9%;B 类过滤器要求在额定风量和 20%额定风量下分别进行检测,其效率均应不低于 99.99%;C 类过滤器要求在额定风量和 20%额定风量下的效率均不低于 99.999%;D 类过滤器要求在额定风量和 20%额定风量下对粒径大于 0.1 μm 微粒的效率均不低于 99.999%。

空气过滤器的过滤效率是被捕捉的粉尘量与原空气含尘量的比值,按下式确定:

$$过滤效率 = \frac{过滤器捕集粉尘量}{上游空气含尘量} = 1 - \frac{下游空气含尘量}{上游空气含尘量}$$

普通空调系统一般在空调机组设置一道粗效空气过滤器或一道粗效空气过滤器和一道中效空气过滤器即可满足要求。而对于洁净室空调系统则需设置三道过滤器,即除了粗效空气过滤器和中效空气过滤器外,再加上一道高效空气过滤器。

生物洁净室不仅对室内的含尘浓度有要求,还对细菌数量有要求。通过高效过滤器可将附着在尘粒上的细菌一并滤去,达到无菌要求。洁净室内的空气呈层流形式运动,使得室内所有悬浮粒子均在层流层中运动,则可避免悬浮粒子聚结成大粒子。空气流速相对提高,使粒子在空气中浮动,而不会积聚沉降下来,同时室内空气也不会出现停滞状态,可避免药物粉末交叉污染,室内新产生的污染物也能很快被层流空气带走,排到室外。洁净空气没有涡流,灰尘或附着在灰尘上的细菌都不易向别处扩散转移,而只能就地被排除掉。层流可达到 1 万级,甚至 100 级。

此外,还有与传统纤维过滤不同的膜过滤,它以表面过滤为机理,过滤过程只发生在膜的表面,聚集在膜表面的粉尘颗粒很容易被清除,每次反吹后压降能

恢复到初始状态,所以使用寿命较长。在过滤的开始阶段,过滤阻力主要集中在膜的表面部分,因此膜的微观结构对过滤阻力有非常重要的影响,膜的选择对于过滤效率非常重要。膜过滤技术具有很高的收尘能力,因此在空气过滤领域具有重要意义。

过滤方式能够去除室内空气中的一些颗粒污染物,但是不能去除气态污染物,这种室内空气净化方式还不够完善,室内空气净化效果不佳。

6.1.3 光催化

光催化空气净化技术主要采用纳米级 TiO_2 对室内空气进行光催化,如利用太阳光等在常温下进行氧化还原反应,如图 6-3 所示。该技术在紫外光照射、室温条件下就能将许多有机污染物氧化成无毒无害的 CO_2 和 H_2O。在紫外光照射下,TiO_2 可光降解氯代物、醛类、酮类、醇类、芳香族化合物及其他无机有害气体 CO、NO_x 等。这个过程不需要其他化学辅助剂,氧化还原性强,反应条件温和,二次污染小,运行成本低,使用寿命较长且可望利用太阳光为反应光源,再加上纳米 TiO_2 制备成本低,化学稳定性和抗磨损性能良好,具有杀灭微生物功能,因此光催化是目前最具发展前景的室内空气净化技术。

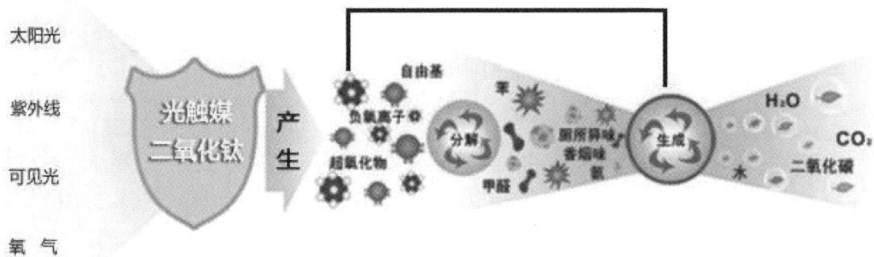

图 6-3 光催化原理图

由于细菌属于单体有机大分子,光催化杀菌效应是细菌与催化物间广泛的相互作用,浮游于空气中的病菌被吸附在表面,受到紫外线和氧气分解的双重作用,最终被杀灭。其抗菌与杀菌效果迅速、杀菌力强,光催化反应发生的活性能迅速有效地分解构成细菌的有机物,同时其他活性氧物质能够产生协同作用,因此与同样具有较强抗菌效应的银担载型无机类抗菌材料相比其作用效果更为迅

速。作为催化剂的 TiO_2 同时还具有杀灭微生物的功能,微生物如细菌等是由有机复合物构成的,因此利用 TiO_2 的光催化作用可以加以杀灭。采用光催化杀菌能降解由细菌释放出的有毒复合物,破坏细菌的内部结构,彻底杀灭细菌,不产生二次污染,且具有杀菌的广谱性,可杀死葡萄球菌、大肠杆菌等近百种病菌。因此,该技术得到了推广和重视。目前研究发现,催化氧化速率与污染物初始浓度、紫外光强、温度等呈同向变化,与空气湿度(甲苯例外)、迎面风速呈反向变化。当然,影响反应速率的还有很多其他内部或外部因素,如纳米材料的尺寸、晶型结构及构成比、纳米材料与基体材料的结合方式等。

但是,如果室内空气污染物浓度较低,那么光催化的降解速率就较慢,且生成一定的中间产物,影响室内空气净化效果,也不能解决室内空气中的悬浮物及危害很大的细微颗粒物问题,同时催化剂微孔容易被灰尘和颗粒物等堵塞而致使其失活。目前,光催化技术已有了一定的发展,但这项技术在空调领域广泛应用还存在很多的问题,如:

(1)利用太阳光的比例低、反应速度慢;

(2)需要建立一个综合反应模型来反映氧化速率的总体效果;

(3)对其在空气处理设备方面的应用研究很少,离广泛应用还有很大的距离。

空气触媒法是在光催化技术的基础上研制成的升级替代产品,2002 年由日本科学家发明。空气触媒是清除室内空气污染最新型的产品,相对于光触媒的主要优势在于在无光照的条件下能对挥发性有机物(VOCs)起到同样的降解作用,对甲醛等有害气体的分解效果达到 90% 以上,远远高于其他产品。它是一种纳米技术,空气触媒的主要成分为超纳米微分子磷酸二氧化钛,当钛化物喷射到物体表面后,随着水分的蒸发,而出现脱水缩合,48 h 内形成透明坚固的多孔质无机物聚合物薄膜(厚度为 0.05~0.5 μm 的非结晶体)。当多孔质无机物聚合物薄膜与空气中的水及氧气接触时,在空气中生成大量氧原子和氢氧游离基。氢氧游离基作为强氧化剂,能无选择地氧化大部分有机污染物,有效分解甲醛、苯、挥发性有机物等各种有害气体,并能防霉变、抗菌,阻断病菌传播,彻底解决发霉问题,保持空气的持久清新。并且,这层膜具有优良的自洁性、防油污、拒灰尘,能减少污染物的附着,长期保持物体表面清洁,还能基本保证被喷涂表面不褪色,是理想的室内净化选择。由于它是一种催化剂且属于实际无毒级,所以安全长效、不变质、对环境、人、畜无害,真正环保,不会产生二次污染。

6.1.4 静电技术

静电技术主要应用在小环境的空气净化中,是目前较为新型的室内空气净化手段。静电技术是利用高压静电场形成的电晕,让电晕溢出的带电粒子在空气中运动并且碰撞和吸附到空气中的尘埃颗粒之上,然后让空气中的灰尘在电场力作用下沉积滑落,这样去除空气中污染物,达到室内空气净化的目的。在静电除尘技术中,影响除尘效果的主要因素是电场强弱和风量大小。理论上来讲,电压越高、风量越小,除尘效果越好。

静电除尘器主要由电极、本体及电气系统组成,一般结构如图 6-4 所示。

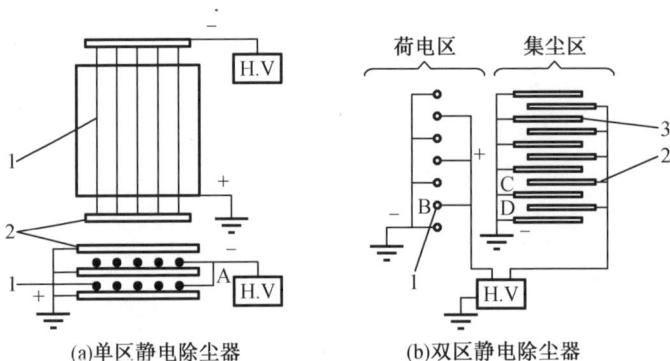

(a)单区静电除尘器　　　　(b)双区静电除尘器

1—电晕线;2—高压板;3—集尘极。

图 6-4　静电除尘器一般结构

根据目前国内常见的静电除尘器形式可对其进行分类:按气流方向分为立式和卧式,按沉淀极形式分为板式和管式,按沉淀极板上粉尘的清除方法分为干式和湿式等。相比于采用滤纸来过滤空气中灰尘的普通净化机,静电除尘技术一般是在室内空间较小的地方进行空气净化,具有高效的除尘作用,除尘效率高。它可以净化较大气量,能够除去的粒子粒径范围较宽,可净化温度较高。静电除尘器结构简单,气流速度低,压力损失小,能量消耗比其他类型除尘器低,还可以实现微机控制,远距离操作。由于空气中的细菌大多都吸附在尘埃颗粒上,静电技术通过减少空气中微粒数量而相应地减少了空气中的细菌、微生物等。虽然颗粒物净化效率相对较高、能耗也相对较低,但是由于使用高电压、运行过程中容易产生不稳定的臭氧,臭氧达到一定浓度会危害居住者身体健康;且收尘板容易积聚灰尘,需要经常清洗收放,该方法在应用和推广上受到了部分限制。

而且静电技术并不能去除室内空气中的一些有害气体,并且在实际应用过程中,电压如果过高,容易产生火化放电,带来安全隐患。利用静电除尘技术的空气净化产品,其电压和风量应该有一个适中值。在空调及其他室内的净化装置大多采用静电过滤技术。

近年来,静电除尘技术有了新的突破,出现了一种利用蜂窝电场集尘的技术。其原理和电场集尘相似,不同的是,它采用了一种驻极材料。这种材料的一个突出特点就是电荷衰减的时间常数特别长,能够长久地保持带电状态。在加工的时候,首先利用高压电场让材料发生极化、带电,然后再做成我们所需要的各种形状。在无源的情况下,它仍能够长久地保持带电状态,达到除尘效果,降低了成本。

无电晕静电除尘技术就是利用某些表面逸出功较低的材料制成除尘器的发射阴极,而除尘器的收尘阳极则与常规电晕式除尘器基本相同。在高温条件下,以阴极的热电子发射使烟气中形成的粉尘荷电,然后依靠电场力的作用将其捕集。由此可见,阴极在高温条件下实现长期、稳定地发射出足够的电子,是无电晕式静电除尘技术所必须具备的关键条件。无电晕静电除尘技术适合于高温、高压条件,它在高温条件下以比常规电晕式电除尘器低 $0.5 \sim 1$ 个数量级的工作电压,可获取比之高出 $1 \sim 2$ 个数量级的电流密度,且这种良好的性能受应用场合环境压力和粉尘浓度等因素影响较小,这也是电晕式静电除尘器所不及的。上述这些优势正好可以解决电晕式静电除尘器在高温条件下应用时所遇到的电晕电压与电弧电压因高温使烟气密度变小,而随之差距变小致使电除尘器工作范围变窄,性能稳定性下降,以及电绝缘困难等长期困扰的技术难题。

6.1.5 吸附

吸附主要利用一些吸附能力较强的物质来吸附室内空气中的有害成分,达到室内空气净化的效果。吸附技术由于脱除效率高,富集功能强,适用于几乎所有恶臭有害气体的处理,因而是脱除有害气体比较常用的方法。在等温条件下,吸附可以分为三个过程:

(1)吸附质分子在吸附剂表面的扩散;

(2)吸附质分子在吸附剂细孔内的气相扩散,以及已经吸附到细孔内壁上的吸附质分子在不离开孔壁的状态下转移到相邻的吸附位上;

(3)吸附质分子在细孔内吸附位的吸附。

常用的吸附剂有颗粒活性炭、活性炭纤维、沸石、分子筛、多孔黏土矿石、活性氧化铝及硅胶等,其中又以颗粒活性炭、含高锰酸钾的活性氧化铝及复合活性炭纤维最常用。

分子筛是一种硅铝酸盐,主要由硅铝通过氧桥连接组成空旷的骨架结构,在结构中有很多孔径均匀的孔道和排列整齐、内表面积很大的空穴。此外,还含有电价较低而离子半径较大的金属离子和化合态的水。由于水分子在加热后连续失去,但晶体骨架结构不变,形成了许多大小相同的空腔,空腔又有许多直径相同的微孔相连,比孔道直径小的物质分子吸附在空腔内部,而把比孔道大的分子排斥在外,从而使不同大小形状的分子分开,直到筛选分子的作用,因而称作分子筛。分子筛对孔径有一定的要求,经常为人工合成。

硅胶的主要成分是二氧化硅,根据其孔径的大小分为大孔硅胶、粗孔硅胶、B型硅胶、细孔硅胶。由于孔隙结构的不同,其吸附性能各有特点。粗孔硅胶在相对湿度高的情况下有较高的吸附量,细孔硅胶则在相对湿度较低的情况下吸附量高于粗孔硅胶,而 B 型硅胶由于孔结构介于粗、细孔之间,其吸附量也介于粗、细孔之间。大孔硅胶一般用作催化剂载体、消光剂、牙膏磨料等。

活性炭的比表面积一般在 $500 \sim 1\ 700\ \mathrm{m^2/g}$ 之间,高度发达的孔隙结构——毛细管构成一个强大的吸附力场。当气体污染物碰到毛细管时,活性炭孔周围强大的吸附力场会立即将气体分子吸入孔内,达到净化空气的作用。活性炭的表面积越大,吸附能力就越强。活性炭是非极性分子,易于吸附非极性或极性很低的吸附质。非极性分子二甲苯和极性分子甲醛比较,活性炭吸附二甲苯的效率要远高于甲醛。近年来,关于活性炭吸附推出了很多新产品,如蜂窝状活性炭、活性炭纤维等,这些新的活性炭吸附性能较好,能够有效去除室内空气中的一些有害气体,并且还有吸附一些室内空气中颗粒物的功能。目前,室内空气中净化低浓度污染物,活性炭非常有效。在室内空气净化设备中,活性炭也是过滤滤芯的主要材料。活性炭具有良好吸附性能,但活性炭空气净化技术的缺点是其存在一个饱和度问题,且活性炭吸附污染物只是转移并没有分解有害气体功效,有可能会形成二次污染,因此活性炭吸附在室内空气净化上受到一定的限制,并且再生重复使用较难。

为了弥补单一吸附技术的缺陷,复合吸附技术的发展也在突飞猛进。如将活性炭与光催化剂纳米 TiO_2 结合成为复合吸附产品,在活性炭中掺杂氧化铝,均对室内有机气态物质的净化性能有较大的提高;将生物催化酶与浸渍活性炭结

合,分解甲醛等污染物,使活性炭恢复活性等。

除此之外,还有绿色植物自然吸附法。由于绿色植物对扩散进入室内的污染物具有吸附、吸收和净化作用,促进了室内污染物的外转移、扩散,加快了室内环境中污染物浓度的降低。近年来,国内外学者根据绿色植物对有机气体有选择性吸附的特性,对室内主要有机污染气体的植物吸附开展了广泛研究。研究发现,在 24 h 照明条件下,常青藤能去除 90% 的苯,龙舌兰能去除 70% 的苯、50% 的甲醛和 24% 的三氯乙烯,吊兰能去除 96% 的一氧化碳和 86% 的甲醛。仙人球、芦荟等植物都具有空气净化功能。这些研究结果充分表明,若在室内按每 10 m² 摆放一盆抗污染植物,就足以保证室内空气质量令人满意。不过,绿色植物吸收挥发性有机物的机理及吸收后会转化为何种物质,是否会带来新的污染,有待于进一步研究。

6.1.6　臭氧净化法

臭氧(O_3)的消毒原理是:臭氧在常温、常压下分子结构不稳定,很快自行分解生成氧气(O_2)和单个氧原子(O);后者具有很强的活性,对细菌有极强的氧化作用,可将其杀死。臭氧可通过高压放电、电晕放电、电化学、光化学、原子辐射等方法得到。其具有很强的氧化性,可以与很多有机物、细菌病毒等微生物发生氧化还原反应,从而破坏细菌、病毒内部的细胞器和核糖核酸,使细菌的物质代谢生长和繁殖过程遭到破坏,达到净化空气的目的。臭氧灭菌有以下三种形式:

(1)臭氧能氧化分解细菌内部葡萄糖所需的酶,使细菌灭活死亡;

(2)直接与细菌、病毒作用,破坏它们的细胞器和 DNA、RNA,使细菌的新陈代谢受到破坏,导致细菌死亡;

(3)透过细胞膜组织,侵入细胞内,作用于外膜的脂蛋白和内部的脂多糖,使细菌发生通透性畸变而溶解死亡。

传统的灭菌消毒方法,无论是紫外线,还是化学熏蒸法,都有不彻底、有死角、工作量大、有残留污染或有异味等缺点,并有可能损害人体健康。如用紫外线消毒,在光线照射不到的地方没有效果,有衰退、穿透力弱、使用寿命不长等缺点。化学熏蒸法也存在不足之处,如对抗药性很强的细菌和病毒,杀菌效果不明显。而将臭氧和室内的空气混合,可以达到消毒杀菌的目的。其为气体,能迅速弥漫到整个灭菌空间,灭菌无死角。在臭氧净化消毒器关机后,多余的氧原子会

在 30 min 左右自行重新结合成为普通氧原子,不存在任何有毒残留物,故称无污染消毒剂,它不但对各种细菌(包括肝炎病毒、大肠杆菌、绿脓杆菌及杂菌等)有极强的杀灭能力,而且对杀死霉素也很有效。臭氧灭菌消毒可以彻底、永久地消灭物体内部所有微生物,同时臭氧的强氧化性可以分解带有异味的无机或有机物质,起到消除异味的作用。所以臭氧被广发应用于医院、公共场所、特殊场所等。但是当臭氧浓度≥0.16 mg/m³ 时,臭氧会刺激机体黏膜组织,引起支气管和肺部组织发炎甚至水肿,引发咽喉干燥、咳嗽和哮喘等呼吸道疾病。同时有研究表明,室内污染物间的反应都直接或间接与臭氧有关。在使用该类产品时要注意人机分离,尽量避免不良后果的发生。目前,封闭式臭氧空气净化技术正在研究过程中,它是让臭氧在机内完成空气处理过程,从而克服了该类产品人机不能同室的问题。

6.1.7 吸收法

吸收法分为物理吸收和化学吸收两种。物理吸收是用液体吸收有害气体和蒸气时的纯物理溶解过程。它利用物质溶解度的不同来分离气态污染物,适用于在水中溶解度比较大的有害气体和蒸气,一般吸收效率较低。该法不仅能消除气态污染物而且往往能将污染物转化为有用产品。化学吸收是在吸收过程中伴有明显的化学反应,不是纯溶解过程。化学吸收效率较高,是目前应用较多的有害气体处理方法,它结合了吸收与氧化两种机理。其机理是臭气成分被吸收溶解进入水溶液中,然后在吸收液中与化学药液发生氧化反应改变恶臭物质的化学结构,使之转变为无臭物质或者臭味强度较低的物质。其优点是通过两级或三级吸收系统,可以广泛地除去多种恶臭气体,并达到很高的去除效率。该系统可以通过调节加药量和溶液的循环流量来适应气流量和浓度的变化,因此具有较强的操作弹性。吸收常用的设备有填料塔、喷雾塔和文丘里洗涤。这几种吸收效率都比较高,但是喷雾塔容易产生泡沫,文丘里阻力较大只适合小风量。

由于吸收法治理气态污染物技术成熟,设计及操作经验丰富,适用性强,因而在大气污染物治理中得到广泛应用,特别对无机污染物。如硝酸尾气中根据生产方法和操作好坏而含有不等量的氮氧化物,当其排入大气中便形成一股浓浓的黄烟。但彻底治理硝酸尾气并非易事,其最大技术难度在于 NO_2 被水吸收后仍有 1/3 的原有氮氧化物转入气相。而用碳酸钠溶液吸收氮氧化物因能生产

出具有经济价值的 NaNO₂ 和 NaNO₃,是至今常压法制稀硝酸广为应用的一种尾气处理方法。在操作过程中控制好碱液的温度和喷淋密度,硝酸尾气的治理会有很好的效果,既能有效治理硝酸尾气,又能起到增加企业经济效益的作用。

但对于有机废气,由于其水溶性一般不好,因而应用不太普遍。目前室内普遍存在的有机废气为甲醛,现在大部分家庭室内空气中甲醛含量超标,尤其是刚装修过的房间甲醛含量严重超标。甲醇来源广泛,如人造板、各种装饰材料、图书、燃料、日常生活化学用品等。甲醛对人们的身体健康危害甚大,人们生活在这样的环境中,甲醛会在人体中日积月累,最后显现出各种病症。因此,对室内甲醛的治理尤为重要。甲醛是一种化学性质活泼的有机物,能与其他化学物质发生氧化反应、加成反应、络合反应等,从而使其转化成 H_2O、CO_2 等无毒无害的反应产物,最终使室内的甲醛得以清除。常用的化学试剂有无机铵盐、亚硫酸(氢)盐和氨的衍生物。虽然化学吸收甲醛法具有快速、有效、简便易行等优点,但是消醛剂不能在油漆表面使用,并且一旦人入住之后就不能再使用。

吸收法虽然设备简单、一次性投资费用低,但需对吸收后的液体进行处理,设备易受腐蚀。

此外,还有化学吸收氧化法。该法是通过化学吸收与氧化技术(基于传统氧化剂、电化学反应、光催化反应等)联合,利用氧化还原反应将恶臭气体去除的方法。传统氧化剂主要有 NaOCl、$KMnO_4$ 等。NaOCl 由于其费用低、操作简单、效率高,成为最实用的化学吸收氧化剂。但 NaOCl 本身具有腐蚀性,且容易产生含氯污染物,因此使用受到限制。而电化学吸收氧化法是一种非常有潜力的污染物去除方法,利用电能连续产生强氧化剂,避免了使用大量的化学药剂,是一种非常环保的处理技术。

6.1.8　膜分离技术

膜分离法是利用各组分在压力推动下透过膜的传质速率不同进行分离的。气体膜分离过程如图 6-5 所示。含有某些低分子组分和少量大分子组分的气体混合物在压差的作用下透过特定薄膜时,因不同种类的气体分子在通过膜时有不同的传递速率,从而使气体混合物中各组分得以分离或富集。通常气体混合物一侧具有较高的压力 p_1,膜的另一侧不用清扫气体,但维持较低压力 p_2,通常 p_2 接近环境压力。

非对称或复合膜

原料气体p_1 → → 透过气体p_2

组分A → → 快速渗透

组分B → → 慢速渗透

截留气体 →

$p_1 \geqslant p_2$

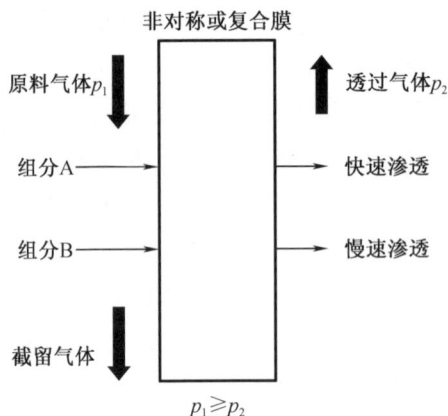

图6-5 气体膜分离过程

根据已有的研究结果,气体分离效果是由渗透系数决定的,渗透系数为溶解度与扩散系数的乘积,与压力、膜的厚度、膜材质、温度等因素有关。根据膜材质及膜结构的不同,膜分离技术可以用于空气中的灰尘、细菌、微生物等固态颗粒物及水分、二氧化碳等杂质脱除。相对于传统的分离净化方法,膜技术具有高效、低能耗、设备紧凑、压力损失小等优点。目前,可以用于脱除空气中颗粒物的膜主要有聚偏氟乙烯(PVDF)和聚四氟乙烯(PTFE)材质的微孔膜。膜的孔径最小可达 $0.01\ \mu m$,远小于细菌等微生物的尺寸,使用温度高于 $100\ ℃$。这些特征使得膜技术完全可以替代现有的棉花、石棉等过滤工艺,用于无菌空气的生产过程。

用于气体分离的膜主要分无机膜和有机膜。无机膜包括致密膜和多孔膜,多孔膜的结构有对称机构和非对称机构两种,玻璃、金属、铝、氧化锆、沸石、陶瓷膜和碳膜已用于商业多孔无机膜材料。致密膜对氢和氧有很高的选择性,但由于其比多孔膜渗透性差而应用受到限制。无机膜虽然价格高于有机膜,但无机膜具有耐温、耐磨和稳定孔结构的优势。无机膜在气体分离中有独特的优势,如高纯氢的制备、氧和氮的分离富聚、氢和烃的分离、氢与一氧化碳的分离、氢与氮的分离及氢与二氧化碳分离、水与醇的分离,硫化氢的富聚、空气中烃蒸汽的回收、氨与氧或氮的分离等。无机膜广泛应用在制取富氧、浓氮、炼气、石油化工及合成氨的回收和酸性气体脱除方面。无机膜分离技术虽然以其化学性质稳定、不被微生物降解、较大的机械强度、容易控制孔径尺寸等优点在室内空气净化方面有着巨大的潜力,但是它的气体分离系数很低,对室内空气中低浓度的挥发性有机化合物去除效果不理想。

有机聚合物膜的选择性较高,采用不同制膜条件和工艺,可制得不同分离范围和对象的膜。虽然分离系数较高,但也存在不耐高温、抗腐蚀性差等弱点。有机膜分离技术在其他方法难以回收的有机物的分离方面有很大进展,如采用该方法分离 CFC_{12} 和环氧乙烷及制冷设备排出的 CFC 等。该方法对有机气体中的丙酮、甲苯和甲醇等的回收率可达 97%。

采用膜分离技术与其他技术集成,实现最优的工艺组合和最低的经济投资是气体膜分离技术发展的方向,同时也扩大了气体膜分离技术应用的领域和适用范围。如采用膜技术与传统的吸收、吸附技术相结合,利用膜技术脱除气体中的大部分杂质组分,然后再利用吸收、吸附等传统手段进行深度净化,则可以结合两种分离方式的优点;采用膜分离和冷凝法相结合的方法来净化和回收有机蒸汽中的卤代烃;膜分离与光催化反应相结合,除去有机物。

6.1.9　等离子体空气净化

低温等离子体是继固态、液态、气态之后的物质的第四态,当外加电压达到气体的着火电压时,气体被击穿,产生包括电子、各种离子、原子和自由基在内的混合体。放电过程中虽然电子温度很高,但重粒子温度很低,整个体系呈现低温状态,所以称为低温等离子体。

等离子体空气净化机理是在放电过程中,电子从电场中获得能量,通过非弹性碰撞将能量转化为污染物分子的内能或动能,这些获得能量的分子被激发或发生电离形成活性基团,当污染物分子获得的能量大于其分子键能的结合能时,污染物分子的分子键断裂,直接分解成单质原子或由单一原子构成的无害气体分子。此外,等离子体中包含大量的高能电子、正负离子、激发态粒子和具有强氧化性的后型自由基,这些活性粒子和部分废气分子碰撞结合,同时产生大量 OH、HO_2、O 等活性自由基和氧化性极强的 O_3,能与有害气体分子发生化学反应,最后生成无害产物。同时,在等离子产生的过程中会释放大量的紫外线,而这些紫外线具有一定的破坏作用,而且高浓度的离子会对细菌产生电离作用,因此等离子空气净化还可以起到一定的杀菌作用。低温等离子体优点是几乎能够处理任何有机气态污染物,尤其适用于处理恶臭异味气体。缺点是一次性投资高、耗能高;处理过程中产生的大量分子团有可能结合生成新的未知物质,有可能形成二次污染。等离子体产生的方法主要有低气压辉光放电法、电子束照射法、电晕放电法等。

近年来,在等离子体开发技术不断改进的基础上,人们逐渐将研究重点转向了等离子体与各类催化剂的协同净化效应。等离子体催化技术集合了等离子体和催化氧化技术各自的优点,弥补了两者的不足,是一种全新的空气污染控制技术。催化剂虽然对于许多难降解物质的降解率相对较低,但其氧化效果比较彻底,能够将等离子反应中的许多中间副产物氧化降解成 CO_2,可以有效解决中间副产物的问题。将催化剂引入等离子体系统,主要通过将催化剂置于放电区域内部或者置于放电区域后部来实现。在这两种方式中,催化剂物质均通过以下三种形式负载于反应器内:涂覆于反应器壁或电极上、填充床、催化剂膜层。

研究认为,催化剂对污染物的吸附能力可以使其在催化剂表面形成富集区,从而在等离子体和催化作用下迅速发生各种化学反应,去除污染物。低温等离子体-催化技术在空气污染治理方面所具有的良好性能,明显优于单一的等离子体或催化技术,其净化效果大于两者净化效果的叠加,这是传统技术所无法比拟的。而采用等离子体-光催化技术来进行杀菌灭毒,有紫外光作用、大量等离子体及光催化肢解微生物的过程,其效果无论从降低微生物数量的效率还是对微生物杀灭的彻底性等方面都要比采用单一技术强。与传统的气体净化技术相比,该技术具有工艺简单、成本低、效率高、操作条件温和,且二次污染少等优点,具有广阔的应用前景。

6.2　物理消毒除尘技术

6.2.1　热力消毒灭菌

热力消毒灭菌是最常用的物理消毒法,应用最早,效果最可靠,使用最广泛。热可以灭活一切微生物,包括细菌繁殖体、真菌、病毒和抵抗力最强的细菌芽孢。热力消毒灭菌的方法可分干热消毒灭菌和湿热消毒灭菌两类。干热对微生物的作用主要有氧化蛋白质变性、电解质浓缩引起中毒而致细胞死亡。但这类消毒杀菌方法一般使用在较小物件的灭菌,比如船舱空调拆洗,可以使用热力消毒灭菌中的压力蒸汽法将过滤网等装备清理干净。

6.2.2　电离辐射灭菌与激光消毒

电离辐射灭菌是利用 γ 射线或高能量电子束穿透物品杀死其中的微生物的低温灭菌方法,适用于不耐热的物品灭菌,如橡胶、塑料、高分子聚合物(一次性注射器、输液输血器等)、精密医疗仪器、生物医学制品、节育用具及金属等,又称为冷灭。

电离辐射灭菌的优点有灭菌时物品不升温,适用于不耐热的物品,如塑料制品、尼龙制品和生物制品等。其穿透力强,可穿透到灭菌物品的各个部位,不受包装的限制,故可带包装灭菌,灭菌速度快,有利于连续作业,节约能源。但它也有明显的缺点,它的基本建设投资大而且对人体有伤害,需特殊防护。

激光是激光器中受激发光物质经激发产生的光子通过谐振腔放大所形成的光束,从杀菌角度来看,其特点为能量高度集中,指向性强。

6.2.3　紫外线消毒

紫外线是一种低能量的电磁辐射,穿透力很差,紫外线可分为长波段(320~400 nm)、中波段(275~320 nm)和短波段(180~275 nm)。其中 240~280 nm 波长的紫外线杀菌力较强,一般多以 253.7 nm 为杀菌紫外线波长的代表。紫外线可以用于室内空气、物体表面和水及其他液体的消毒。大多数紫外线装置利用传统的低压紫外灯技术,也有一些大型空调机组采用低压高强度紫外灯系统和中压高强度紫外灯系统,由于产生高强度的紫外线可能使灯管数量减少 90% 以上,从而缩小了占地面积,节约了安装和维修费用,并且使紫外线消毒法对空气环境恶劣也适用。

目前,可以使用循环风紫外线消毒机(紫外线空气消毒器)来进行空气的消毒灭菌,该机是专门为人机共处环境所设计的,其优势及特点是可以在有人的情况进行消毒杀菌,且在消毒时无气味、无辐射,不腐蚀设备,紫外线完全密闭于机器内部,工作时空气中的臭氧浓度 ≤ 0.1 mg/m³,远低于国家规定标准的 0.15 mg/m³,通过循环风的方式进消毒杀菌(循环风风量可达 850-1 500 m³/h,机器风量必须达到被消毒空气体积的 10 倍以上才能达到消毒效果),把消毒室空间的空气吸入机器内部,再经过机器内部的高强度紫外线照射杀菌之后释放出消毒室,完成循环过程。

6.2.4　微波消毒

微波是波长 1~1 000 mm 的电磁波,频率在数百兆赫至 3 000 MHz 之间。用于消毒的微波频率一般为(2 450±50)MHz 与(915±25)MHz 两种。

微波在介质中通过时被介质吸收而产生热,该类介质被称为微波的吸收介质,如水就是微波的强吸收介质之一。而当微波能在介质中通过不易被介质吸收时,该类介质称为微波的良导体,在这种介质中产生的热效应很低。热能的产生是由于物质分子以每秒几十亿次振动摩擦而产生的,从而达到高热消毒的作用。同时,微波还具有电磁场效应、量子效应、超电导作用等影响微生物生长与代谢。一般含水的物质对微波有明显的吸收作用,升温迅速,消毒效果好。

1.微波杀菌的优点

(1)时间短且速度快。在强功率密度强度下甚至只要几秒或数十秒即达满意效果。

(2)低温杀菌。微波杀菌比常规热力杀菌所需温度低,且在较短的时间内就能获得较好的杀菌效果,无外来物污染。

(3)杀菌彻底。热效应和非热效应共同作用,杀菌效果好。

(4)效率高,节约能源,操控方便

2.微波杀菌的缺点

(1)热能差异。微波加热时,其穿透、吸收、反射、折射会相互影响,会使被加热物体的不同部分产生较大的热能差异。

(2)棱角效应。微波作为电波的一种,其电场也有尖角集中性,即棱角效应(edge effect),也称为边角效应,会使边角处升温过快。微波电场的棱角效应也是导致加热不均的主要原因之一。

6.2.5　超声波消毒

超声波是一种特殊声波,是指频率大于 20 kHz 的声波,其频率高、波长短,除了具有方向性好、功率大、穿透力强等特点之外,还能引起空化作用和一系列的特殊效应,如机械效应、热效应、化学效应等。当其通过液体或气体时,不断呈疏密相间的波动,稀疏时产生的负压可超过分子间的内聚力而形成空穴,密集时所产生的正压又使空穴破溃。此种正负相交形成巨大的压差,冲击微生物可使之

破碎死亡。冲击水或其他化合物分子可产生电离和自由基,自由基的化学活性较强,作用于微生物亦可使之死亡。

1. 超声波消毒的优点

(1)消毒速度快;

(2)设备研究发展成熟,容易操作;

(3)对人体无伤害;

(4)对物品无损害。

2. 超声波消毒的缺点

超声波消毒的缺点是消毒不彻底,其影响因素较多。目前对于空气环境消毒处理上的研究还不够系统和全面,且处理量不能太大。

超声波可以与其他技术协同灭菌,如超声波协同纳米二氧化钛、超声波协同微波、超声波协同热处理灭菌、超声波协同激光灭菌等。

6.2.6　过滤除菌

过滤除菌是用物理阻留的方法将液体或空气的细菌除去,以达到无菌目的。所用的器具是含有微小孔径的滤菌器(filter)。其主要用于血清、毒素、抗生素等不耐热生物制品及空气的除菌。常用的滤菌器有薄膜滤菌器(0.45 μm 和 0.22 μm 孔径)、陶瓷滤菌器、石棉滤菌器(即 Seitz 滤菌器)、烧结玻璃滤菌器等。

过滤除菌的原理有惯性撞击截留作用、拦截截留作用、布朗扩散截留作用等。

1. 惯性撞击截留作用

当含有微生物颗粒的空气通过滤层时,空气流仅能从纤维间的间隙通过,由于纤维纵横交错,层层叠叠,迫使空气流不断改变运动方向和速度。由于微生物颗粒的惯性大于空气,因而当空气流遇阻而绕道前进时,微生物颗粒未能及时改变它的运动方向,而撞击并被截留于纤维的表面。

2. 拦截截留作用

当空气通过过滤层的气速较低时,惯性撞击截留作用很小,拦截截留作用起主导。当微粒直径小、质量轻,它随气流运动慢慢靠近纤维时,微粒所在主导气流流线受纤维所阻改变流动方向,绕过纤维前进,并在纤维的周围形成一层边界滞留区,滞留区的气流流速更慢,进到滞留区的微粒慢慢靠近和接触纤维而被黏附截留。拦截截留的截留效率与气流的雷诺准数和微粒同纤维的直径比有关。

3. 布朗扩散截留作用

当空气通过过滤层时,直径很小的微粒在缓慢流动的气流中会有明显的布朗运动,促使微粒与纤维接触并被捕集。这种作用在较大的气速、较大的纤维间隙中不起作用,因为此时布朗运动不明显。

6.3 高压静电与紫外线复合净化除病毒技术

高压静电除尘是气体除尘方法的一种。含尘气体经过高压静电场时被电分离,尘粒与负离子结合带上负电后,趋向阳极表面放电而沉积,是一种利用静电场使气体电离从而使尘粒带电吸附到电极上的收尘方法。普通净化机采用滤纸来过滤空气中的灰尘,极易堵塞滤孔,灰尘越积越多,不仅没有灭菌效果,而且容易造成二次污染,而高压静电除尘技术可以净化较大气量、除去的粒子粒径范围较宽、可净化温度较高含尘烟气且除尘效率高,使用的电除尘器可以实现微机控制,远距离操作。高压静电除尘技术通常用于以煤为燃料的工厂、电站,收集烟气中的煤灰和粉尘。

紫外线杀菌消毒是利用适当波长的紫外线能够破坏微生物机体细胞中的DNA 和 RNA 分子结构,造成生长性细胞死亡和(或)再生性细胞死亡,达到杀菌消毒的效果。紫外线消毒技术基于现代防疫学、医学和光动力学,利用特殊设计的高效率、高强度和长寿命的短波紫外光照,可将各种细菌、病毒、寄生虫及其他病原体直接杀死。

我们可以把高压静电除尘与紫外线杀菌消毒两种技术结合,成为高压静电与紫外线复合净化除病毒技术,可以彻底清除室内循环空气和室外新风含有的各种微生物、病毒,杜绝了细菌、病毒通过中央空调系统在船舱内传播的可能性,保证室内空气环境舒适、健康、安全。

为了对高压静电与紫外线复合净化除病毒装置的使用效果进行检测,可以搭建模拟船舶空调环境的系统试验台,对采用多重技术(高压静电、紫外灯、镀银过滤网和活性炭纤维网)复合的除尘、除病毒装置进行系统试验。

6.3.1 复合净化试验装置

试验平台由超声波加湿器、管翅片电加热器、翅片管换热器、风机组成的空

调系统、模拟实际舱室的体积约 15 m³ 的试验箱和试验段组成。试验测试系统如图 6-6 所示。

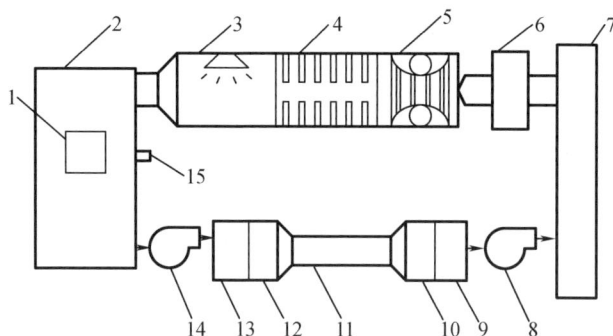

1—观察窗;2—试验箱;3—加湿器;4—管翅片电加热器;5—翅片管换热器;6—空调处理段;
7—连接风管段;8,14—风机;9,13—测试箱;10,12—测试段;11—试验段;15—采样孔。

图 6-6　试验测试系统

整套试验系统为全密闭,渗漏量微小,箱内气流组织均匀,循环气流从试验箱中引出,经试验段和空调处理段再送回试验箱内。通过调节风机送风量可改变箱体内换气次数。试验段可拆卸,安装多种净化装置,测试试验段前后的烟尘浓度、病毒数目来检测装置的除尘、除病毒效果。亦可通过对温度、湿度的调节来测试病毒对温度、湿度的敏感性,对病菌的繁殖、传播的影响,探索随温度、湿度的不同空气净化装置对病毒的清除效果。

试验段安装高压静电、紫外线、镀银纤维网和活性炭纤维网复合净化装置,如图 6-7 所示。正负针状电极间可产生 10 000 V 高压,粒径较大的微尘和病毒首先被径向布置的活性炭纤维网过滤,经高压静电电离吸附、平板电场吸附、加载银导电的吸附和杀菌、紫外照射灭菌将残余微尘和病毒完全清除。

电极表面用导电膏粘着载银导电吸附层,能够捕获细菌、病毒,金属银离子则穿透细胞壁进入细胞内,破坏细胞合成酶的活性,细胞丧失分裂增殖能力而死亡。由于哺乳动物的细胞有着完全不同的细胞层(没有肤聚糖),所以银对它们不起作用。采用 C 波段紫外线灯管,紫外线的量子破坏核酸分子中的一个或数个化学键,造成核酸或核蛋白的分解或变性,使之失去正常功能,造成细菌和病毒的死亡或变异。

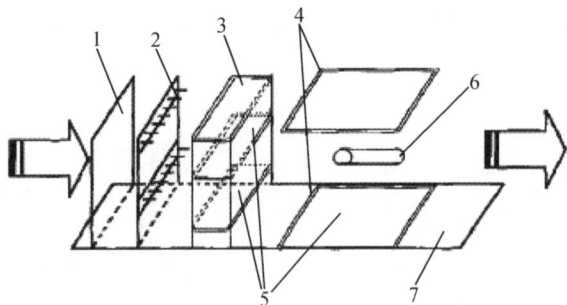

1—活性炭纤维网;2—针型负高压电离电极;3—正压平流吸附电极板组;4—高压平板电场电极;

5—载银导电吸附层;6—波段紫外线灭菌灯;7—连接基座。

图6-7 中央空调复合净化装置结构示意图

在结构上活性炭纤维网、针型负高压电离电极、正压平流吸附电极板组、高压平板电场电极的连接架依次以一定间隔排列在试验段内并用螺栓固定在绝缘的连接基座上,针型负高压电离电极位于装置的最前端,其中空利于气流通过,降低风阻,一个电极板固定在连接基座上,另一个电极板通过绝缘支柱对应在其上方,与空气接触的表面粘有载银导电吸附层,由正压平流吸附电极板组的两电极板组成的空间中悬挂紫外线灭菌灯,采用绝缘支架固定在底面电极板上。

6.3.2 实施效果

高压静电、紫外灯、镀银滤网和活性炭纤维网有机复合的中央空调回风净化处理装置,是一种高效净化装置。通过对复合净化装置的空气微尘、病毒去除效果进行反复测试,整套测试方法是可行的。安装了复合净化装置后(图6-8),可以在1 h内将PM10微尘从77.6 mg/m³ 净化0.5 mg/m³,除尘率达99.36%,除去自然沉降、扬尘和系统壁面吸附的影响,计算复合净化装置的全效率为71.35%。在试验开始的时候,超高浓度的微尘粒子对人眼睛和鼻子产生很强的刺激,当运行复合净化装置1 h后,气味完全消失,人体感觉舒适。

在试验平台上的测试证实了该复合净化装置对空气中微尘和病毒具有显著的去除和杀灭作用。该装置对预防传染性疾病和改善室内空气品质都具有重要作用。

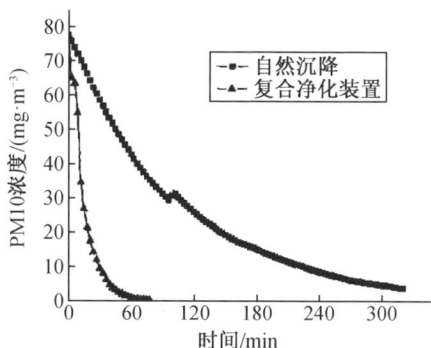

图 6-8　复合净化装置和自然沉降情况下 PM10 浓度随时间的变化

6.4　静电等离子技术和光催化技术

在船舶中央空调使用的过程中，进入室内空气中的细菌、病毒等微生物污染是无法控制的。在清洗消毒时，存在着很多清洗不到的盲区，如管道深处等人力不能触及的部分。虽然附着在空调组成部件表面的污染物可以清除，但游离在空气中的细菌、病毒等微生物却依旧存在。如果要彻底解决空调污染问题，创建清洁的室内空气环境，我们可以选择静电等离子加光催化中央空调净化技术，全面解决中央空调的空气污染问题。

静电等离子加光催化中央空调清洁技术是将静电等离子技术和光催化技术结合起来，共同解决中央空调空气污染问题的一种方法。

6.4.1　静电等离子技术

静电净化是一种电泳现象，利用静电感应能吸附小物体的特点，使通过的空气中的灰尘被吸附在除尘设备中得到净化。等离子净化是利用等离子体，使通过空气中的灰尘带上不同的电荷，从而自相吸引，聚集成大团而沉降，可以去除空气中的可吸入颗粒物和多种生物异味，将高分子气体分解或还原为低分子无害物质。

二者本质区别就是静电吸附除尘，等离子使灰尘聚集成团沉降来除尘，静电除尘容易因灰尘过多而导致吸附效果下降，所以二者经常相互补充使用。静电

等离子技术是静电除尘技术和等离子技术的组合体,集中了两个技术的优点,对含灰尘、病菌、VOC 等污染物的气体有高效的治理效果。

1. 静电除尘技术

静电除尘技术是气体除尘方法的一种。含尘气体经过高压静电场时被电分离,尘粒与负离子结合带上负电后,趋向阳极表面放电而沉积。静电除尘技术即利用静电场使气体电离,从而使尘粒带电吸附到电极上的收尘方法。在强电场中空气分子被电离为正离子和电子,电子奔向正极过程中遇到尘粒,使尘粒带负电吸附到正极被收集。近年来,通过技术创新,也有采用负极板集尘的方式。

静电除尘空气净化器利用高压直流电场使空气中的气体分子电离,产生大量电子和离子,在电场力的作用下向两极移动。在移动过程中碰到气流中的粉尘颗粒和细菌使其荷电,荷电颗粒在电场力作用下与气流分向相反的极板做运动。在电场作用下,空气中的自由离子要向两极移动,电压愈高、电场强度愈高,离子的运动速度愈快。由于离子的运动,极间形成了电流。开始时,空气中的自由离子少,电流较少。电压升高到一定数值后,放电极附近的离子获得了较高的能量和速度,它们撞击空气中的中性原子时,中性原子会分解成正、负离子,这种现象称为空气电离。空气电离后,由于连锁反应,在极间运动的离子数大大增加,表现为极间的电流(称之为电晕电流)急剧增加,空气成了导体,高强电压捕获附带细菌颗粒,瞬间导电击穿由蛋白质组成的细胞壁,达到杀灭细菌吸附除尘的目的。

普通净化机采用滤纸来过滤空气中的灰尘,极易堵塞滤孔,灰尘越积越多,不仅没有灭菌效果,而且容易造成二次污染。而静电除尘技术有以下几个优点:

(1)除尘效率高(95%);

(2)可以净化较大气量;

(3)能够除去的粒子粒径范围较宽;

(4)可净化温度较高含尘烟气;

(5)结构简单,气流速度低,压力损失小;

(6)能量消耗比其他类型除尘器低;

(7)电除尘器可以实现微机控制,远距离操作。

2. 等离子灭菌技术

低温等离子体是继固态、液态、气态之后的物质第四态。当外加电压达到气体的放电电压时,气体被击穿,产生包括电子、离子、原子和自由基在内的混合体。放电过程中虽然电子温度很高,但重粒子温度很低,整个体系呈现低温状

态,所以称为低温等离子体。低温等离子体降解污染物是利用这些高能电子、自由基等活性粒子和废气中的污染物作用,使污染物分子在极短的时间内发生分解,并发生后续的各种反应以达到降解污染物的目的。

3. 复合技术

基于低风阻高通量和全面净化 PM2. 5/VOCs 等的空气治理实际需求,开展了静电催化耦合技术路线的研究。

静电除尘技术与等离子技术相结合,形成独特的静电等离子技术,这种技术提取了两种技术的突出优势,形成两个突出的特点:

(1)高效除尘性能

静电等离子的除尘效率在 95%以上,这种除尘设备不受微尘颗粒粒径的限制,不存在粒径阈值。

(2)高效的杀菌消毒性能

静电等离子技术的裂解特性可以杀掉细菌、微生物等有机体,这一性能使静电等离子净化设备具备除尘和杀菌的双重功效。

6.4.2　光催化技术

随着人类日益增长的能源需求与能源日益短缺矛盾的加剧,新能源尤其是太阳能的开发利用也显现出更加重要的位置。光催化以其反应条件温和、能直接利用太阳能转化为化学能的优势,备受科研人员的关注。

光催化技术是一种有着重要应用前景的绿色技术。所谓光催化反应,就是在光的作用下进行的化学反应。光化学反应需要分子吸收特定波长的电磁辐射,受激产生分子激发态,然后发生化学反应生成新的物质,或者变成引发热反应的中间化学产物。

光催化氧化技术利用光激发氧化,将 O_2、H_2O_2 等氧化剂与光辐射相结合,所用的光主要为紫外光。另外,在有紫外光的铁离子体系中,紫外光与铁离子之间存在着协同效应,使 H_2O_2 分解产生羟基自由基的速率大大加快,可促进有机物的氧化去除。

光降解通常是指有机物在光的作用下,逐步氧化成低分子中间产物,最终生成 CO_2、H_2O 及其他的离子如 NO_3^-、PO_4^{3-}、Cl^- 等。有机物的光降解方式可分为直接光降解和间接光降解两种。前者是指有机物分子吸收光能后进一步发生的化学反应。后者是周围环境存在的某些物质吸收光能成激发态,再诱导一系列

有机污染的反应。间接光降解对环境中难生物降解的有机污染物更为重要。

利用光化学反应降解污染物的途径包括无催化剂和有催化剂参与的光化学氧化过程。前者多采用 O_2 和 H_2O_2 作为氧化剂,在紫外光的照射下使污染物氧化分解;后者又称光催化氧化,一般可分为均相催化和非均相催化两种类型。均相光催化降解中较常见的是以 Fe^{2+} 或 Fe^{3+} 及 H_2O_2 为介质,反应产生·HO 使污染物得到降解;非均相光催化降解中较常见的是在污染体系中投加一定量的光敏半导体材料,同时结合一定量的光辐射,使光敏半导体在光的照射下激发产生电子–空穴对,吸附在半导体上的溶解氧、水分子等与电子–空穴作用,产生·HO 等氧化性极强的自由基,再通过与污染物之间的羟基加和、取代、电子转移等方式使污染物全部或接近全部矿化。

也可以使用 TiO_2 纳米粒子分散在 SiO_2 为主要成分的无机物中制成薄膜,具有很好的透光性且能实现自清洁,污染物不易在表面附着。当紫外光照射时,以 TiO_2 为代表的光催化材料具有很强的氧化性,能够分解附着的污染物并维持超亲水功能。

6.4.3 静电等离子技术与光催化技术结合

静电等离子技术和光催化技术是近些年涌现出来的先进空气净化技术,它们具有反应条件温和、反应彻底、几乎对空气中所有污染物都具有治理能力的特点。研究表明,静电等离子技术和光催化技术之间存在一定的协同作用,将两者复合起来使用可以得到令人满意的净化效果。

通过将静电等离子技术和光催化技术有机结合,使空气过滤器不仅拥有很好的除尘性,还有比较好的净化有机污染和杀菌的效果,实现整体空调系统的杀菌、消毒和除尘全覆盖。利用静电等离子技术的正电极产生的等离子体效应,激发光触媒的光催化作用,综合了除尘、杀菌和光催化治理挥发性有机物的作用,彻底解决了中央空调的空气污染问题。静电等离子技术和光催化技术结合对有机废气的处理效率可达85%左右,处理效果较好。

在维护方面,采用静电等离子技术和光催化技术的空调系统不增加定期更换的消耗材料,在正常使用的情况下,只需要每三个月清洗一次即可。

6.5 负离子光触媒技术

负离子光触媒系选用天然极性矿物材料、纳米材料、无机抗菌材料等材料复合而成的高性能、多功能空气净化产品。负离子光触媒可自行吸收自然环境中的光能、热能及电磁波等各种能量,在产品表面产生具有强氧化能力的电子-空穴对,从而有效地分解、消除室内甲醛、苯、氨等各种有害气体和致病菌,强大的微观电场可电离空气中的水分子产生大量的羟基负离子,对有害物质进行包裹沉降,达到彻底净化空气,有益人体健康的目的。

6.5.1 光触媒

光触媒是一种以纳米级二氧化钛为代表的具有光催化功能的光半导体材料的总称,是当前国际上治理室内环境污染的最理想材料。光触媒在光的照射下,会产生类似光合作用的光催化反应,产生出氧化能力极强的自由氢氧基和活性氧,具有很强的光氧化还原功能,可氧化分解各种有机化合物和部分无机物,能破坏细菌的细胞膜和固化病毒的蛋白质,可杀灭细菌和分解有机污染物,把有机污染物分解成无污染的水和二氧化碳,因而具有极强的杀菌、除臭、防霉、防污自洁、净化空气功能。

光触媒的特性为利用空气中的氧分子及水分子将所接触的有机物转换为二氧化碳和水,是自身不起变化,却可以促进化学反应的物质,理论上有效期非常长久,维护费用低。同时,二氧化钛本身无毒无害,已广泛用于空气消毒杀菌领域。它的主要功能是空气净化功能,对甲醛、苯、氨气、二氧化硫、一氧化碳等影响人类身体健康的有害有机物起到净化作用;杀菌功能,对大肠杆菌、黄色葡萄球菌等具有杀菌功效,在杀菌的同时还能分解细菌死体上释放出的有害复合物。

光触媒的特点有:

(1)全面性:光触媒可以有效地降解甲醛、苯、甲苯、二甲苯、氨、TVOC 等污染物,并具有高效广谱的消毒性能,能将细菌或真菌释放出的毒素分解并进行无害化处理。

(2)持续性:在反应过程中,光触媒本身不会发生变化和损耗,在光的照射下

可以持续不断地净化污染物,具有时间持久、持续作用的优点。

(3)安全性:无毒、无害,对人体安全可靠;最终的反应产物为二氧化碳、水和其他无害物质,不会产生二次污染。

(4)高效性:光触媒利用取之不尽的太阳能等光能就能将扩散了的环境污染物在低浓度状态下清除净化。

强的紫外线光照、大的喷涂面积、高温能促进光触媒降解甲醛,而高湿度不利于光触媒降解甲醛。

6.5.2 负离子效应

空气负离子也叫负氧离子,是指获得一个或一个以上的电子带负电荷的氧气离子。空气主要成分是氮、氧、二氧化碳和水蒸气。氮占78%,氧占21%,二氧化碳占0.03%,氮对电子无亲和力,只有氧和二氧化碳对电子有亲和力,但氧含量是二氧化碳含量的700倍。因此,空气中生成的负离子绝大多数是空气负氧离子。自然界的放电(闪电)现象、光电效应、喷泉、瀑布等都能使周围空气电离,形成负氧离子。

负离子被认证为具有降尘除尘、杀菌灭菌作用的有效途径。负离子降尘除尘的机理在于负离子在自身的电荷作用下很容易吸附空气中的微小颗粒物和带正电的颗粒物,通过正负离子吸引使得空气中的颗粒物凝并,聚集的颗粒物凝并成大颗粒物后由于重力作用沉降下来。负离子具有减少二手烟危害、改善预防呼吸道疾病、改善睡眠、抗氧化、防衰老、清除体内自由基、降低血液黏稠度的效果,在医学界享有"维他氧""空气维生素""长寿素""空气维他命"等美称。空气负离子由于带有负电荷,能使通常带正电荷的室内尘埃、烟雾、病毒、细菌相互聚集,失去在空气中自由漂浮的能力,迅速降落,从而净化空气。美国环境保护署实验室测定,空气负离子粒径越小,活性越高,自然扩散距离也就越远。

空气中的负离子会使人们感到心情舒畅。而在空调舱室,因空气中负离子经过一系列空调净化处理和漫长通风管道后几乎全部消失,人们在其中长期停留会感到胸闷、头晕、乏力、工作效率和健康状况下降,被称之为"空调综合征"。在医学界,负离子被确认是具有杀灭病菌及净化空气的有效手段。其机理主要在于负离子与细菌结合后,使细菌产生结构的改变或能量的转移,导致细菌死亡,最终降沉于地面。医学研究表明,空气中带负电的微粒使血中含氧量增加,有利于血氧输送、吸收和利用,具有促进人体新陈代谢,提高人体免疫能力,增强

人体机能,调节肌体功能平衡的作用。据考证,负离子对人体 7 个系统中近 30 多种疾病具有抑制、缓解和辅助治疗作用,尤其对人体的保健作用更为明显。

综上所述,负离子光触媒技术运用在空调设备上具有持久的有害气体消除能力,并且具有发射远红外线、释放羟基负离子、高效抗菌等多项功能,可以通过对有害物质的吸附、催化作用而净化室内装修材料和家具中释放的甲醛、氨、苯等有害气体,同时对大肠杆菌、金黄色葡萄球菌等有明显的抗菌作用。此技术的优点:

(1)安全性:负离子光触媒系为一种中性液体,不含有任何有害物质,安全可靠;

(2)高效性:有效祛除甲醛、苯、二甲苯、TVOC 等化学污染;保证使用一周后空气达标,对大肠杆菌、金黄色葡萄球菌等生物性污染有广谱抗菌作用;

(3)保健性:能持久释放有益于人体健康的负离子和远红外线,保持空气清新。

6.6　NCCO 氧聚解技术

NCCO(nano-confined catalytic oxidation)纳米氧聚解空气净化技术,全名为氧聚解催化式氧化空气净化技术。NCCO 是一种新型空气净化技术,当空气中的污染物经过 NCCO 氧聚解反应层时,会被彻底分解成为无污染的水和二氧化碳并释放到空气中,这一技术成功攻克了传统空气净化技术净化不彻底的弊端,令空气可在 1 h 内达到良好标准。除此之外,NCCO 净化技术的另一特点就是无耗材。传统活性炭空气净化在滤芯吸附饱和时需进行更换,是一笔昂贵支出,并且饱和程度目前还无法准确检测,吸附饱和时会反向释放污染物,对人体造成伤害,而 NCCO 净化技术运用的 NCCO 氧聚解反应层可循环再生,彻底净化之余不损耗材料,实验证明可使用 12 年。

NCCO 氧聚解空气净化技术与市场上各种空气净化技术相比,其突破了空气净化技术瓶颈,不但具有除尘、杀菌、除臭、除甲醛等功效,而且性能稳定、不造成二次污染、对人体无害,革命式颠覆了空气净化器的功效。目前,日常空气污染的绝大部分物质都能够由 NCCO 净化干净。它分解技术节能环保,不但无毒、还可循环使用,拥有可再生的优势,堪称是目前市场上最安全、最彻底的气态处理

技术。

NCCO 空气净化技术反应层 NCCO Filter 具有以下几大优点：

（1）NCCO 技术不是吸附而是分解，净化污染物更彻底，避免造成二次污染；

（2）日常绝大部分空气污染物经过 NCCO Filter 净化处理，排出无害的二氧化碳和水分子；

（3）NCCO Filter 通过分解污染物，不是吸附，NCCO Filter 不会被污染物占用空间，这样的 NCCO Filter 得以长效使用，避免用户频繁购买滤芯，节省购买滤芯费用。

综合说来，改善船舱室内空气质量的方式分为源头控制、通风换气和强制净化三种。强制净化是室内空气保持健康良好的必要手段，它是利用污染物与空气在物理化学性质上的差异，采用一定的技术或手段，通过物理、化学及生物方法使污染物的物相或结构发生改变，从而达到将其分离或转化的目的。常见的室内颗粒物强制净化技术除了本书中所介绍的，还包括过滤、水洗等，而气体污染物强制净化技术还包括吸附、负离子等。空气净化技术也有其缺点，在很多情况下，采用单一技术往往很难取得理想的净化效果，且不经济。所以室内空气净化器由从单一技术向组合工艺发展，而且江湖河海的环境情况与陆地情况大为不同，我们还需要加强对特定环境条件进行研究，进一步提升对舱室空气污染物的净化技术，以及开发复合技术或新技术，只有这样才能适应社会发展的需要。

第7章
船舶空调管理及故障诊断

2020年9月22日,我国在第七十五届联合国大会上向全世界宣布,中国将在2030年前实现碳达峰,并且在2060年实现碳中和的目标。这不仅仅是基于科学论证的国家战略,更是我国积极应对气候变化的国家策略。航运业作为我国的重点发展行业,越来越受到来自政治和经济方面有关环保和减排的压力。据统计,全球贸易运输量的90%左右由航运业来承担,并且伴随着船舶数量的逐年增加以及船舶大型化的发展趋势,航运业的二氧化碳排放量正在不断攀升。国际海事组织研究报告显示,2012年全球海运二氧化碳总排放量为7.96亿吨,约占全球总量的2.5%。如果一切照旧,到2050年,温室气体的排放量会比现在增加50%~250%。因此,早在2010年5月18日,"可持续航运发展动议"便正式提出,旨在推进整个航运产业链快速向低碳方向发展。现如今,"低碳航运"更是我国航运可持续发展的必由之路。

船舶空调作为船舶耗能大户,其运行管理及节能降耗与船舶航运低碳运营息息相关。

| 7.1 船舶空调管理 |

船舶空调系统的运行管理是船舶管理的一个重要组成部分。船舶空调系统担负着创造和保持舒适室内空气环境的重任,如果其运行管理工作做得不好,不仅会造成空调效果不理想,而且会出现能耗大、设备故障多等问题,从而影响用户的工作效率和经济效益。要做好这方面的工作,必须了解运行管理工作的科学内涵,从而认识其重要性和基本内容,明确运行管理工作要达到的基本目标,对影响管理目标实现的主要因素做到心中有数,知道需要具备什么样的条件是做好运行管理工作的基础,并对整个船舶空调系统运行管理工作的考核评价有一个科学而全面的认识。

7.1.1　空调管理的重要性

中央空调系统主要由冷热源、空气处理装置、管道系统、末端装置和控制系统等组成。采用空调的主要目的是为了满足人们对室内空气环境的舒适要求。因此,舒适性中央空调系统的主要服务对象是人。运行管理工作的首要任务是以人为本,确保室内空气环境的要求。其次,目前国内的空调及相应的制冷设备仍以电力驱动为主,而且运行时间长,耗电量大。统计资料表明,中央空调系统的用电量一般占整个船舶全部用电量的 $1/4 \sim 1/3$,因此在满足使用要求的前提下,尽量减少中央空调系统运行时的用电量,它既涉及经济效益问题,又包含专业技术问题。第三,空调系统往往一次性投资大,包含的设备品种多、管线长、自动化程度高,其运行、维护、检修要综合运用热工、流体、空调、制冷、机械、电工电子、自动控制等多方面的知识和技能。因此,要求运行管理人员和维修人员必须具有一定的专业知识和专业技能,这样才能管好它、用好它。否则,会使设备的使用效率降低,故障频发,寿命短,不仅影响正常使用,还会增加资金投入,从而加大管理成本。

综上所述,空调系统的运行管理有十分丰富的科学内涵。由于对此认识不足,往往致使管理工作存在许多疏漏和认识上的误区。例如,把有人能按电钮开机、关机当成有专人管理;把自动化程度高当成容易管理、不用维护保养;把满足人的舒适性要求当成天热时有冷气、天冷时有暖气即达到了要求;把系统能开动运行当成工作正常等。由于领导不重视、管理无制度、人员不专业、上岗不培训、工作不负责、操作无规程、运行不调节、使用不维护等现象普遍存在,从而造成空调系统存在以下问题:

(1)空调效果不理想。舱室的温湿度不能保证在设计或控制的范围内,新风没有或少于最低要求,风量过大或不足,送风温度和出口风速不合适等。

(2)运行费用高。电费或燃料费及日常维护保养费开支大。

(3)事故和故障多。事故和故障频繁发生,跑、冒、滴、漏现象严重。

(4)设备使用寿命短。不到规定期限就要对设备进行维修,或不到正常的折旧年限设备就不能继续使用,需要更新。

(5)系统运行不正常。系统不能按设计要求运行和调节,设备达不到最佳运行状态,各项运行参数不能满足规定要求等。

7.1.2　空调管理的目的

空调系统运行管理所做的一切工作,都是为了使空调系统达到满足使用要求、降低运行成本、延长使用寿命这三个基本目标。即以最经济的费用换取最高的综合效能,实现最大的经济效益。

空调系统的运行管理是设施管理的重要组成部分,空调效果好坏所产生的影响是不容忽视的。对工作人员来说,他们需要一个舒适的室内空气环境,如果空调效果满足要求,有利于提高其工作效率。因此满足使用要求是空调系统运行管理必须达到的首要目标。

日前,船舶中央空调系统的冷源绝大部分采用的是电动式制冷机(包括离心式、螺杆式和活塞式),其辅助设备如冷冻水泵、冷却水泵、海水冷却器、风冷式冷凝器、风扇等也均为电动式的,而热源则多采用传统的燃油、燃气或废气锅炉,也有组合式锅炉。不管冷热源是何种形式,大多数中央空调系统是耗能大户,中央空调系统的耗电量约占总耗电量的 18%~35%。因此,降低运行成本的首要任务是想方设法减少能耗,同时也要尽量减少其他燃料(如燃气、燃油)的消耗量以降低能源消耗费用。其次,在维护保养方面也要精打细算,尽量减少相关费用的开支。要通过精心维护来延长易损件的使用寿命;通过定期的水质检验和监测情况决定水质处理的合理用药量;通过少量多次和细心检测来适度加注润滑油等。总之,通过严格、规范的管理来减少日常机物料的使用量,以减少相关费用的开支,达到降低运行成本的目的。目前,国内还普遍存在着中央空调系统装得起而用不起的情况,其根本原因就是运行费用太高。空调系统基本闲置不用,不能充分发挥其应起的作用。因此,努力降低运行成本是空调系统运行管理所要达到的重要目标。

7.1.3　空调管理的必备条件

纵观目前中央空调系统的使用效果、维护保养与运行费用等情况,有许多不能令人满意的地方,而且并非是设计施工或设备制造方面带来的问题,多数是忽视了管理工作造成的。因此,要使中央空调系统既能高质量、高效率地运行,又能降低能耗、延长检修周期和使用寿命,就必须领导重视,并着重做好组织建设和制度建设方面的工作,在此基础上再去抓落实。

1. 管理队伍

中央空调系统的运行管理涉及的内容多、技术范围广，要做好各项管理工作，必须根据其规模情况，定员定岗，建立一支由轮机员和各类操作人员组成的精干的专职管理队伍。

（1）配备空调轮机员

空调轮机员（主管）负责本专业的全面工作，不仅要业务能力强，而且要有一定的管理能力。具体来说，就是既要有若干年本专业运行管理的工作经验和运行操作、维修保养工作的组织能力及故障诊断与排除能力，又要有强烈的事业心和责任感，还要有良好的个人修养和较强的沟通与协调能力。

（2）轮机长兼任组长

轮机长（领班）是中央空调系统运行管理第一线的指挥者和组织者，不仅要有一定的组织能力，而且要精通业务、技术过硬，在工作中能以身作则，能起模范带头作用。具体来说，轮机长（领班）具有本专业系统和设备运行管理的工作经历和运行操作、维修保养能力及一般故障的处理能力，善于督导下属员工工作的基本素质。

（3）配齐操作人员

轮机员或机工是中央空调系统运行管理的主要工作人员，主要承担中央空调系统的运行操作、日常维护保养、检修与技术改造工作。该岗位职责要求具备一定的专业知识和相关的专业技能。操作人员技术水平的高低对于系统和设备使用状况的影响是很大的，如果操作人员的技术水平与系统和设备的要求不相适应，那么不仅影响系统和设备效能的发挥，而且往往还会使其受到不应有的损坏。因此，这类人员不仅要有与本专业相关的工作经历，而且还应有工作认真负责、踏实肯干、具有团结协作精神的基本素质。规模较小的中央空调系统所需操作人员少，可以不单设运行工和维修工，而是将操作与维修合二为一，这样既可以节约人力，保证工作量饱满，又有助于对设备的全面认识及维护保养与检修。配置操作人员，通常要能"四会"，即会操作、会保养、会检查、会排除故障。

（4）对基层管理人员的专业要求

中央空调系统运行管理的各项工作要有一支队伍去做，其管理目标也要依靠这支队伍去实现。因此，对中央空调系统的基层运行管理人员来说，除了思想政治素质方面的要求外，对其专业方面也有特殊的要求。这些要求主要包括以下几方面内容：

①了解中央空调系统和相关设备的基本构成与工作原理；

②熟悉相关装置间的连接或控制关系；

③熟悉中央空调系统和各设备的操作、调节方法和紧急情况的处置措施；

④熟悉中央空调系统和各设备的正常与非正常工作的状态或参数；

⑤掌握中央空调系统和各设备的维护保养与检修方法；

⑥具有钳工、电工、管道工或钣金工的基本操作技能。

由于目前中央空调系统及设备的自动化程度都很高，因此认为操作人员只要会开机、会抄表就行，随便什么人都可以干。事实上，没有一支专职的专业队伍或专业人员（包括基层运行管理人员）来从事中央空调系统的运行管理工作是很难达到管理要求的。随着高新技术在空调工程和空调制冷设备中的大量应用，智能化船舶的迅速普及，对中央空调系统运行管理人员的要求将会越来越高。

2. 管理制度

如果说配备专业管理人员的组织建设是做好中央空调系统运行管理工作的基本条件，那么制定必要的专业性管理规章制度的制度建设就是做好中央空调系统运行管理工作的基本保障。一套行之有效的专业管理制度可分为人员管理制度、设备管理制度、运行管理制度三大部分，每一部分又由若干具体制度组成：

（1）人员管理制度

①各类人员岗位职责；

②业务学习与培训制度等。

（2）设备管理制度

①巡回检查制度；

②维护保养制度；

③检验与修理制度等。

（3）运行管理制度

①空调运行工值班守则

②系统或设备的操作规程；

③交接班制度；

④空调机房管理制度。

为了管好、用好中央空调系统，还有一项重要工作不能忽视，那就是要熟知船舶空调设计和施工的情况。对这些数据做到心中有数，有利于中央空调系统在使用时能更好地实现设计意图，达到设计目的；对可能产生的问题和出现的不利情况能预防在先，使空调运行管理工作处于积极主动的地位。为此，要全面了解系统方案、设计思路和设备的选用情况，对日常运行管理的要求，运行调节或

出现问题时从设计角度应采用的方法和措施等；了解在施工过程中使用的材料和设备(装置)，在运行管理中的注意事项和防范等。通过了解这些情况，可以把由于设计或施工造成的、可能影响运行管理质量的问题及早解决。

7.1.4 管理工作的考评

中央空调系统的管理工作如何进行考核和评估，目前国内还没有一个全面、系统的标准或规定，只是在国家和少数省市制定的物业管理优秀大厦标准及评分细则中涉及了一些，但都不够详细和全面。我国住房和城乡建设部最新修订并执行的《全国物业管理示范大厦标准及评分细则(2021 修订版)》的"共用设备管理"项中，第一部分"综合要求"和第七部分"空调系统"的标准内容和评分细则如表 7-1 所示，可供船舶管理人员及船公司参考。

表 7-1 《全国物业管理示范大厦标准及评分细则》(摘录)

序号	标准内容	规定分值	评分细则
	(一)综合要求	4	
	制订设备安全运行、岗位责任制、定期巡回检查、维护保养、运行记录管理、维修档案等管理制度，并严格执行	1	符合 1.0,发现一处不符合扣 0.2
	设备及机房环境整洁,无杂物、灰尘,无鼠、虫害发生,机房环境符合设备要求	1	符合 1.0,发现一处不符合扣 0.2
	配备所需专业技术人员,严格执行操作规程	1	符合 1.0,不符合 0
三	设备良好,运行正常,一年内无重大管理责任事故	1	符合 1.0,不符合 0
	(七)空调系统	4	
	中央空调系统运行正常,水塔运行正常且噪声不超标,无严重漏水现象	1	符合 1.0,基本符合 0.5,不符合 0
	中央空调系统出现运行故障后,维修人员在规定时间内到达维修现场	2	符合 2.0,基本符合 0.5,不符合 0
	制订中央空调发生故障应急处理方案	1	无应急处理方案扣 1.0,应急处理方案执行不够的扣 0.5

表 7-1(续)

序号	标准内容	规定分值	评分细则
	供电及中央空调	9	
	配备专业工程技术人员,维修和运行人员均持证上岗	1	无专业人员扣0.5,不符合持证上岗扣0.2
	建立规范完善的设备维修保养制度并严格执行,实行24 h运行和维修值班制度,出现故障能计数排除	1.5	制度不全扣0.5~1,制度不落实扣0.2~0.5,值班人员擅离岗位扣0.5
六	中央空调系统运行安全、正常,保养状况良好,设备及环境整洁;大型设备完好率99%以上,中小型设备完好率95%以上;空调系统无严重噪声和漏水现象	2	有污迹10 cm^{2}以下每处扣0.1,10 cm^{2}以上每处扣0.2,其他不合格扣0.1~0.3
	停空调能预先通知	1	不预先通知每次扣0.2
	有准确完整的中央空调系统资料,各项运行纪律和维修保养纪律齐全,并归档保存	1.5	资料不全扣0.2~0.5,记录不全每项扣0.2,未归档保存扣0.3
	制订了切实可行的节能运行制度,并有明显节能降耗成果	0.5	无制度扣0.2,制度不落实扣0.1~0.3
	略	1.5	略

7.2 空调运行中的管理

节能在很大程度上取决于设备的运行状况。如果使各种设备安全、有效、稳定地运行,出现故障能快速排除,则可以节约能量。

7.2.1 冷水机组的管理

冷水机组制冷系统由四个基本部分组成,即压缩机、冷凝器、节流器、蒸发器,为了冷水机组启动与运行的安全性及运行的经济性,可根据开机前停机的时

间长短不同和所处的状态不同分成日常开机和年度开机。

对于冷水机组的启动与运行,主要需要检查以下几个方面:

(1)检查每台压缩机的油位和油温:油面在 1/3～2/3;油温在 50～60 ℃,手摸加热器须发烫。

(2)检查主电源电压和电流:电源电压在 340～440 V 范围内;三相电压不平衡值<2%(>2%绝对不能开机);三相电流不平衡值<10%。

(3)启动冷冻水泵和冷却水泵:两个水系统的循环建立起来以后,调节蒸发器和冷凝器进出口阀门的开度。

(4)检查冷冻水供水温度:设定值是否合适,不合适可改设。

(5)启动前检查:检查电气接头的紧固性(主回路、控制回路),至少要给油槽加热 24 h,使油槽温度不能低于 38 ℃。

(6)启动前检查:检查机组各阀门状态,水泵、压力表、温度计、过滤器等状态。

(7)启动前检查:检查机组末端情况。检查冷却塔的情况。

(8)启动前检查:先单独开启水系统的冷冻水泵和冷却水泵,查看水系统运行是否正常,保证不夹带气体,保证水系统的进出水压降在要求范围内。

在冷水机组运行的监控与调节中,主要需要关注以下情况:

(1)蒸发器冷冻水进、出口的温度和压力。

(2)冷凝器冷却水进、出口的温度和压力。

(3)蒸发器中制冷剂的压力和温度。

(4)冷凝器中制冷剂的压力和温度。

(5)主电机的电流和电压。

(6)润滑油的压力和温度。

(7)压缩机组运转是否平稳,有否异响。

(8)机组的各阀门有无泄漏。

(9)与各水管的接头是否严密。

对于蒸发压力与蒸发温度,蒸发器内制冷剂具有的压力和温度是制冷剂的饱和压力和饱和温度,可以通过设置在蒸发器上的相应仪器或仪表测出。蒸发压力、蒸发温度与冷冻水带入蒸发器的热量有密切关系。空调冷负荷大时,蒸发器冷冻水的回水温度升高,引起蒸发温度升高,对应的蒸发压力也升高。冷水机组的制冷量必须略大于其负担的空调设计冷负荷量,否则将无法在运行中得到满意的空调效果。根据《制冷和空调设备名义工况一般规定》的规定,冷水机组

的名义工况为冷冻水出水温度为 7 ℃,冷却水回水温度为 32 ℃。由于提高冷冻水的出水温度对冷水机组的经济性十分有利,运行中在满足空调使用要求的情况下,应尽可能提高冷冻水出水温度。一般情况下,蒸发温度常控制在 3~5 ℃ 的范围内,较冷冻水出水温度低 2~4 ℃。过高的蒸发温度往往难以达到所要求的空调效果,而过低的蒸发温度,不但增加冷水机组的能量消耗,还容易造成蒸发管道冻裂。蒸发温度与冷冻水出水温度之差随蒸发器冷负荷的增减而分别增大或减小。在同样负荷情况下,温差增大则传热系数减小。此外,该温差大小还与传热面积有关,而且管内的污垢情况,管外润滑油的积聚情况也有一定影响。为了减小温差,增强传热效果,要定期清除蒸发器水管内的污垢,积极采取措施将润滑油引回到油箱中去。

对于冷凝压力与冷凝温度,冷凝器内的制冷剂通常也是处于饱和状态的,因此其压力和温度可以通过相应制冷剂的热力性质表互相查找。水冷式机组的冷凝温度一般要高于冷却水出水温度 2~4 ℃,如果高太多,则应检查冷凝器内的铜管是否结垢需要清洗。在蒸发温度不变的情况下,冷凝温度的高低对于冷水机组功率消耗有决定意义。冷凝温度升高,功耗增大。反之,冷凝温度降低,功耗随之降低。当空气存在于冷凝器中时,冷凝温度与冷却水出口温差增大,而冷却水进、出口温差反而减小,这时冷凝器的传热效果不好,冷凝器外壳有烫手感。冷凝器管子水侧结垢和淤泥对传热的影响也起着相当大的作用。因此,在冷水机组运行时,应注意保证冷却水温度、水量、水质等指标在合格范围内。

对于冷冻水的压力与温度,空调用冷水机组一般是在名义工况所规定的冷冻水回水温度为 12 ℃,供水温度为 7 ℃,温差为 5 ℃ 的条件下运行的。通过蒸发器的冷冻水流量与供、回水温度差成反比,即冷冻水流量越大,温差越小;反之,流量越小,温差越大。阀门开度调节的原则:

(1)蒸发器出水有足够的压力来克服冷冻水闭路循环管路中的阻力。

(2)冷水机组在负担设计负荷的情况下运行,蒸发器进、出水温差为 5 ℃。

冷冻水系统虽然是封闭的,蒸发器水管内的结垢和腐蚀不会像冷凝器那样严重,但从设备检查维修的要求出发,应每三年对蒸发器的管道和冷冻水系统的其他管道清洗一次。

对于冷却水的压力与温度,冷水机组在名义工况下运行,其冷凝器进水温度为 32 ℃,出水温度为 37 ℃,温差为 5 ℃。调节冷却水泵出口阀门开度和冷凝器进、出水管阀门开度的方法原则:

(1)冷凝器的出水应有足够的压力来克服冷却水管路中的阻力。

（2）冷水机组在设计负荷下运行时，进、出冷凝器的冷却水温差为 5 ℃。

同样应该注意的是，随意过量开大冷却水阀门，增大冷却水量借以降低冷凝压力，试图降低能耗的做法，只能事与愿违，适得其反。降低冷凝温度措施为加大冷却水量。但是，过分加大冷却水流量，往往会引起冷却水泵功率消耗急剧上升，同时也得不到理想的结果。

压缩机吸气温度是指压缩机吸气腔中制冷剂气体的温度。吸气温度的高低，不仅影响排气温度的高低，而且对压缩机的容积制冷量有重要影响。压缩机吸气温度高时，排气温度也高，制冷剂被吸入时的比容大，此时压缩机的单位容积制冷量小。相反，压缩机吸气温度低时，其单位容积制冷量则大。但是，压缩机吸气温度过低，可能造成制冷剂液体被压缩机吸入，应避免压缩机发生"液击"。为了保证压缩机的正常运行，其吸气温度需要比蒸发温度高一些，亦即应具有一定的过热度。对于活塞式冷水机组，其吸气过热度一般为 5~10 ℃。如果采用干式蒸发器，则通过调节热力膨胀阀的调节螺杆，就可以调节过热度的大小。此外，要注意压缩机吸气管道的长短和包扎的保温材料性能的好坏，其对过热度也会有一定的影响。

压缩机排气温度要比冷凝温度高得多，排气温度的直接影响因素是压缩机的吸气温度，两者呈正比例关系。此外，排气温度还与制冷剂的种类和压缩比的高低有关，在空调工况下，由于压缩比不大，所以排气温度并不很高。当活塞式压缩机吸、排气阀片不严密或破碎引起泄漏（内泄漏）时，排气温度会明显上升。

主电机要求的额定供电为三相、50 Hz、电压为 380 V，供电的平均相电压不稳定率小于2%。实际运行中，主电机的运行电流在冷水机组冷冻水和冷却水进、出水温度不变的情况下，随能量调节中的制冷量大小而变化。冷水机组投入运行的压缩机台数都会影响到运行电流的大小。但当冷冻水或冷却水进、出水温度变化时，就很难做出正确判断。机组可以开启电流表，电流表读数可以反映出上述两种工况下的差别。

润滑油系统是冷水机组正常运行不可缺少的部分，它为机组的运动部件提供润滑和冷却条件，离心式、螺杆式和部分活塞式冷水机组还需要利用润滑油来控制能量调节装置或抽气回收装置。润滑油的管理主要需要做好三方面的工作：

（1）油质监控与管理。即定期检验分析，更换过程中要注意的事项。不能原油与新油混合，润滑油与制冷剂共存下控制油温，禁止一般润滑油代替制冷剂专用润滑油等。

（2）品质变化的判别。即油质超过指标标准时,应马上更换新油。肉眼可根据油的透明度变差,颜色由黄变为红褐色来判断。

（3）储存管理,即润滑油的储存容器、环境、分油情况。容器为干净密封且注明诠释,环境为清净、干燥、阴凉、通风的舱室内,各类分油工具分开使用。

空调用水冷水机组及其水系统的停机操作顺序是其启动操作顺序的逆过程,即冷水机组→冷冻水泵→冷却水泵及冷却塔→空调设备。需要引起注意的是,冷水机组压缩机与冷却水泵的停机间隔时间,应能保证进入冷凝器内的高温高压气体制冷剂全部冷凝为液体,且最好全部进入贮液器;而冷水机组压缩机与冷冻水泵的停机间隔时间,应能保证蒸发器内的液态制冷剂全部汽化变成过热气体,以防冻管事故发生。

年度开机,其实也就是日常开机的加强版,主要做好以下 8 个要求,然后再做一次日常开机的工作:

（1）检查机组配电柜内电路中的随机熔断管是否完好无损,对压缩机电动机的相电压进行测定,其相平均不稳定电压应不超过额定电压的 2%。

（2）检查压缩机电动机旋转方向是否正确,各继电器的整定值是否在说明书规定的范围内。

（3）检查油泵旋转方向是否正确,油压差是否符合说明书的规定要求。

（4）检查制冷系统内的制冷剂是否达到规定的液面要求,是否有泄露情况。

（5）因冬季防冻而排空了水的冷凝器和蒸发器及相关管道要重新排除空气,充满水。

（6）检查润滑导叶调节装置外部的叶片控制连接装置。

（7）检查冷冻水泵、冷却水泵。

（8）检查机组和水系统中的所有阀门是否操作灵活,无泄漏或卡死现象,各阀门的开、关位置是否符合系统的运行要求等。

7.2.2　空调机组的管理

（1）送风机:叶轮的清扫、轴承的更换、皮带的检查与更换、送风机基础螺丝的紧固。

（2）空气过滤器:过滤材料的更换、过滤材料的清洗、压力表的检查。

（3）冷盘管:盘管的清洗、盘管漏水情况的检查、冷水出入口阀门的检查、温度计的调整。

(4)自动调节阀:检查自动调节阀的动作是否正常。自动调节阀动作温度检测装置的温度设定值冬天和夏天不同,不要忘记切换。

7.2.3 风机的运行管理

1.风机的检查

风机的检查分为启动前的检查和运行检查,检查时风机的状态不同,检查内容也不同。

(1)启动前的检查

①用手盘动风机的传动带或联轴器,以检查风机叶轮是否有卡住、摩擦现象。

②检查风机机壳内、带轮罩等处是否有影响风机转动的杂物,以及传动带的松紧程度是否合适。

③检查风机、轴承座、电动机的各连接螺栓、螺母的紧固情况。

④检查减振装置受力情况,是否有松动、变形、倾斜、损坏。

⑤检查风机准备使用的润滑油的名称、型号是否与要求一致。

⑥关闭离心风机的入口阀或出口阀,以防止风机启动过载。

(2)风机启动的注意事项

①严格遵守风机启动的操作规程。

②对于多风机系统,应按顺序逐台启动风机。

③启动风机后,检查风机叶轮的旋转方向。

④风机启动后,逐渐调整风阀至正常工作位置。

(3)运行检查

(4)风机停机操作

2.风机的维护保养

(1)风机正常运行的标准

①风机的技术性能、运行参数达到设计要求。

②运行时设备无异常振动和响声。

③风机的外壳无严重的磨损和腐蚀,无漏风现象。

④润滑装置无异常,润滑油符合技术指标,运行正常。

⑤风机风管保温良好,外观整洁,软接头无漏风现象。

⑥风机的台座、减振器无变形、损坏现象。

⑦电器及控制系统完好,保护接地符合要求,电动机无严重超负荷、超温现象。

(2)风机的维护

①检查风机的轴承、联轴器、带轮、传动装置及减振装置。

②检查风机转子与外壳的间隙,叶轮转动的平衡性。

③检查风机的进出口法兰连接是否漏风。

④随时检测风机的轴承温度,不能使温升超过60 ℃。

⑤随时检测风机的风量和风压,确保风机处于正常工作状态。

⑥检测风机的三相电流是否平衡。

3. 风机的运行调节

风机的运行调节主要是改变其输出的空气流量,以满足相应的变风量要求。

(1)风机变速风量调节

①改变电动机转速

a. 变极对数调速。

b. 变频调速、串级调速、无换向器电动机调速。

c. 转子串电阻调速、转子斩波调速,调压调速、涡流(感应)制动器调速。

②改变风机与电动机间的传动关系

a. 更换带轮。

b. 调节齿轮变速箱。

c. 调节液力耦合器。

(2)风机恒速风量调节

①改变叶片角度

改变叶片角度只适用于轴流风机的定转速风量调节方法。

②调节进口导流器

调节进口导流器是通过改变安装在风机进口的导流器叶片角度,使进入叶轮的气流方向发生变化,从而使风机性能曲线发生改变的定转速风量调节方法。

7.2.4　管道的管理

1. 管道

(1)定期检查,对有损坏泄漏的应进行修补。

(2)由于制热和制冷工况空调水温度的变化,管道膨胀和收缩较大,管道的

连接部分容易破裂损坏和漏水,漏水较严重的部位是空调机组周围,必须作为重点,经常进行检查。

(3)空调管道较多,管线较长,必须重点检查管道保温状况是否良好。

(4)热水或蒸汽管道上的阀门应定期检修、研磨和试压检漏。

(5)空调系统中各种管道都应按照规定涂上不同的颜色以标志区别。

(6)定期对管道进行清洗、排污。

2.风口和风道

(1)风道应定期检查,对有漏风的部位及时进行修补。

(2)空调送风口附近易黏附灰尘,每年需对送风口进行清理,送风口内部的叶片和挡板上的灰尘较多,需用压缩空气进行认真清扫。

(3)送冷期间,风道内湿度较大,风道内的粉尘与湿空气接触后质量增大,容易积尘,每年需对风道进行清理,可调整挡板,使气流在风道内急剧转向,将粉尘吹出,并清扫风口。

(4)有吸声器的风道应检查或更换消声材料。

7.2.5 水泵的运行管理

1.水泵的检查与维护保养

水泵启动时要求必须充满水,运行时又与水长期接触,由于水质的影响,使得水泵的工作条件比风机差,因此其检查与维护保养的工作内容比风机多,要求也比风机高。

(1)水泵启动前的检查工作

①水泵轴承的润滑油是否充足;润滑油规格指标是否符合要求。

②水泵及电动机的地脚螺栓与联轴器螺栓有无脱落或松动。

③关闭好出水管阀门、压力表及真空表阀门。

④配电设备是否完好、正常,各指示仪表、安全保护装置及电控装置均应灵敏、准确、可靠。

⑤对卧式泵要用手盘动联轴器,看水泵叶轮是否能转动,如果转不动,要查明原因,消除隐患。

⑥水泵及进水管部分是否充满了水,当从手动放气阀放出的水没有空气时即可认定进水管已充满了水。

⑦轴封不漏水或为滴水状(每分钟的滴水数不超过60)。

（2）水泵启动时的注意事项

①检查叶轮的旋转方向是否正确,转动是否灵活。

②打开吸入管路阀门、关闭出水管路阀门。

③转速正常后打开出水管路阀门,其开启时间不宜超过 3 min。

④转速稳定后打开真空表阀、压力表阀。

（3）运行检查

①检查电动机和泵的机壳、轴承温度。

②检查轴封填料盒处是否发热,滴水是否正常,管接头应无漏水现象。

③电流应在额定电流范围内,过大或过小都应停机检查。

④压力表指示正常且稳定,无剧烈抖动。

⑤地脚螺栓和其他各连接螺栓的螺母无松动。

⑥基础台下的减振装置受力均匀,进出水管处的软接头无明显变形,能起到减振和隔振作用。

（4）水泵停机时的注意事项

①加油

轴承采用润滑油的,在水泵使用期间,每次都要观察油位是否在油镜标识范围内。

②更换轴封

由于填料用一段时间就会磨损,当发现漏水或泄漏量超标时就要考虑是否需要压紧或更换轴封。

③解体检修

一般每年应对水泵进行一次解体检修,内容包括清洗和检查。

④除锈刷漆

水泵在使用时,通常都处于潮湿的环境中,有些没有进行保温处理的冷冻水泵,在运行时泵体表面更是被水覆盖(结露所致),长期这样,泵体的部分表面就会生锈。为此,每年应对没有进行保温处理的冷冻水泵泵体表面进行一次除锈刷漆作业。

⑤放水防冻

水泵停用期间,如果环境温度低于 0 ℃,就要将泵内及水管内的水全部放干净,以免水的冻胀作用胀裂泵体和水管。

2.水泵的运行调节

在中央空调系统中配置使用的水泵,由于使用要求和场合不同,形式多种多

样:既有单台工作的,也有联合工作的;既有并联工作的,也有串联工作的。

7.2.6　空调自动控制系统的运行管理

1.空调自动控制系统的特点

与一般工业自动控制系统相比,空调自动控制系统的特点可以大致归纳如下:

(1)空调自动控制系统往往离不开各种检测控制仪表,而这些仪表又大都是多功能的系列仪表,如电动仪表、气动仪表、组装式仪表、智能仪表及电子计算机等。

(2)空调系统被控对象较为特殊,其动态惯性大,带有纯滞后时间,而且还常常有非线性特性。

(3)空调系统的干扰较多,这些干扰来自系统外部或来自系统内部,也称为外扰与内扰。

(4)空调系统中温度与湿度的相关性。

(5)空调系统具有工况转换控制的要求。

(6)空调系统动态过程缓慢。

2.空调自动控制系统的组成

空调自动控制系统如图 7-1 所示,空调自动控制系统被控参数主要是空调舱室的温度与湿度。

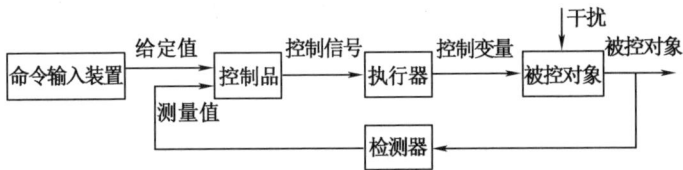

图 7-1　空调自动控制系统

空调舱室相对湿度自动控制方法有定露点间接控制法和变露点直接控制法两种。定露点间接控制法用于室内产湿量一定或波动不大的情况。新风直接喷淋式空调系统的定露点控制系统,如图 7-2 所示。一、二次回风空调系统的定露点控制系统,如图 7-3 所示。喷淋表冷器式集中空调系统定露点控制系统,如图 7-4 所示。图中,T_L 为露点湿度;T_LT 为湿度变送器;T_LC 为湿度控制

器;CS 为控制信号。

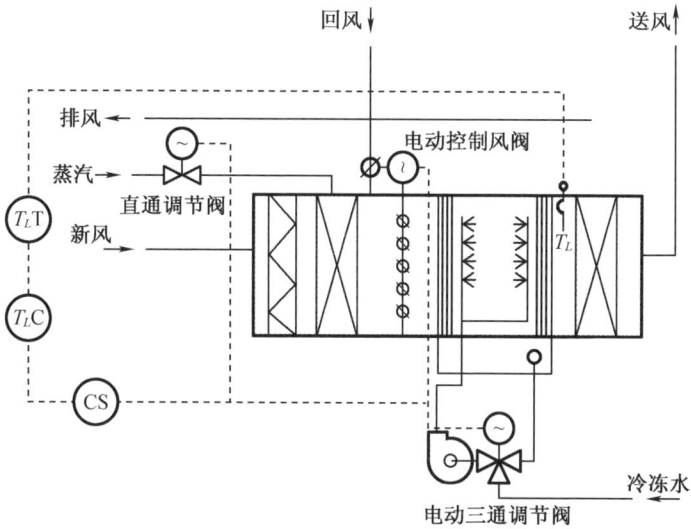

图 7-2　新风直接喷淋式空调系统的定露点控制系统

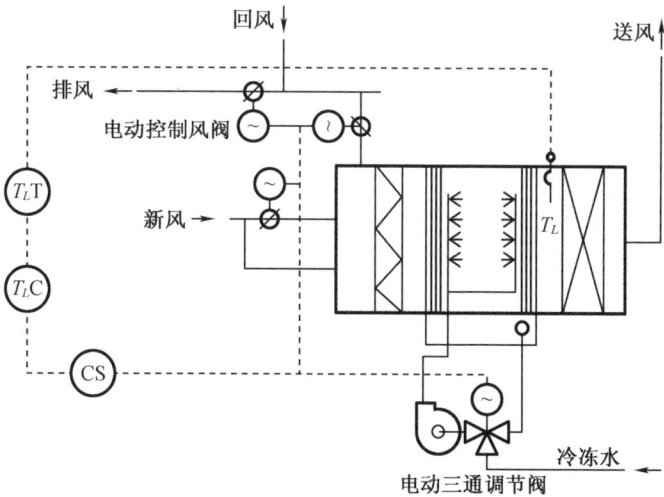

图 7-3　一、二次回风空调系统的定露点控制系统

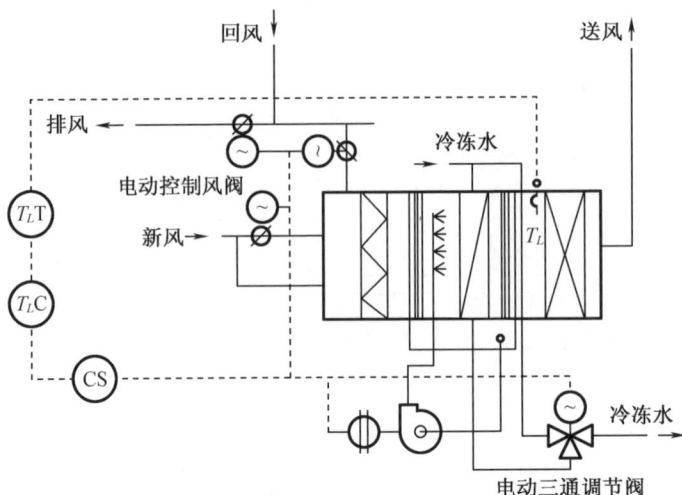

图 7-4　喷淋表冷器式集中空调系统定露点控制系统

变露点直接控制法就是用直接装在室内工作区、回风口或回风道中的湿度测量传感器来测量和控制空调系统中相对应的执行控制机构,以达到控制室内空气相对湿度的目的,如图 7-5 所示。图中,φ_n 为室内相对湿度;φ_nT 为湿度变送器;φ_nC 为相对湿度控制器;CS 为控制信号。

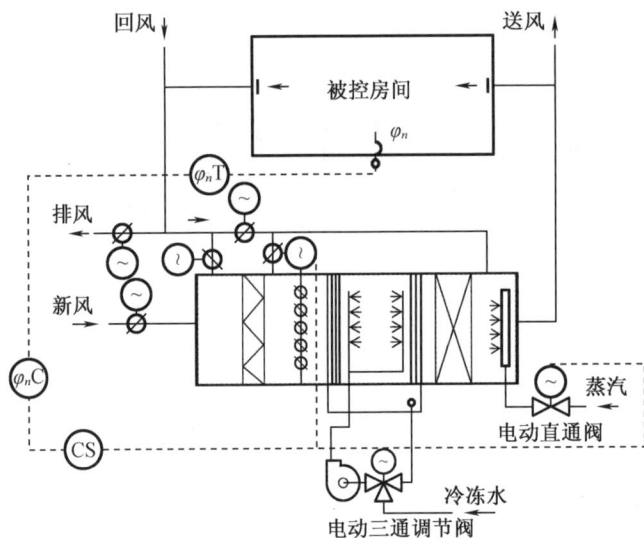

图 7-5　变露点直接控制原理图

空调自动控制系统运行前需要进行准备工作,具体为:按自动控制设计图及

有关设计规范,仔细检查系统各组成部分的安装与连接情况;检查敏感元件的安装是否符合要求,安装位置是否能正确反映工艺要求;敏感元件的引出线是否会受到强电磁场的干扰,如有强电磁场应采取有效的屏蔽措施;检查控制器的输出相位是否正确,手动与自动切换是否灵活有效;检查执行器的开关方向和动作方向、阀门开度与控制器的输出是否一致,位置反馈信号是否明显,阀门全行程工作是否正常,有无变差和呆滞现象;检查继电器的输出情况,人为施加信号,当被调量超过上、下限时,安全报警信号是否立即报警,当被调量恢复到设定值范围内时,报警信号是否可以迅速解除;检查自动连锁和紧急停车按钮等安全装置是否工作正常和可靠。

功能齐全的空调自动控制系统具有运行参数显示设备,一般为计算机显示器或模拟显示屏,操作人员可以在计算机前或模拟显示屏前观察空调舱室的温度、湿度情况和中央空调系统主要设备的运行情况;也可以观看送风、回风、供水及回水的温度、压力等情况。

带有数据记录功能的自动控制系统,一般都设有数据库功能,计算机可以存储一段时期内(1天、1个星期或数月)所采集到的各种中央空调系统的运行数据,这些数据一般存放在计算机硬盘上,为了长期保存这些数据,应该在规定的时间内及时把这些数据备份。

7.2.7　水质管理

冷冻水的水温低,循环流动系统通常为封闭的,不与空气接触,因此冷冻水的水质管理和必要的水处理相对冷却水系统来说要简单得多。冷却水水质问题及危害如图 7-6 所示。

1. 冷却水水质管理

(1)定期投加化学药剂,用化学方法进行水处理,防止系统结垢、腐蚀和菌藻类繁殖。

(2)定期进行水质检查,从而掌握水质情况和水处理效果。

(3)冷却塔和水管道要定期清洗,从而防止系统积淀过多的污物。

(4)及时补充水。

2. 冷却水水质处理

(1)化学处理方法

开式循环冷却水系统的水处理,是根据水质标准,通过投加化学药剂或其他方法来防止结垢、控制金属腐蚀、抑制微生物的繁殖。

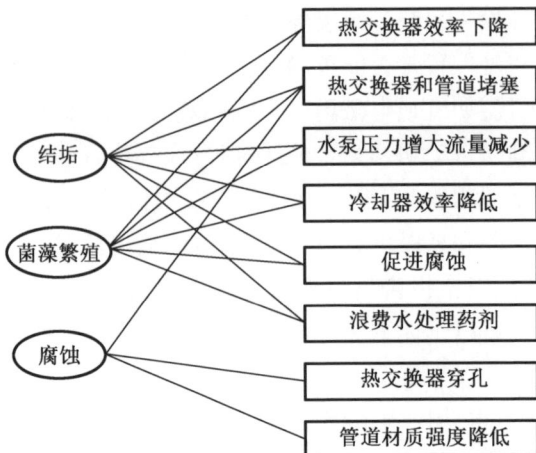

图 7-6　冷却水水质问题及危害

①垢和阻垢剂。

②腐蚀和缓腐剂

③阻垢缓蚀的复合药剂和选用原则。

a. 根据水质特性,通过模拟试验筛选出适宜的复合药剂,在实际运行过程中,视其效果再调整各组分的配比及投加量。在无试验条件的情况下,可以参考同类冷却水系统的运行数据。但不宜直接套用其配方,因为水质特性、系统组成、运行条件、操作方式等不同,可能会使缓蚀阻垢效果产生较大差异。

b. 要注意协同效应,优先采用有增效作用的复合配方,以增强药效,降低药耗。

c. 复合药剂的使用费用应适宜,且购买要方便。

d. 配方中的各药剂不应有相互对抗的作用,而且要与配用的杀生剂相容。

e. 含有复合药剂残液的冷却水排放时,应符合环保部门的规定,对周围环境不造成污染。

f. 不会造成换热器表面传热系数的降低。

④阻垢缓蚀剂的加药量。

a. 循环冷却水系统阻垢缓蚀剂的首次加药量,可按下式计算:

$$G_f = Vg/1\,000 \qquad\qquad (7-1)$$

式中　G_f——系统首次加药量,kg;

　　　V——系统容积,m^3;

　　　g——单位体积循环冷却水的加药量,mg/L。

b. 运行时的加药量

（a）中央空调敞开式循环冷却水系统运行时,阻垢缓蚀剂的加药量可按下式计算:

$$G_r = Q_c g/[1\,000(N-1)] \tag{7-2}$$

式中　G_r——系统运行时的加药量,kg/h;

　　　Q_c——蒸发水量,m^3/h;

　　　N——浓缩倍数(一般不小于3)。

（b）中央空调密闭式循环冷却水运行时,阻垢缓蚀剂的加药量可按下式计算:

$$G_r = Q_c g/1\,000 \tag{7-3}$$

采用化学药剂进行水处理虽然有操作简单、不需要专用设施、效果显著等优点,但也有不足之处:需要定期进行水质检验,以决定投加的药剂种类及药量;用药不当则达不到水质要求,甚至损坏设备和管道,因此技术性要求高;大多数化学药剂都或多或少地有一些毒性,随水排放时会造成环境污染。

（2）物理处理方法

冷却水处理的物理手段主要有:

①磁化法。

②高频水改法。

③静电水处理法。

④电子水处理法。

3. 空调水系统的清洗方法

（1）物理清洗

利用清洁的自来水以较大的水流速度(不小于 1.5 m/s)对与冷却水接触的所有设备和管道进行 5~8 h 的循环冲洗,借助水流的冲击力和洗刷力来清除设备和管道中的泥沙、松散沉积物和各种杂碎物质,并通过主管道的最低点或排污口排放掉清洗水,同时拆洗 Y 形水过滤器。

（2）化学清洗

化学清洗是通过化学药剂的化学作用,使被清洗设备和管道中的沉积物溶解、疏松、脱落或剥离的清洗方法。

循环水系统设备和管道的内表面,经化学清洗后呈活性状态,极易产生二次腐蚀,因此要在化学清洗后立即进行预膜处理。预膜剂和成膜的控制条件为:

（1）水温:水温高则有利于分子的扩散,加速预膜剂的反应,成膜快、质地

密实。

（2）水的 pH 值：水的 pH 值过高会产生磷酸钙沉淀，同时还会影响膜的致密性和与金属表面的结合力；如 pH 值低于 5 则将引起金属的腐蚀。

（3）水中钙离子与锌离子：钙离子与锌离子是预膜水中影响较大的两种离子。

（4）铁离子和悬浮物：铁离子和悬浮物都直接影响成膜的质量，如水中悬浮物较多，生成的膜就松散，抗腐蚀性能就会下降。

（5）预膜剂的浓度：不论采用何种预膜剂，均应根据当地水质特性所做的试验效果确定预膜剂的使用浓度。

（6）预膜液流速：在预膜过程中，一般要求预膜液流速要高一些（不低于 1 m/s）。

7.2.8 中央空调噪声控制

中央空调系统噪声对环境及使用舱室的影响不容忽视，对空调系统进行消声、隔声、吸声、减振处理尤为关键。最终在实际工程设计和施工过程中，使得使用舱室及船舶周边噪声达到规范要求，满足人们对环境舒适性要求。

中央空调的主要噪声源有以下几个方面：

（1）制冷机组的噪声与振动，还包括其辅助设备水泵、水处理等；

（2）空气从送风口喷出形成风声；

（3）空气在风管内流动摩擦振动产生的噪声；

（4）冷冻水在冷冻水管内流动产生水流声及水管振动产生的噪声；

（5）空调器及风机盘管等设备运转及设备振动产生的机械噪声；

（6）外界其他噪声源与上述噪声源可能产生的共鸣声等；

（7）空调系统的噪声主要来源于通风及空调系统。

空调系统噪声控制涉及消声、隔声、吸声及隔振等内容。空调噪声的传播方式包括空气传声与固体传声。固体声传播主要包括制冷机组、空调器、风机盘管、管道等设备振动的传播，空气声传播包括风管的噪声传播与末端噪声直接辐射等。应当选择合适的低噪声设备从声源上控制噪声：

（1）采用合理的空调形式来降低噪声；

（2）减少风声及水流声，冷冻水流速控制在 1.5 m/s 左右，支管风速 ≤ 3.5 m/s，主风管风速 ≤4 m/s，采用合适的风速及冷冻水流速；

（3）选用质量先进的低噪声设备，对于制冷主机应选择振动相对较小的压缩

机,对于水泵应尽量选择≤450 r/min 转速的低转速泵,新风机设备、风机盘管设于公共场区或办公区、休息区内,因此必须选用质量好、噪声低的产品,其噪声可直接传到人群中。

空调系统消声器是一种具有吸声内衬或特殊结构形式能有效降低噪声的气流管道,它既可以有效地降低噪声,又可以使气流顺利通过,通常需要在通风管道内安装消声器来降低噪声声压级。其作用主要是为了控制空调机组等空调设备的噪声,通过通风管道传到空调服务区及风道内气流噪声,在噪声控制技术中,消声器是应用最多最广泛的降噪设备,空调系统送回风管道的消声等,它被应用于空调机房、锅炉房、冷冻机房等设备机房进出风口的消声。

除了消声之外,空调系统还应该具备隔振措施。衰减振动的方法是消除振动源和接收者之间的刚性连接。控制空调系统设备的噪声,必须控制由空调机组、制冷设备振动传播的固体声,同时降低由通风管道传播的风机噪声和透过围护结构的设备噪声。只有这样,才能使空调用房达到预定的允许噪声控制标准。隔振设备可以通过两种途径来控制:

(1)一是降低振动传递效率;

(2)二是降低振动源的振动,在振源处控制振动是最有效的办法,但这种方法往往在现实工程中无法实现,因为它需要对振源设备进行重新设计或者改造,在振动传播途径上控制振动。

常用的隔振方法包括:

(1)增加振动传播途径的阻尼,如增加隔振软管等。它的目的主要是吸收振动传播的能量(转化为热量);

(2)增加弹簧隔振器或者橡胶垫。目前常用的隔振软管有各种橡胶软管和不锈钢波纹软管。

橡胶软管具有很好的隔振降噪效果,缺点是其使用受到介质温度和压力的限制,同时耐腐蚀性较差。

不锈钢波纹管由于能耐高温、高压和腐蚀性介质,经久耐用,具有良好的隔振效果,因此应用较广。但它造价较高,在空调管道隔振控制中,对于低温、低压的水管可以采用各种橡胶软管,而对冷冻机、空压机和高压水泵则需选用不锈钢波纹管。

制冷主机、冷冻水泵、冷却水泵等均属噪声较大的制冷主机。冷却水泵应尽量设置在地下室,从而减小对地面上的使用舱室的影响。常用的隔声墙为组合墙和单层匀质实墙。

（1）组合墙隔声：组合墙可以通过中间留空气层提高隔声量。声波入射到第一层墙板时，使墙板发生振动，空气间层可以看作是连接墙板的"弹簧"，此振动通过空气层传至第二层墙板。

（2）单层匀质实墙隔声：墙的单位面积质量越大，隔声效果越好。在主要声频范围内，单层匀质实墙隔声性能主要受质量控制，单位面积质量每增加 1 倍，隔声量增加 6 dB。因此，墙体的选择应尽量选择厚重的，以提高墙体隔声量。

船舶设计、空调设计与噪声控制的协作主要涉及船舶内的防噪规划、船舶空间的分配和船舶构造等内容，从控制噪声的观点出发，空调设备的机房应远离空调用房和对噪声控制要求高的舱室，这样可以增大噪声的自然衰减，减少空调噪声对空调舱室的影响。空调噪声控制与船舶防噪设计规划具体为：

（1）为降低风管的气流噪声，船舶设计方应尽可能预留足够多空间给空调系统，包括竖井和吊顶空间，在空调用房的布局上，对噪声控制要求高的舱室，应集中布置在船舶内区，用对噪声控制要求低的辅助用房或办公用房作为隔声屏障，以隔绝外界噪声的干扰。

（2）在船舶构造上，对于产生噪声的舱室和需要安静的舱室，围护结构需要具有足够的隔声量，一般要做成厚重密实的结构。如果在船舶设计时没有处理好，则在噪声控制时可能需要花费很高的代价才能弥补。

合理地施工方法也可以降低空调系统的噪声，主要措施为：

（1）为使风机盘管的送风噪声得到较好的控制，要增大出风口面积，降低风速。

（2）冷冻水管主管支架安装：为使噪声及振动得到有效消除，应在刚性支架上加弹簧减振器，对管径较大且有轻微振动的冷冻水主管道常采用这种方法，为的是使噪声在楼板与刚性支架之间的弹簧减振器得到有效控制。

（3）风管安装：风管制作安装要严格执行国家规范进行施工，空调和新风消声器与静压箱一样，内贴优质吸音材料，外部采用优质保温材料保温，风管弯头部位设置消声弯头，风管适当部位设置消声器。新风进口采用消声百叶，在风机进出口安装阻抗消声器，对于截面积较大的风管，风管吊架尽可能采用橡胶减振垫，确保风管不产生振动噪声，如果风管安装强度及整体刚度不够，就会产生摩擦及振动噪声。

（4）水管安装：水管安装要严格执行国家规范，吊架不能固定在楼板上，应尽量固定在梁上，冷冻水主干管及冷却水管吊架要采用弹簧减振吊架，水管穿过楼板或过墙必须采用套管，且要用不燃材料填封。

214

（5）设备安装：新风、空调机采用阻尼弹簧减振器安装，风机盘管采用弹簧吊钩，风机盘管与水管连接采用软管，风机与风管连接采用软连接，新风机与水管连接采用软接头。

（6）在空调机房内进行吸音处理，以防止设备噪声的外传，比如空调机房内采用隔声材料做成围护结构，为了增强吸声效果，也可以采用凹凸形立体吸声板，做机房的墙面或吊顶板，在机房内贴吸声材料，机房也尽量减少门窗，以尽量减少设备噪声的外传，使用的门窗也应采用吸声窗或吸声百叶窗。

7.3　制冷装置的维护和检修

7.3.1　制冷设备检修前对制冷剂的处理

1. 制冷设备中制冷剂的处理方法

（1）低压设备检修时对制冷剂的处理

①准备好维修所需的各种工具，准备好安全防护设施，如防毒面具、通风机、橡胶手套、橡胶水管和急救物品等。

②切断事故设备与制冷系统的联系，并在关闭的阀门上挂上"禁开"牌。

③选择一条抽氨线路，把需维修设备中的氨抽净。

④系统管道的阀门调整无误后，可利用选择的抽氨管路开启压缩机进行抽空，低压压力下降至 0 以下时停机，待压力回升后再开机抽空。

⑤若有些设备中的氨不易抽净，可通过放空阀放空或用橡胶管将氨放到冷凝器水池或室外的水桶内。

⑥被检修设备抽空后应接通大气，让氨气散发，浓度降低。

（2）高压设备检修时对制冷剂的处理

（3）制冷系统大修时对制冷剂的处理

①准备好工具、磅秤、连接管、防护用品及急救物品。

②启动压缩机，使整个制冷系统正常进行工作，关闭低压循环贮液桶的供液阀，停止供液。

③将氨罐或氨瓶用高压橡胶管或钢管连接在加氨调节站的加氨阀上，打开

加氨调节站上的减压阀,使氨罐或氨瓶减压,然后关闭减压阀,开启加氨阀和氨瓶(或氨罐)上的阀门,这时氨液流入氨罐。

④将氨加到规定数量后关闭钢瓶阀和加氨站上的液体阀,开启加氨站上的减压阀,把加氨管中的液体抽空,关闭减压阀,拆下钢瓶,换上新钢瓶。

⑤在制冷压缩机的抽吸过程中如吸气压力过低,可开启冷库门,使库温升高,促使氨的蒸发。

⑥灌氨过程中可将冷凝压力控制稍高一些(在 1.3~1.4 MPa 之间),既便于氨的冷凝,又可增加灌氨的压差。

⑦当低压压力降至 0 MPa 以下,高压贮液器的液面降到 5% 以下时,灌氨结束。

2. 氟利昂制冷设备中制冷剂的处理方法

(1)低压设备检修时制冷剂的处理

(2)高压设备检修及制冷设备大修时制冷剂的处理

①准备好氟利昂钢瓶、紫铜管或尼龙加氟软管、冷却水软管及其他常用工具。

②把冷凝器出液阀开足,这时三通阀的多用孔关闭。

③接好冷却水管,把氟利昂钢瓶放在水池中用水喷淋,水温越低越好。

④开启冷凝器出液阀的多用孔,打开氟利昂钢瓶阀,使氟利昂进入钢瓶。

⑤制冷系统中的氟利昂逐渐减少时,可适当减少冷却水或停止冷却水的供应。

⑥当制冷压缩机的吸气压力降到 -0.05 MPa 时可停止制冷压缩机的运转。

3. 处理制冷剂时的注意事项

(1)在启动制冷压缩机抽吸制冷剂前,应将制冷压缩机控制电路上的压力继电器和油压差继电器触点短接。

(2)在全系统抽空前,除通往大气的阀门外其他阀门应全部开启。

(3)低压设备的环境温度低,隔热层厚,保温效果好,内部制冷剂蒸发慢,可采取相应措施使冷间温度上升以促使制冷剂尽快蒸发。

(4)系统排放余氨时阀门不要开得过大,要用足量的水对氨进行稀释溶解。

(5)若设备和系统因泄漏进行检修时,在用制冷压缩机抽吸制冷剂时,注意吸气压力不能过低,宜在接近 0 MPa 时停机。

7.3.2 风机盘管的维护保养

1. 日常维护保养

(1)温控开关动作不正常或控制失灵,要及时修理或更换;

(2)电磁阀开关的动作不正常或控制失灵要及时修理或更换;

(3)每三个月清洗一次空气过滤网;

(4)水管接头或阀门漏水要及时修理或更换;

(5)接水盘、水管、风管绝热层损坏要及时修补或更换;

(6)及时排除风机盘管内积存的空气。

2. 定期维护保养

(1)空调维修组每半年对风机盘管进行一次清洁、维护保养,如果风机盘管只是季节性使用,则在使用结束后进行依次清洁保养。

(2)清洁维护保养的内容。

①吹吸、清洗空气过滤网,冲刷、消毒接水盘,清洗风机风叶、盘管上的污物;盐酸溶液清洗盘管内壁的污垢,清洁风机盘管的外壳。

②盘管肋片有压倒的用驰梳梳好。

(3)检查风机转动是否灵活,如果转动中有阻滞现象,则应加注润滑油,如有异常的摩擦响声应更换风机的轴承。

(4)对于带动风机的电机,用 500 V 摇表检测线圈绝缘电阻,应不低于0.5 MΩ,否则应做干燥处理或整修更换,检查电容是否变形,如是则应更换同规格电容,检查各接线头是否牢固。

(5)拧紧所有的紧固件。

3. 停机使用时的维护保养

(1)风机盘管不使用时,盘管内要保证充满水,减少管道腐蚀。

(2)在冬季不使用的盘管,要采取防冻措施。

7.3.3 柜式风机盘管的维护保养

柜式风机盘管的维护保养内容与风机盘管的维护保养内容基本一致,所不同的是:

(1)1~2 月清洗一次过滤网。

（2）每个月调整一次离心机皮带。

（3）风机轴承每年换一次润滑油。

7.3.4　水泵的维护保养

1. 日常维护保养

（1）及时处理日常巡检中发现的水泵运行问题。

（2）及时向水泵轴承加润滑油。

（3）及时压紧或更换轴封。

2. 定期维护保养

（1）使用润滑油润滑的轴承每年清洗、换油一次；采用润滑脂润滑的轴承，在水泵使用期间，每工作 2 000 h 换油一次。

（2）每年对水泵进行一次解体的清洗和检查、清洗泵体和轴承，清除水垢，检查水泵的各部件。

3. 停机时保养

水泵停用期间，环境低于 0 ℃时，要将泵内的水全部放干净，以免水的冻胀作用胀裂泵体。

7.3.5　风机的维护保养

1. 日常维护保养

及时处理日常巡检中发现的风机运行问题。

2. 定期维护保养

（1）连续运行的带传动风机，每月应停机检查调整一次皮带的松紧度，间歇运行的风机，在停机不用期间一个月进行一次检查调整。

（2）检查、紧固风机与基础或机架、风机与电动机，以及风机自身各部分连接松动的螺栓、螺母。

（3）调整、更换减震装置。

（4）常年运行的风机，每半年更换一次轴承的润滑脂，季节性使用的风机，每年更换一次润滑油。

7.3.6　空调系统的维护保养

1. 水系统的节能维护保养

水系统的节能维护保养包括冷冻水、冷却水和凝结水管系统的管道和阀门的维护保养。

（1）日常维护保养

①及时修补水系统破损和脱落的绝热层、表面防潮层及保护层，更换胀裂、开胶的绝热层或防潮层接缝的胶带。

②及时封堵、修理和更换漏水的设备、管道、阀门及附件。

③及时疏通堵塞的凝结水管道。

④及时检修动作不灵敏的自动动作阀门和清理自动排气阀门的堵塞。

（2）定期维护保养

空调维修组每半年对冷冻（热）水管道、冷却水管、凝结水管系统管道和阀门进行一次维护保养，具体的维护保养内容如下：

①修补或重做水系统管道和阀门处破损的绝热层、表面防潮层及保护层；更换胀裂、开胶的绝热层或防潮层接缝的胶带。

②从集水水盘排水口处用加压清水或药水冲洗凝结水管路。

③检查修理或更换动作失灵的自动动作阀门，如止回阀和自动排气阀。

④每三个月清洗一次水泵入口处水过滤器的过滤网，有破损要更换。

⑤空调维修工每半年对中央空调水系统所有阀类进行一次维护保养；进行润滑、封堵、修理、更换。

2. 风系统的节能维护保养

风系统的节能维护保养包括风系统管道和阀门的维护保养。

（1）每三个月修补一次风系统破损和脱落的绝热层、表面防潮层及保护层，更换胀裂、开胶的绝热层或防潮层接缝的胶带。

（2）每三个月对送回风口进行一次清洁和紧固，每两个月清洗一次带过滤网的风口的过滤网。

（3）每三个月对风系统的风阀进行一次维护保养，检查各类风阀的灵活性、稳固性和开启准确性，进行必要的润滑和封堵。

3. 空调测控系统的节能维护保养

（1）及时修理或更换动作不正常或控制失灵的温控开关。

(2)及时维修或更换损坏的中央空调系统的压力表、流量计、温度计、冷(热)量表、电表、燃料计量表(煤气表、油表)等计量仪表,缺少的应及时增设。

(3)每半年对控制柜内外进行一次清洗,并紧固所有接线螺钉。

(4)每年校准一次检测器件(温度计、压力表、传感器等)和指示仪表,达不到要求的更换。

(5)每年清洗一次各种电气部件(如交流接触器、热继电器、自动空气开关、中间继电器等)。

7.3.7　冷凝器的维护和检修

1.冷凝器的维护

冷凝器的形式很多,按使用的冷却介质可分为风冷式、水冷式和蒸发式三种。

(1)风冷式冷凝器的维护

风冷式冷凝器是以空气作为冷却介质,而环境中的空气里总是混杂有一些灰尘,空气流动时其与冷凝器的外表面接触,便黏附于冷凝器下面,肋片间隙便会遭灰尘堵塞,空气不能顺利自间隙之间通过,造成肋片散热管不能与外界空气进行稳定的热交换。所以,必须定期检查冷凝器的结尘情况,并且立即清除灰尘。使用粗钢丝平刷,把冷凝器左右的外表面灰尘刷掉;对于肋片里深处的灰尘,可用压缩空气吹净。

(2)水冷式冷凝器的维护

①人工清除法

用扁铲和小锤沿管道外表面敲击,将管外的水垢清除。

②机械清除法

这种方法适用于清除壳管式冷凝器的管内水垢。

③化学除垢法

冷凝器停止运行后除垢通常采用酸洗法。

(3)蒸发式冷凝器的维护

蒸发式冷凝器受结构形式的限制,其除垢很困难。

①蒸发式冷凝器的水系统中初期注入的水应经过处理,最好初期注入的是蒸馏水。

②在循环水管上安装磁水除垢器。

③在冷却水循环水池内加入 0.01% 的运行除垢剂或 0.5% 的锅炉除垢剂,使水池内的冷却水软化。

2. 冷凝器的检修

冷凝器常见的故障是泄漏。

(1)泄漏点在管板处时,可直接用电焊或气焊焊补。

(2)若泄漏点在管子中间,则无法焊补,可用圆钢坯加工成锥形钢塞,把管子的两头堵死,待系统大修时重新更换新管。

(3)冷凝器内管子若是紫铜管,通常是用胀接法连接在管板上,更换管道时可将泄漏的管子拆下,把管板孔用砂纸磨光,换上新管,使用专用的滚针式胀管器将紫铜管胀接在管板上。

(4)冷凝器修理后应试压检漏,最好进行气密性试验。

7.3.8 蒸发器的维护和检修

1. 蒸发器的维护

(1)蒸发器在使用过程中要注意经常检漏。

(2)当蒸发排管的冰霜层过厚时,管子会因超负荷而弯曲,且制冷效果差。

(3)冷却液体的蒸发器长期停用时应将冷媒放出,重新灌满清水,避免蒸发器管道与空气接触。

2. 蒸发器的检修

(1)蒸发器常见的故障是泄漏和堵塞。

(2)蒸发器经检漏确定漏点后,应对制冷剂进行处理,接通大气后即可进行焊补。

(3)在光滑排管蒸发器处出现了针形小孔泄漏,而因其他原因暂时不能焊接处理时,可在泄漏处裹上橡胶板用管卡卡牢,或用铅丝捆扎,待大修时再进行焊补处理。

(4)蒸发器的连接管或活接头处泄漏时,可用扳手拧紧加固。

(5)若蒸发器管道发生堵塞,首先应进行热氨冲霜,将堵塞在管内的油污冲出,也可使用 0.6 MPa 的氮气进行吹洗,将管道内的油污吹洗干净。

7.3.9　制冷系统容器、管道、阀门及法兰的检修

1.制冷系统容器和管道的检修

制冷系统容器和管道由于长期与空气接触而逐渐锈蚀,使钢材的厚度减小,存在着一定的隐患,需要对其经常进行检修。常用方法有测量法、截管法、钻孔法。

2.阀门的检修

制冷系统管道上的阀门起着调节和控制制冷剂流量和流向的作用。

(1)截止阀和调节阀的维修

截止阀和调节阀常见故障有:阀杆的损坏、阀座与阀芯损伤、阀门的阀芯脱落、阀门的阀体泄漏。

截止阀和调节阀的维修:拆卸阀门准备修理时,首先应切断该阀门与系统的联系,并将管道内的制冷剂抽空,然后进行拆卸。

①阀杆的维修

阀杆如已磨损或断裂,应选用相同材质、相同规格的材料进行车削加工,予以更换。对于弯曲的阀杆,可在虎钳上进行调直或更换新阀杆。

②阀芯密封面的修理

a.当阀门的阀芯密封面有损伤时,应予以更换或维修。

b.若阀芯使用的密封圈是聚四氟乙烯材料,可更换新的密封圈。

c.若阀芯密封使用的是轴承合金,且损坏很小时,用三角刮刀片刮平即可。若合金严重损坏,应重新浇铸合金。可用气焊或喷灯火焰熔化合金,冷却后制成条状。操作时先将阀芯清除干净,对阀芯加热至 250 ℃左右,在阀芯的合金槽内镀一层锡,再用气焊或喷灯火焰把准备好的合金条熔化到合金槽内,冷却后将合金面刮平。

d.若阀门是钢制阀芯,轻微磨损时可用研磨的方法进行修理。研磨后用煤油试漏,如磨损严重,出现划痕或凹坑过深,则应更换新阀门。

③盘根的更换

(2)电磁阀的维修

①电磁阀通电后不开启

可能是电源接线脱落、线圈断路、小铁心或阀芯卡住及装配错误等原因造成。

②电磁阀断电时不关闭或关闭不严

可能是阀芯或弹簧卡住、小铁心剩磁、阀芯密封面损伤、小铁心阀针座橡胶密封损坏或阀体安装不垂直等原因造成。

③电磁阀泄漏

可能是阀盖紧固螺钉没有均匀拧紧、阀盖密封圈老化或损坏、隔磁套管焊接处损坏等原因造成。

（3）止回阀的维修

①止回阀的阀芯与阀座关闭不严时，可对阀芯进行研磨，使阀芯和阀座的密封面配合良好。

②止回阀不能开启和关闭，可能是阀芯与阀的支承座之间有杂物卡住。

3.法兰的检修

法兰的主要故障是密封泄漏。

7.3.10　制冷压缩机的检修

1.检修的目的和内容

（1）检修的目的

①正常操作时制冷压缩机的润滑系统应畅通，油压、油温、油面和油的质量应符合规定。

②安装、维修及保养工作应确保制冷压缩机各运转部位的装配间隙、几何精度、零部件的磨损程度及制造质量等都符合规定的技术要求，使制冷压缩机具有良好的输气性能。

（2）检修的内容

根据制冷压缩机的累计运转时间和压缩机完好情况，定期对压缩机进行全面的检修操作。共有三种检修方式：小修、中修、大修。进行大修时的检修内容包括中修、小修的内容，中修包括小修的内容。

2.检修前的准备工作

（1）人员准备。

（2）检修工具的准备。

（3）易损件和检修材料的准备。

3.活塞式制冷压缩机的检修

活塞式制冷压缩机拆卸时的注意事项

①活塞式制冷压缩机拆卸前必须切断电源，切断机器与系统的联系，并放出

机内剩余的氨气(或其他工质)。

②拆卸机器时要有步骤地进行,一般应先拆部件,后拆零件,由外到内,由上到下,有次序地进行拆卸。

③压出和打出的轴套、销钉类零件,拆卸时应辨明其方向。

④对于拆下来的复杂零件、形状相同的零件和位置方向不可改变的零件,要做好标记或进行编号,并有秩序地放置到专用支架或工作台上,切不可乱扔乱放,以免造成零件表面的损伤。

⑤体积较小的零件经拆卸清洗后,可装配在主要零部件上,以防丢失。

⑥对清洗后的零件应及时涂油,用布盖好,以防零件锈蚀和沾染积尘。

活塞式制冷压缩机拆卸时应先将各部件和大零件拆下,并测量有关间隙。

(2)汽缸盖与吸、排气阀组的拆卸

①拆卸曲轴箱侧盖。

②拆卸活塞连杆组件。

③拆卸汽缸套。

④拆卸能量调节机构。

⑤拆卸油精滤器、油泵和油三通阀。

⑥拆卸吸气过滤器。

⑦拆卸联轴器。

⑧拆卸轴封。

⑨拆卸后轴承座。

⑩拆卸曲轴。

⑪拆卸其他零部件(如安全阀等),如果需要可将仪表盘上的压力表、油分配阀及压缩机的吸排气阀门也拆下。

(3)零件的检查与修理

①汽缸套的检查与修理

检查汽缸套的磨损时可用内径千分表测量。

②排气阀组的检查与修理

检查阀片是否损坏,是否有翘曲和磨损。

③活塞体的检查与修理

活塞的磨损可用外径千分尺进行测量。

④活塞环的检查与修理

活塞环的径向磨损不应超过 1 mm,活塞环的高度间隙和锁口间隙不应超过规定值,超出规定要求时应换新环。

⑤活塞销的小头衬套的检查与修理

用外径千分尺测量活塞销的磨损,一般磨损量达 0.1 mm 或圆度超过直径公差的 1/2 时,应换新活塞销。

⑥连杆大头轴瓦的检查与修理

大头轴瓦的磨损可通过检查连杆大头的间隙确定。

⑦主轴承轴衬的检查与修理

主轴承的磨损可用内径千分表来测量。

⑧曲轴主轴颈和曲柄销的检查与修理

曲轴的主轴颈和曲柄销的磨损可用外径千分尺测量。

⑨连杆螺栓的检查

对连杆螺栓不做修理。

⑩轴封的检查与修理

轴封的常见故障是泄漏。

⑪油泵的检查与修理

制冷压缩机常用的油泵有外啮合齿轮泵、月牙形内啮合齿轮泵和转子或内啮合齿轮泵。

⑫卸载装置的检查与修理

卸载装置又称能量调节机构。

⑬油三通阀的检查与修理

油三通阀拆卸后应注意检查阀芯和橡胶密封圈是否完好。

(4)活塞式制冷压缩机连杆组件及气阀组的组装

①气阀组装配前应先检查气阀弹簧,若有损坏应全部换新,以免弹簧的弹力不匀而使阀片漏气。弹簧拧进弹簧座后其自由高度应一样,且不偏斜。

②将阀片放在外阀座上,同时压上阀盖,并将阀片和外阀座用螺栓连接好。注意阀片是否放正。

③装上内阀座和气阀螺栓。注意:气阀螺栓一定要拧紧,并使螺杆上的销子孔对准槽形螺母的缺口,然后装上开口销。若拧紧后没有对准,可挫修螺母底面或加垫片,不能用松螺母的方法来安装开口销。

④装配后应重新检查阀片有无装偏,用螺钉旋具检验阀片活动是否灵活,并用煤油进行试漏。

⑤油三通阀和油分配阀部件的组装。装配油三通阀时应根据拆卸时所做的装配标记定位装配。标牌上的销钉要装平,手柄的位置要与标牌上的位置相符。油三通装配好后,可用吹气的方法判断加油、放油及工作的位置是否正确。

（5）制冷压缩机的总装

制冷压缩机的总装是指将已经组装好的部件和大零件,按一定的顺序逐件装入机体。

①安装前轴承座;

②安装曲轴;

③安装后轴承座;

④安装轴封;

⑤安装联轴器;

⑥安装油泵(转子式内啮合齿轮油泵)和油精滤器;

⑦安装油三通阀;

⑧安装卸载装置;

⑨安装汽缸套;

⑩安装活塞连杆组件;

⑪安装气阀组与汽缸盖;

⑫安装其他零部件。

活塞式制冷压缩机大修后,尤其是更换曲轴、连杆大头轴瓦、汽缸和活塞等重要零件后,需要对维修质量进行检查,对相互运动的零件表面进行磨合,以降低其表面的粗糙度,为恢复正常运转做准备。

7.3.11　定期检修制度

1.定期检修的目的与意义

制冷机是在温度、压力变化范围较大、转速较大的情况下运行的。

（1）避免机器零件过早磨损,经常保持制冷机的良好性能。

（2）预防机器的故障,消除发生意外事故的隐患,避免造成不必要的损失。

（3）延长机器使用期限。

2.定期检修时间的选择

维修保养时间怎么定,要根据每个冷冻厂各自使用制冷机的情况,特别是制冷维修工的水平、各单位经济情况等因素决定。

3.定期检修内容和范围

（1）定期检修分小修、中修和大修,活塞式制冷压缩机的检修内容和范围如表7-2所示。

表 7-2　活塞式制冷压缩机的检修内容和范围

主要部件名称	小修(周期约 700 h) 的主要工作内容	中修(周期 2 000~ 3 000 h)的主要工作内容	大修(周期为 1 年) 的主要工作内容
阀与阀片	检查清洗阀片,调整开启度,更换损坏的阀片、弹簧等零件,检验阀门的密封性	测量和调整阀片余隙,检修或更换关闭不严密的阀门	检查校验各种控制阀和安全阀,更换填料,必要时应更新阀芯上的合金或更换新件
汽缸与活塞	检查汽缸的表面粗糙度,清洗汽缸和活塞	检查活塞环的锁口间隙、环槽间隙;检查活塞销的间隙及磨损,必要时应更换新件	测量活塞、活塞环、活塞销及衬套的磨损量,根据实际情况维修或更换
连杆组件及轴承	检查连杆螺栓、螺母和防松装置是否松脱或损坏,如有则应及时维修	检查连杆大头轴瓦和小头衬套;测量配合间隙,如需要可进行研磨处理和修整	依照修复后的连杆轴颈修整连杆轴瓦,或重新浇铸轴承合金,检查连杆大头孔的平行度和连杆的弯曲度,并加以修复
曲轴和主轴承		测量各主轴承的间隙,必要时进行修整	测量曲柄扭摆度、水平度、与主轴颈的平行度,检查轴颈的磨损量及表面损伤,以便修整或更换。修整或浇铸主轴承
轴封		检查轴封各零件的配合情况,清洗轴封内部及进出油管	检查动环、胸环、密封圈和弹簧的性能,必要时进行研磨修整或更换新件
润滑系统	更换冷冻油,清洗曲轴箱和过滤器	清洗油三通阀和润滑系统,检查油泵的配合间隙	修整油泵轴承,调整泵齿轮和油泵内腔的配合间隙,必要时应更换新件
其他	检查卸载系统的灵活性	检查电动机与制冷压缩机传动装置的扭摆,检查地脚螺栓和飞轮的紧固情况	检查校验的控制元件及压力表,清除冷却水套内的水垢

（2）更换的所有零部件的去向，都应有明确的记录。

4.检修注意事项

（1）制冷机的检修需要将整个机组拆卸、分解成组合件、部件或零件。

（2）拆卸必须按照与装配相反的顺序进行。

（3）拆卸时，应当按照装配部件分别进行。

（4）拆卸时，应先搞清楚它的内部构造和各零件的连接方式后再拆。

（5）合理使用工具，避免损坏零部件。

（6）合理使用各类清洁剂、保护剂。

（7）拆卸的各部件，应有秩序地放置，不要乱丢，以免散失和损坏；同时需小心轻放，避免增加额外的修理工作量。

（8）第一次拆卸零部件，应标上记号，以免在装配时发生差错。

（9）拆卸曲轴时，应使用适当的起重工具，且在曲轴下垫木块。

（10）敲击零件时，应垫有木块，或用铜榔头、木榔头；活塞绝不可敲击。

（11）拆卸活塞销时，应用加热法将活塞加热到 100 ℃ 左右以后进行。

（12）拆卸活塞环时，要均匀用力或者用简易工具，不要乱拨、乱撬，以免断裂或变形。

7.4 空调监控及故障诊断

设备故障诊断技术是20世纪七八十年代迅速发展起来的一项新技术，随着现代航海技术发展和科技的进步，船舶空调设备的复杂程度日益提高，如何保证其安全运行，已成为制冷行业一个十分迫切的问题。鉴于船舶空调设备随船周行，设备故障后及时维修的时效性及空间受到极大限制，故而设备故障诊断技术是保障设备安全运行的基本措施之一。它能对设备故障的发展做出早期的预报，对出现故障的原因做出判断，提出对策，建议，避免或减少事故的发生。故障诊断技术是一种"治未病"的预测技术，普遍应用将能改变设备的维修体制，从"定期维修"向更合理的"视情维修"转变。因此设备故障诊断技术的应用会带来巨大的经济效益。

随着船舶设备的大型化、自动化、高速化和复杂化，机械设备的故障诊断也变得十分复杂。解决这一问题行之有效的方法就是建立基于网络的远程监控与故障诊断系统。

船舶空调设备的远程监测与诊断是计算机科学、通信技术与故障诊断技术

相结合的一种设备诊断方式,该系统实现"移动的是数据而不是人",从而改变一旦设备发生故障,在船轮机员就疲于奔命的被动局面。远程故障诊断是网络技术、通信技术与机械设备故障诊断技术相结合而发展的产物。随着网络的日益普及,设备监测诊断模式正经历着新的革命。经过单级封闭式监测诊断系统到基于工业局域网的分布式监测诊断系(DMDS)之后,基于广域网的远程故障诊断系统的研究和应用正受到广泛关注。

当前,科学技术正进入多学科互相交叉、互相渗透、互相影响的时代,生命科学与工程科学的交叉、渗透和相互促进是其中一个典型例子,也是近代科学技术发展的一个显著特点。人工智能技术的出现及应用领域的不断拓广,传统的基于符号处理机制的人工智能方法在知识表示、处理模式信息及解决组合爆炸等方面所碰到的问题已变得越来越突出。这些困难甚至使某些学者对强人工智能提出了强烈批判,对人工智能的可能性提出了质疑。研究能在搜索过程中自动获得和积累有关搜索空间的知识,并能自适应地控制搜索过程,从而得到最优解或准有解的通用搜索算法一直是令人瞩目的课题。

7.4.1　基于遗传算法的远程故障诊断研究

遗传算法(genetic algorithm, GA)是近年来迅速发展起来的一种全新的随机搜索与优化算法,其基本思想是基于达尔文的进化论和孟德尔的遗传学说。遗传程序设计是借鉴生物界的自然选择和遗传机制,在遗传算法的基础上发展起来的搜索算法,它已成为进化计算的一个新分支。遗传程序设计运用遗传算法的思想,常采用树的结构来表示计算机程序,从而解决问题。作为一种通用的问题求解方法,遗传算法采用简单的编码技术来表示各种复杂的结构并通过对一组编码表示进行简单的遗传操作和优胜劣汰的自然选择来指导学习和确定搜索的方向。

船舶中央空调系统远处监控、预警及诊断的基本框架就是源于远程智能监测故障诊断系统,主要由船上和岸基两大块组成。船上将空调参数采集起来,参数监测计算机将采集的参数同其设定值进行比较,当参数超出设定的范围,就发出警报,同时将故障情况传输到船上的故障诊断计算机,故障诊断计算机就进行故障诊断程序,指导轮机员进行故障处理。若故障比较罕见,船上的故障诊断系统无法提供技术指导时,则通过海事卫星将故障情况传送到船公司的故障诊断中心,由船公司提供更为详细的技术支持,同时通知相关港口码头做好相应的准备。平常定时通过海事卫星发回其运输状况。港口码头堆场也通过其监测系统对空调设备进行性能监测,发现存在故障即同船公司进行联系,而船公司再将有关信息通知相应的船舶,使其做好对应的处理措施。船舶空调信息联系图如图 7-7 所示。

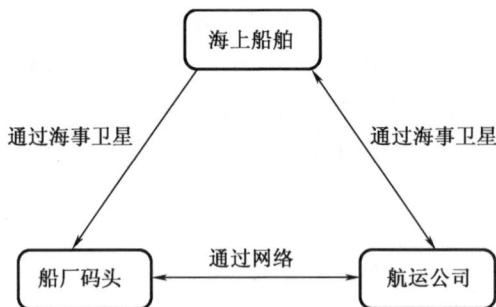

图7-7　船舶空调信息联系图

故障按照其严重程度可以分成硬故障(hard fault)与软故障(soft fault)。硬故障主要是指器件元件完全失效的故障,如:风机不转、传感器失效等。这类故障往往是突发性的,易于被检测到。软故障是指器件性能下降或部分失效的各种故障,如风机盘管的结垢、传感器的偏差与漂移等。软故障一般是渐发性的,在初期往往难于被检测到。软故障的监控及诊断对于故障的预警预报有着重要的意义,分析这类故障及其征兆之间的关系,确定其影响因素,建立起相应的模型,开发故障诊断数据库,做到能够尽早发现这类故障,避免引起较大的能量浪费和硬故障。

神经网络的拓扑结构如图7-8所示,每个神经网络结构需要表示为一个遗传算法个体染色体编码,才可以用遗传算法进行优化。

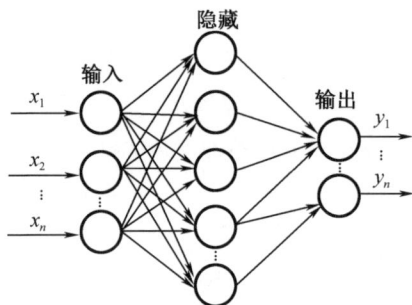

图7-8　神经网络的拓扑结构

神经网络的自动化设计成为当前的一个研究热点,按照处理方式的不同将其分为连接注意设计法和进化设计法。连接注意设计法主要包括增补算法和消减算法。用进化算法(EA)辅助神经网络的设计已被认为是最有前途的一种方法。EA适合大规模并行且能以较大的概率找到全局最优化解,因此有很多从事神经网络理论和应用的研究人员利用EA或将EA与其他算法(如BP、模拟退火算法等)结合起来设计和训练神经网络并取得了较好的结果,如图7-9所示。

　　根据实船数据收集及整理,就可以归纳列出系统故障与运行状态参数之间的对应关系,从而可建立设备系统的故障预警诊断参数范例集,如图 7-10 和表 7-3 所示。

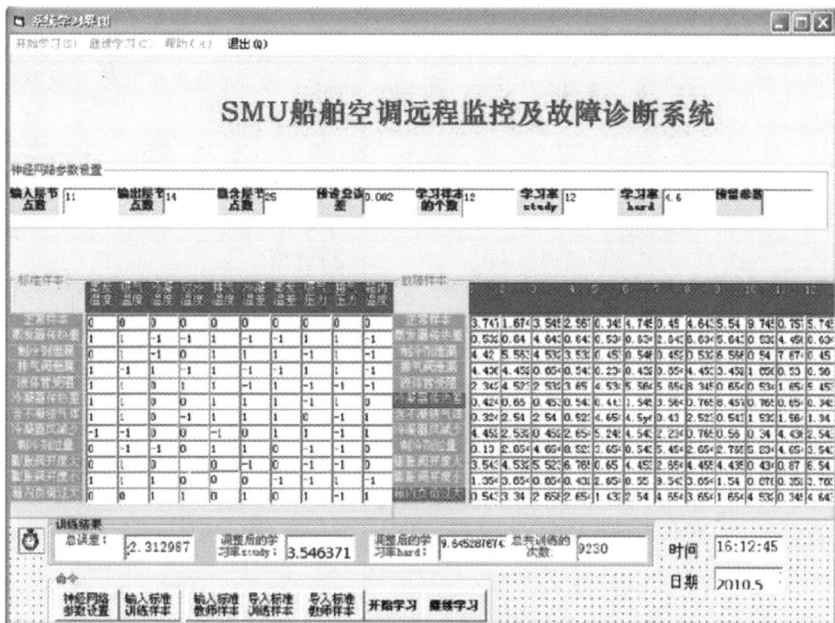

图 7-9　神经网络训练界面

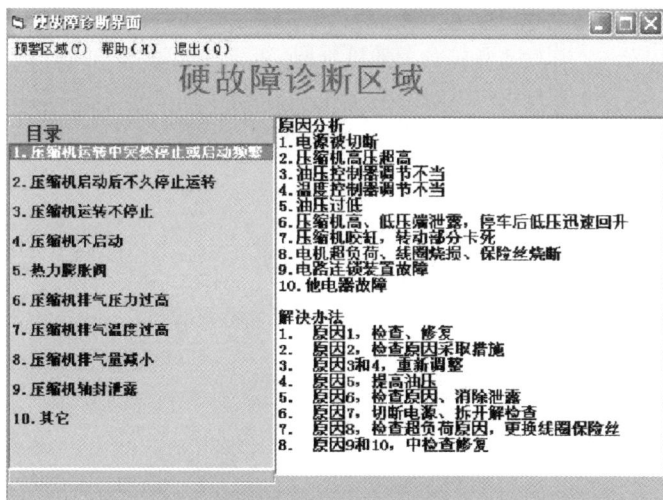

图 7-10　故障诊断界面

231

表7-3　故障预警诊断参数范例集示例

故障	原因分析			解决措施
机组运转噪声大	压缩机、电动机底脚螺钉松动			紧固
	连接管路、辅助设备固定不良			紧固
	传动带或飞轮松弛			传动带张紧、检查螺母等
压缩机有异常声响	汽缸部分		汽缸余隙过小	调整余隙,适当加厚纸垫片或更换零部件
			活塞销与连杆小头衬间隙过大	调整衬套间隙
			活塞销缺油	更换衬套
			吸、排气阀片、弹簧裂	适当提高油压
			假盖弹簧裂	停车检查、取出碎片,更换阀片、弹簧
			汽缸与活塞配合间隙过大或过小	更换活塞或活塞环
			造成拉缸偏	更换零部件,调整配合间隙
			压缩机"奔油"造成"液击"	更换刮油环,调整各气环搭口位置
			吸入液体制冷剂造成"液击"	调整工况,调整膨胀阀开度,适当调小吸入阀开度
	曲轴箱部分		连杆大头轴瓦与曲轴轴间隙过大	调整间隙,更换轴瓦,适当提高油压
			主轴颈与主轴承间隙过大	
			连杆螺栓螺母松动、脱落	紧固、更换并以开口销锁紧
			飞轮、电动机转子联轴键松弛(半封闭或全封闭压缩机)	更换或紧固电动机转子联轴键
			电动机转子与主轴承间隙过大(半封闭或全封闭压缩机)	更换主轴承

表 7-3(续 1)

故障	原因分析	解决措施
压缩机排气压力过高	制冷系统混入空气等不凝性气体	排除空气
	冷凝器冷却风机未起动	起动风机
	风冷凝器风量不足、气温高	加大风量、防止气流短路循环或阻塞
	冷凝器管壁积垢太厚	清洗冷凝器
	制冷系统内制冷剂过多	取出多余制冷剂
	排气阀未开足、排气管不畅通	开足排气阀、疏通排气管
	储液器进液阀未开启或未开足	进液阀开启、开足
	装置分油不良、制冷系统集油过多、管道流阻力增加、换热效果差	检查、调整分油装置进行系统排油
压缩机排气压力过低	冷凝器风量过大、气温过低	减少风量
	吸、排气阀泄漏	研磨或更换阀片
	汽缸纸垫打穿,高低压端旁通	更换纸垫
	制冷系统内制冷剂不足	充注制冷剂
	蒸发器结霜过厚,吸入压力过低	融霜,适当提高吸入压力
	卸载-能量调节失灵,正常制冷时部分汽缸卸载	调整油压 0.15~0.30 MPa,调整卸载机构
	安全阀过早开启、高低旁通(氟机)	调整安全阀开启压力值
	分油器回油阀失灵、高低压旁通	检修或更换回油阀
压缩机排气温度过高	吸入气体的过热度太大	适当调节膨胀阀、减小过热度
	排气阀片泄漏或破损	研磨阀片、阀线,更换阀片
	汽缸纸垫打穿	更换纸垫
	安全阀过早开启、高低压旁通	调节安全阀开启压力
压缩机吸入压力过高	蒸发器热负荷过大、冷凝温度过高	调整热负荷、降低蒸发温度,合理选择蒸发器
	吸气阀泄漏、阀片裂	研磨阀片、阀线,更换阀片
	活塞环损坏或泄漏	检查,不良应更换
	汽缸纸垫打穿	更换纸垫
	膨胀阀开度过大	调小开度
	膨胀阀感温包位置不对	放正感温包,包扎好绝缘层
	卸载能量调节失灵,正常制冷时部分汽缸卸载	调整油压、检查卸载机构

表 7-3(续 2)

故障	原因分析	解决措施
压缩机吸入压力过高	安全调节不当,过早开启,高低压旁通	调整安全阀开启压力值
	分油器自动回油阀失灵,高低压旁通	检修或更换自动回油阀
	制冷系统中混入空气等不凝性气体	排出气
压缩机吸入压力过低	蒸发器热负荷过小	调整热负荷、提高蒸发温度;合理选择蒸发器,增加传热面积
	膨胀阀开度过小,膨胀阀进口滤网堵塞	调整膨胀阀开度、清洗进口滤网
	制冷系统含水	系统除水
	膨胀阀损坏	更换膨胀阀
	电磁阀关闭、供液管不畅	开启电磁阀、疏通供液管
	开启、开足	供液阀未开启、开足
	制冷剂不足	补充制冷剂
	吸气滤网及阀孔通道阻塞,吸入阀未开足	清洗吸气滤网及阀孔通道、全开吸入阀
	管路内油液过多	清洁管路、冲油排液
	霜层厚	融霜
润滑油油压过高	油压调节阀调整不当	重新调整(放松调节弹簧)
	油泵输出端管路不畅通、润滑油路堵塞	疏通管路、油路,更换润滑油
润滑油油压过低	油压调节阀调整不当	重新调整,压紧调节弹簧
	油压调节阀泄漏,弹簧失灵	更换阀芯或弹簧
	润滑油太脏,滤网堵塞	更换、清洗滤网
	油泵进油管堵塞	疏通进油管
	油泵间隙过大或失灵	更换或检修油泵
	油中含有制冷剂(油呈泡沫状)	打开油加热器、关小膨胀阀
	润滑油质量差、变质、黏度过大	换上清洁、黏度适当的润滑油
	轴承间隙过大、跑油	调整间隙、更换轴承
	润滑油量不足	加注润滑油
	油温过低或过高	开启油加热器或冷却器
	油压表不显示(油压表阀未开、接管堵等)	检查压力表阀和接管,打开油压表阀
	油压表不显示(油泵传动件损坏)	检查油泵传动件、修复或更换

表 7-3(续 3)

故障	原因分析	解决措施
曲轴箱油温过高	压缩机各轴承、摩擦部位间隙过小	调整间隙
	压缩机排气温度过高、压比过大	调整运行工况、降低排气温度
	机房温度过高、润滑油冷却器断水	加强机房通风,加大润滑油冷却水量
	对自动回油阀修复或更换	分油器"直通"高压制冷剂气体进入曲轴箱
	压缩机吸气过热度太大	调整运行工况
压缩机耗油量过大	分油器回油停止(管堵、阀堵、回油电磁阀或浮球阀未开启)	疏通管路、阀门,检查回油电磁阀、浮球阀
	油分离器失灵(不分油、不回油、润滑油进入制冷系统)	检修或更换分离器
	汽缸与活塞间隙过大,油环刮油不良	更换活塞(或汽缸),更换刮油环、活塞环;检查刮油环倒角方向
	活塞环磨损、搭口间隙过大或搭口在一直线上	查活塞环搭口间隙,将活塞环搭口叉开布置
	活塞加工尺寸、精度不合要求	检查质量与加工尺寸精度
	轴封不良、漏油	研磨轴封摩擦环,更换轴封
	管路安装不合理、系统集油	检查管路或进行排油
	卸载油缸漏油严重	拆检油缸
曲轴箱润滑油呈泡沫状	大量制冷剂进入润滑油	适当关小膨胀阀,打开油加热器
	润滑油中混入水分	更换润滑油
卸载能量调节装置失灵	能量调节阀弹簧调整不当	重新调整
	能量调节阀油活塞卡死	检修
	调节机构卡死	拆检
	油活塞或油环漏油严重	拆检或更换
	油管或接头严重漏油	检修
	油压过低	调高油压
	卸载油缸进油管堵塞,不进油	疏通进油管

表 7-3(续 4)

故障	原因分析	解决措施
制冷系统堵塞	压缩机至冷凝器之间堵塞(高压迅速升高)	疏通管路,全开高压排出阀,检查各阀开启度
	冷凝器至膨胀阀之间堵塞(低压迅速下降、抽空堵塞部位以后结霜、结露、"发冷"、低压迅速抽空、堵塞)	疏通管路,检查各阀开启度,更换或清洗过滤器
	膨胀阀至压缩机之间堵塞(堵塞部位以前结霜融化、不结露,也不"发冷")	清洗膨胀阀滤网,疏通管路,消除膨胀阀冰塞
	阀头脱落裂损使高压通路堵(高压过高)	维修、更换
	油分离器回油管堵塞(油脏)	换油
	吸气滤网堵塞,吸入压力下降	清洗滤网
热力膨胀阀通路不畅	阀针过长造成阀开度失调	检修或更换膨胀阀
	调节弹簧折断	
	感温包内充剂逃逸	
热力膨胀阀开度过大	阀针过长造成阀开度失调	检修或更换膨胀阀
	调节弹簧折断	
	感温包位置不正确	重新包扎
热力膨胀阀出现气声或工作不稳定	制冷系统制冷剂不足	补充制冷剂
	膨胀阀容量选择过大	重新选择膨胀阀
压缩机不启动	主电路电源不通、三相电断相	检查电源修复
	控制回路切断、短路	检查原因修复
	电动机故障	检查原因、修复
	磁力起动器故障	检查、修复或更换
	高低压控制器自动断开、温度控制器自断开	调整压力、温度控制器断开压力值,检查压力、温度控制器动作性能,修复
	压力控制器自动断开	调整断开压力值,检查其动作性能

表 7-3（续 5）

故障	原因分析	解决措施
压缩机不启动	制冷联锁装置动作（如水泵或融霜系统）	检查、修复
	过载继电器跳开	检查、复位
压缩机启动后不久停车	起动补偿器接线有误	检查线路、重接
	电机接线有误	
	油压控制器给定动作值过高	重新调整
	油泵建立不起油压、油压过低	检查油压过低或建立不起来的原因，修复
	压缩机吸、排气阀未开或未开足，高、低压控制器动作	将吸、排气阀开足
	高、低压控制器调节不当	重新调节给定值
	压缩机咬缸	拆解检查，修复
压缩机运转中突然停车或启停频繁	电源供电不正常	检查、修复
	压缩机高压超高	检查原因、采取措施
	油压控制器调节不当，压差太小	重新调整
	温度控制器调节不当，温差太小	
	油压过低	提高油压
	压缩机高、低压泄漏，停车后低压迅速回升	检查原因、消除泄漏
	压缩机咬缸，转动部分卡死	拆解压缩机并维修
	电机超负荷、线圈烧损、熔丝烧断	切断电源，检查超负荷原因，更换线圈或熔丝
	电路联锁装置故障	检查修复
压缩机停车，高低压迅速平衡	汽缸阀片裂损或泄漏	研磨阀片、阀线，更换阀片
	汽缸高、低压纸垫打穿	换纸垫
	安全旁通阀泄漏	拆检、调整

表 7-3(续 6)

故障	原因分析			解决措施
压缩机运转不停	制冷系统制冷剂不足、制冷效果不良			补充制冷剂,调整运行工况
	压缩机吸、排气阀泄漏(输气量下降)			检查原因、采取措施
	活塞环不良(严重漏气)			更换活塞环或汽缸套
	启动卸载电磁阀不良(过早卸载)			拆检或更换
制冷系统制冷剂泄漏	法兰连接点或焊接点等处泄漏			查漏处理
	易熔塞泄漏			更换易熔塞,消除超压原因
	蒸发器管路破损			焊修,消除超压原因
	冷凝器管路破损			焊修防冻
压缩机轴封泄漏	摩擦环过度磨损、摩擦面破损			研磨或更换
	轴封组装不良、摩擦环偏			重新组装、调整、研磨
	轴封弹簧过松			更换
	轴封橡胶环过紧(曲轴轴向窜动时动、静摩擦环脱离)			更换橡胶环
	轴封橡胶环上的钢圈尺寸不对			更换钢圈
制冷装置运转但不制冷	蒸发温度过低	制冷不足		充注制冷剂
		过滤干燥器脏堵		清洗滤网、更换干燥剂
		管路集油,换热不良		排油、清洁管路
		蒸发管结霜厚、冷风机气流受阻		融霜
		膨胀阀调节不当,性能不良		重新调整膨胀阀
		热负荷过小		调整负荷
		制冷剂分配器堵塞		清洁阻塞的管路
	蒸发温度过高	热负荷过大		调整负荷
		膨胀阀不良		调整、检修或更换
		膨胀阀温包接触不良		重新包扎温包绝缘
	冷凝温度过高(参照压缩机排气压力过高的原因)			查找原因,采取相应措施
	冷凝温度过低(膨胀阀供液不足、系统工作失调)			找出原因,提高冷凝压力

表 7-3(续 7)

故障	原因分析	解决措施
制冷装置运转但不制冷	冷风机减速、停转或倒转	提高额定转速,启动风机、调对转向
	冷风机被阻塞或气流短路回流	防止气流阻塞和短路回流
	压缩机排气量不足	制冷剂太少,充注制冷剂、堵漏;转速下降时,提高到额定转速
	压缩机压比下降(吸、排气阀不良)	分解压缩机检查不良处,修复
	卸载能量调节机构工作不良,过早卸载	检查、调整

7.4.2　基于 FTA 的船舶空调故障诊断研究

　　故障树分析法(fault tree analysis,FTA)是安全系统工程中最重要的分析方法之一。它在安全管理方面(安全性分析和评价方面),被广泛应用于分析事故原因和评价事故风险。故障树是一种表示导致灾害事故的各种因素之间的因果及逻辑关系的图,也就是在现有生产系统和工程中或设计过程中,通过对可能造成系统故障或导致灾难后果的各种因素(包括硬件、软件、人、环境等)进行分析,并依据工艺流程、先后次序和因果关系,用固定的逻辑符号,从整体到部分,自上而下地按树枝状结构逐层细化,从而绘出的树状逻辑关系图(即故障树)。通过故障树分析,我们可以确定系统故障原因的各种可能组合方式及其发生概率,进而计算出系统故障发生概率。工程设计及操作人员可以据此采取相应的修正措施,以便提高系统的安全性和可靠性。

　　故障树分析本身是一种图形演绎方法,是故障事件在一定条件下的逻辑推理方法。它可以就某些特定的故障状态做逐层次深入的分析,得到各层次之间各因素的相互联系与制约关系,即它能够描述出输入(原因)与输出(结果)的逻辑关系,同时用专门符号表示出来。其对导致功能事故或灾害的各种因素及其相互之间的逻辑关系的描述比其他方法更加全面、简洁和形象,从而能够让人们更快了解系统,提高对系统设计、制定安全技术措施的效率。故障树分析不仅仅可以分析某些元部件故障对系统的影响,还可以对导致这些元部件故障的特殊原因(例如人为因素、环境因素等)进行分析。可以作为对系统的定性评价,也可

以定量地计算系统的故障发生概率及其相关的可靠性参数,为改善和评价系统的安全性和可靠性提供分析数据。故障树是图形化的技术资料,其直观性很强。因此,即使不曾参与系统设计的管理、操作和维修,相关人员也能够通过直接观察故障树很快全面了解和掌握各项防灾控制要点。

7.4.3 基于 RFID 的船舶空调无线监测研究

船舶环境复杂,构建无线数据(温度、湿度、风速等)采集时需要考虑通信的质量、数据安全、是否便于安装、成本及周围恶劣的环境所带来的干扰等问题。远程数据传输方式有很多,需要根据系统应用的实际环境和工况来确定数据传输方式。船舶环境较复杂,要做到布点容易、安装简单、易于操作需要采用无线的方式传输数据。被测现场的周围环境比较复杂,存在舱壁等金属物体带来的干扰,所以系统需要选择有效的无线收发模式来克服传输距离和障碍物干扰的问题,以确保无线通信质量。应用射频技术的无线数据传输,在公共频段下数据的传输处于公开状态,系统发出的数据,一般要进行加密,接收数据时要进行校验和解密,以确保数据安全准确。无线监控的优势在于节省布线,使用方便,便于维护。射频识别(radio frequency identification, RFID)技术是利用无线电波或微波能量进行非接触双向通信来实现识别和数据交换功能的自动识别系统。

远程无线监控系统主要由 RFID 电子标签、读写器、数据管理系统、监控计算机、远程监控中心、专家系统、传感器、带微电脑的网络控制调制调解器、数据库、监视控制电脑、数据库服务器、网络服务器、海事卫星和互联网等组成。

整个远程监控系统包括:船舶监控中心、远程监控中心、码头监控中心。整个系统的通信分成两部分:一部分指的是在远洋运输中船舶局域网与远程监控中心通过海事卫星通信;另一部分指的是码头局域网与远程监控中心通过互联网通信。

当船舶在海上航行时,用 RFID 系统无线采集数据,即电子标签把采集的船舶冷藏集装箱的运行数据以无线电波的形式发送到读写器,读写器通过线缆与船舶监控中心连接。船舶监控中心的工作人员对冷藏集装箱进行监控,一旦发现异常现象,立即分析此冷藏集装箱的数据,登录故障诊断系统诊断出故障原因和排除方法,根据箱号立即去船舶现场查明故障现象,由船员及时排除故障。对于无法排除的故障或无法判断的故障,由船舶监控中心把故障信息通过海事卫

星发送到远程监控中心。由远程监控中心的专家诊断中心指导排除故障,再把信息反馈到船舶监控中心。

　　船舶空调无线监控数据传输模块如图 7-11 所示。

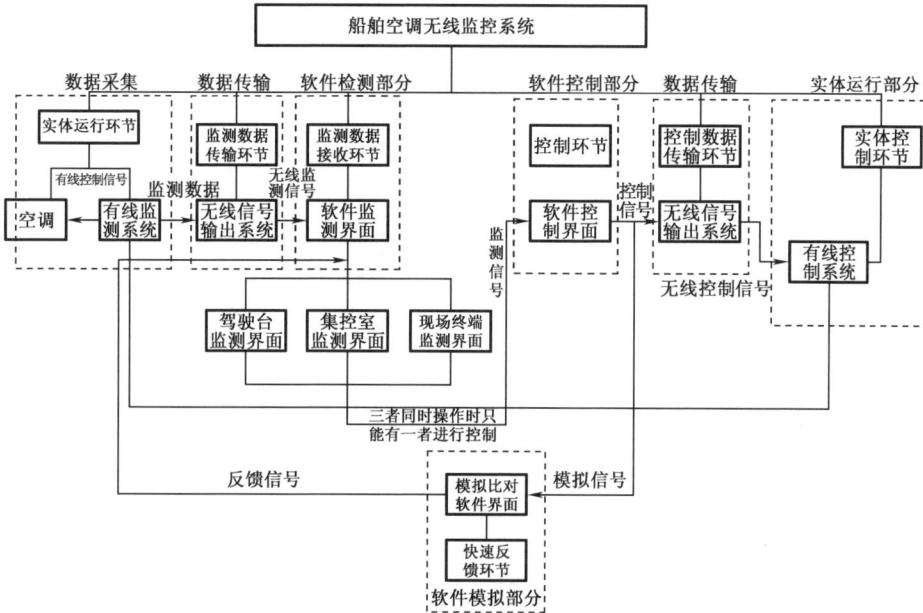

图 7-11　船舶空调无线监控数据传输模块图

　　船舶空调远程监控系统总体结构如图 7-12 所示,当船舶在码头上时,监控由码头监控中心完成,用 RFID 系统无线采集数据,即电子标签把采集的码头运行数据以无线电波的形式发送到读写器,读写器通过线缆与码头监控中心连接。码头监控中心的工作人员对设备进行监控,一旦发现异常现象,立即分析数据,登录故障诊断系统诊断出故障原因并找出排除方法,根据箱号立即去码头现场查明故障现象,由船员及时排除故障(图 7-13)。对于无法排除的故障或无法判断的故障,由码头监控中心把故障信息通过因特网发送到远程监控中心。由远程监控中心的专家诊断中心指导排除故障,再把信息反馈到码头监控中心。

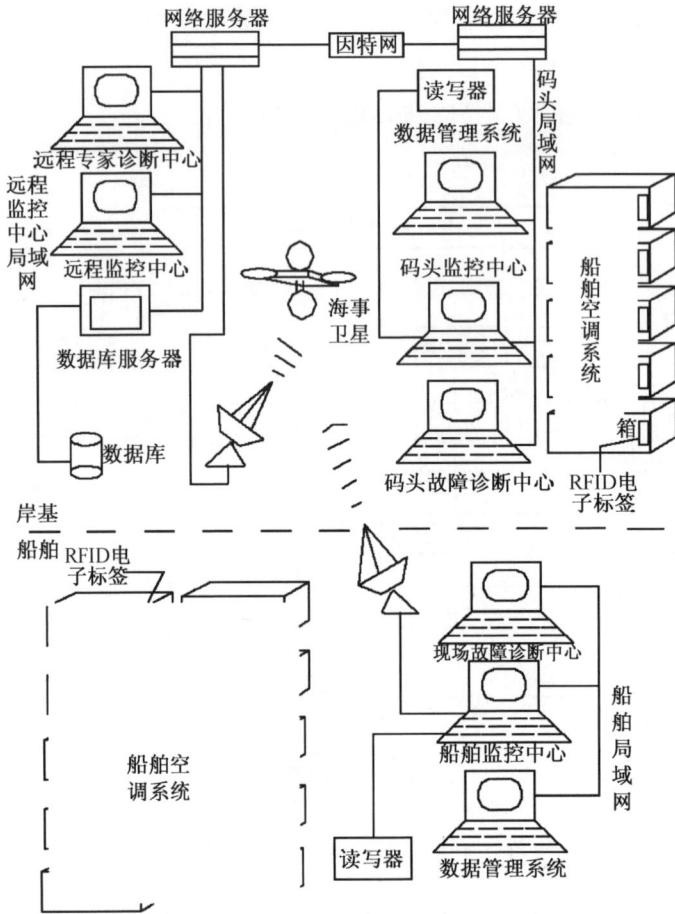

图 7-12　船舶空调远程监控系统总体结构

7.4.4　基于 One-Class SVM 的船舶空调故障检测

故障检测是设备故障诊断的一部分,研究的是对设备异常状态的识别,及设备偏离正常状态的程度。与故障后期诊断相比,故障检测更侧重于故障早期状态的识别,由于此时设备表现的特征不明显,较之故障后期诊断难度更高,实际意义也非常重大。One-Class SVM(support vector machine,SVM)是一种新的支持向量机方法,该方法只需将一类样本作为训练样本,通过对分布情况的自适应学习,实现不同模式或状态的有效识别。SVM 改变了传统的经验风险最小化原则,它基于结构风险最小化原则,并引入核函数方法,将分类问题归结为解一个二次

规划,从而有效地克服了高维及局部极小问题,并很好地解决了非线性分类问题。

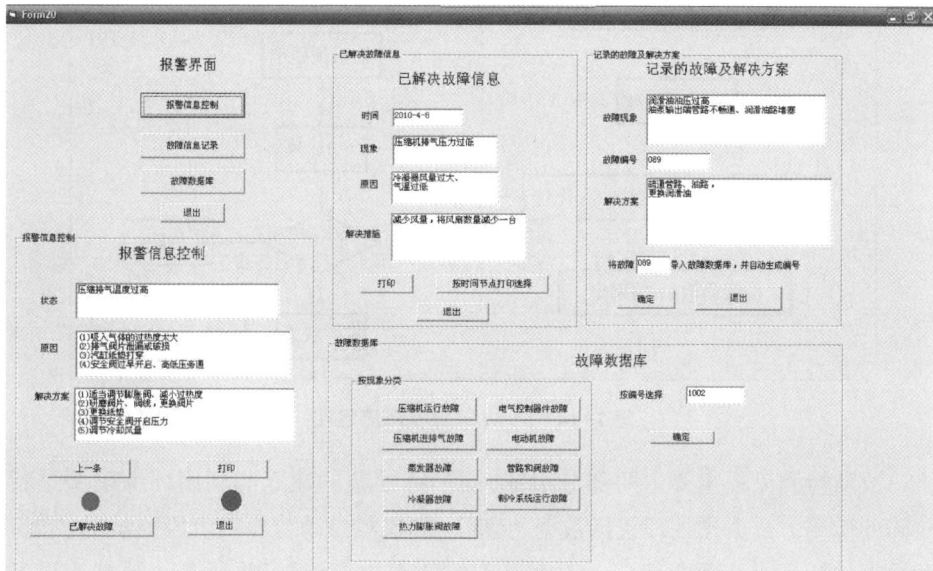

图 7-13　报警界面

与神经网络方法类似,SVM 技术在用于故障诊断时,首先要对故障样本进行学习,建立故障诊断模型,然后才能对新的样本进行诊断,因此研究 SVM 的学习方法是实现其在故障诊断中应用的关键。SVM 的本质是为两类模式识别问题设计的,而在实际上无论在研究还是在应用中,多类模式识别问题更为常见也更为重要。基于卫星通信的冷藏集装箱在远洋运输中的远程故障诊断系统。一方面在远洋船舶上建立空调设备状态监测站(集控室),在其关键部位设立状态监测点,将实时采集到的运行数据存入数据库,发现并解决一些简单常见故障,对于疑难故障,则通过海事卫星传送重要数据,寻求专家帮助排障;另一方面在技术力量较强的科研单位建立远程诊断中心,设立故障诊断服务器,及时获取空调设备远洋运输中的运行数据,为其提供远程诊断,指导故障的排除,并为后期维修提供技术支持。同时,远程故障诊断中心通过网络与相关领域专家交流建立合作关系,共享诊断知识、信息与技术,保障设备在远洋运输途中的安全、经济、可靠运行。

将 One-Class SVM 引入空调设备状态评估中,建立基于 One-Class SVM 的故障检测系统,系统的流程图如图 7-14 所示。

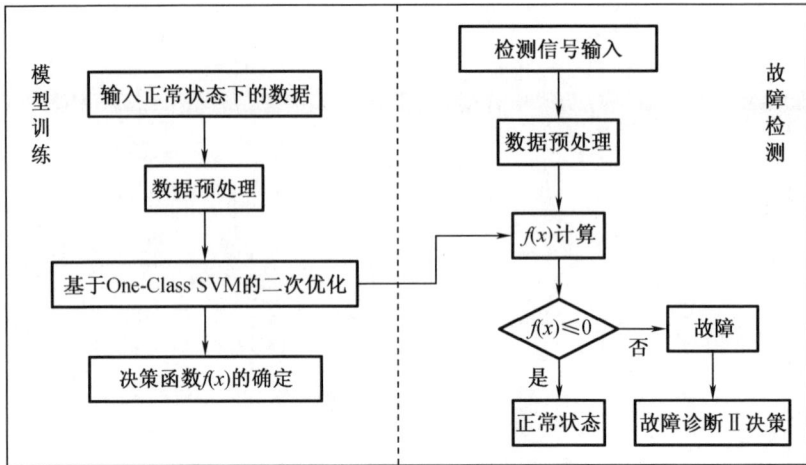

图 7-14　SVM 故障检测流程图

　　故障检测流程主要由两部分组成,即训练模型的建立与利用训练模型进行故障的检测。数据预处理包括数据的剔除(如机组启动与停机阶段测试的数据)和数据的标准化处理两部分。训练模型的建立为离线过程,所需的数据为设备正常运行时的数据。训练模型的建立主要包括基于 One-Class SVM 的二次规划问题的解决和决策函数 $f(x)$ 的确定。故障检测部分根据已有的载荷矩阵及经数据预处理后的监测数据,计算出基于 One-Class SVM 的故障诊断指标 $f(x)$;将 $f(x)$ 的值与 0 比较,即可确定设备运行状态。当故障检测系统检测到设备发生故障时,再通过故障诊断系统对故障的类型予以确定,制定相应的措施。

7.4.5　船舶空调现场故障检测及排除

1.制冷机组故障分析及诊断

　　为了保证制冷机组安全、高效、经济地长期正常运转,在运行管理和维修中可以通过看、摸、听、测对制冷机组运行中的故障进行分析和判断。

　　(1)看

　　看制冷机组运行中高、低压力值的大小,油压的大小,冷却水和冷媒水进出口水压的高低等参数,这些参数值以满足设定运行工况要求为正常,偏离工况要求为异常,每一个异常的工况参数都可能包含着一定的故障因素。

（2）摸

在全面观察各部分运行参数的基础上，进一步体验各部分的温度情况。

（3）听

通过分析运行中冷水机组的异常声响来判断故障发生的性状和位置。

（4）测

在看、听、摸等感性认识的基础上，使用万用表、钳形电流表、兆欧表、点温计或远红外线测温仪等仪器仪表，对机组的绝缘、运行电流、电压、温度等进行测量，从而准确找出故障的原因，及其发生的部位，迅速予以排除。

2.制冷机组故障处理的基本程序

当制冷机组出现故障时，故障处理的基本程序如图 7-15 所示：

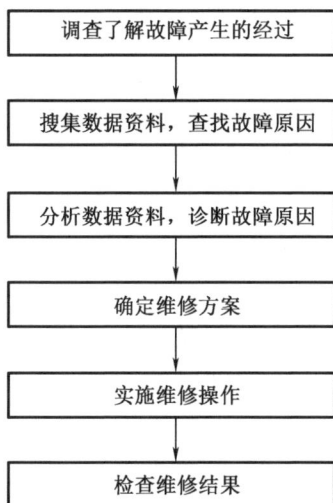

```
┌─────────────────────┐
│ 调查了解故障产生的经过 │
└─────────────────────┘
          ↓
┌─────────────────────┐
│ 搜集数据资料，查找故障原因 │
└─────────────────────┘
          ↓
┌─────────────────────┐
│ 分析数据资料，诊断故障原因 │
└─────────────────────┘
          ↓
┌─────────────────────┐
│    确定维修方案     │
└─────────────────────┘
          ↓
┌─────────────────────┐
│    实施维修操作     │
└─────────────────────┘
          ↓
┌─────────────────────┐
│    检查维修结果     │
└─────────────────────┘
```

图 7-15　故障处理的基本程序

（1）调查了解故障产生的经过

①认真进行现场考察，了解故障发生时制冷机组各部分的工作状况，发生故障的部位，危害的严重程度。

②认真听取操作人员介绍故障发生的经过及所采取的紧急措施。必要时应对虽有故障但还可以在短时间内运转不会使故障进一步恶化的制冷机组或辅助装置进行起动操作，为正确分析故障原因掌握准确的认识依据。

③检查制冷机组运行记录表，特别要重视记录表中不同常态的运行数据和发生过的问题，以及更换和修理过的零件的运转时间和可靠性，了解因任何原因

引起的安全保护停机等情况。与故障发生直接有关的情况,尤其不能忽视。

④向有关人员提出询问,寻求其对故障的认识和看法。必要时要求操作人员讲述和演示自己的操作方法。

(2)搜集数据资料,查找故障原因

①详细阅读制冷机组的《使用操作手册》是了解制冷机组各种数据的一个重要来源。《使用操作手册》能提供制冷机组的各种参数(如机组制冷能力,压缩机形式,电动机功率、转速、电压与电流大小,制冷剂种类与充注量,润滑油量与油位,制造日期与机号等),列出各种故障的可能原因。将《使用操作手册》提供的参数与制冷机组运行记录表的数据综合对比,为正确诊断故障提供重要依据。

②对制冷机组进行故障检查应按照电系统(包括动力和控制系统)、水系统(包括冷却水和冷冻水系统)、油系统和制冷系统(包括压缩机、冷凝器、节流阀、蒸发器及管道)四大部分依次进行,要注意查找引起故障的复合因素,保证稳、准、快地排除故障。

(3)分析数据资料,诊断故障原因

①结合制冷循环基本理论,对所收集的数据和资料进行分析,把制冷循环正常状况的各种参数作为对所采集的数据进行比较分析的重要依据。例如,根据制冷原理分析冷水机组的压缩机吸气压力过高,引起制冷剂循环量增大,导致主电动机超载。

②运用实际工作经验进行数据和资料的分析。在掌握了制冷机组正常运转的各方面表现后,一旦实际发生的情况与所积累的经验之间产生差异,便马上可以从这一差异中找到故障的原因。

③根据制冷机组技术故障的逻辑关系进行数据和资料的分析。制冷机组技术故障的逻辑关系及检查方法是用于分析和检验各种故障现象原因的有效措施。把各种实际采集到的数据与这一逻辑关系联系起来,可以大大提高判断故障原因的准确性和维修工作进展的速度。通常把制冷机组运转中出现的故障分为三类:机组不启动;机组运转但制冷效果不佳;机组频繁开停。

(4)确定维修方案

①从可行性角度考虑维修方案。首先要考虑的是如何以最省的经费(包括材料、备件、人工、停机等)来完成维修任务,经费应控制在计划的维修经费数额以内。当总修理费用接近或超过新购整机费用的1/2时,应将旧机做报废处理。

②从可靠性角度考虑维修方案。通常冷水机组故障的处理和维修方案不是单一的。从制冷机组维修后所起的作用来看,可分为临时性、过渡性和长期三种

情况,各种维修方案在经费的投入、人员的投入、维修工艺的要求、维修时间的长短、使用备件的多少与质量的优劣等方面,均有明显的差别,应根据具体情况确定合适的方案。

③选用对周围环境干扰和影响最小的维修方案。维修过程中对船舶结构及居民产生安全及噪声伤害和环境污染的方案,都应极力避免采用。

④在认真分析各方面的条件后,找出适合现场实际情况的维修方案。一般这些维修方案适用于进行调整、修改、修理或更换失效组件等内容中的一项或数项的综合行动。

(5)实施维修操作

①根据所定维修方案的要求,准备必要的配件、工具、材料等,做到质量好,数量足,供应及时。

②排除故障时,检查程序应按制冷系统、油路系统、水路系统、电力控制系统的先后顺序进行,以避免因故障交叉而发生维修返工的现象,节省维修时间,保证维修质量。

③正确运用制冷和机械维修等方面的知识进行操作,如压缩机的分解与装配、制冷系统的清洗与维护、控制系统设备及元器件的调试与维修、钎焊、电焊、机组试压、检漏、抽真空、除湿、制冷剂和润滑油的充注和排出等操作。

④分解的零件必须排列整齐,做好标记,以便识别,防止丢失。

⑤重新装配或更换零部件时,应对零部件逐一进行性能检查,防止不合格的零件装入机组,造成返工损失。

(6)检查维修结果

①检查维修结果的目的在于考察维修后的制冷机组是否已经恢复到故障发生前的技术性能。采取在不同工况条件下运转机组的方法,全面考核是否因经过修理给机组带来了新的问题。发现问题应立即予以纠正。

②对冷水机组进行必要的验收试验,应按照先气密性试验、后真空试验,先分项试验、后整机试验的原则进行。不允许用制冷机组本身的压缩机代替真空泵进行真空试验,以免损坏压缩机。

③除检查制冷机组的技术性能外,还要注意保护好机组整洁的外观和工作现场的清洁卫生。工作现场要打扫干净,擦掉溅出的油污,清除换下的零件和垃圾,最后清理工具和配件,不能将工具或配件遗忘在冷水机组内或工作现场。

④由于操作人员失误造成故障的制冷机组,维修人员应与操作人员一起进行故障排除或修复。事后一起进行机组试运行检查,并讨论适合该机组特点的

操作方法,改变不良操作习惯,避免同类故障再度发生。

3. 活塞式压缩机的故障诊断及监测方法

活塞式压缩机是指通过汽缸内活塞的往复运动使缸体容积周期变化并实现气体的增压和输送的一种压缩机,属容积型压缩机。往复式压缩机工作时,曲轴带动连杆,连杆带动活塞,活塞做上下运动。活塞运动使汽缸内的容积发生变化,当活塞向下运动的时候,汽缸容积增大,进气阀打开,排气阀关闭,空气被吸进来,完成进气过程;当活塞向上运动的时候,汽缸容积减小,出气阀打开,进气阀关闭,完成压缩过程。通常活塞上有活塞环来密封汽缸和活塞之间的间隙,汽缸内有润滑油润滑活塞环。

由于往复压缩机结构的复杂性,所以出现故障的零部件较多,引起故障的原因不一。往复压缩机特征参数信号主要包括热力信号、振动信号及噪声信号等,其中热力信号又包括各部件温度、排气量、排气压力、汽缸内压力等。通过对特征信号的监测分析,识别判断压缩机的故障类型,是故障诊断技术的核心思想。

活塞式压缩机的主要部件包括汽缸、曲柄连杆机构、活塞组件、填料(也就是压缩机的密封件)、气阀、机身与基础、管线及附属的设备等。汽缸是压缩机主要零部件之一,应有良好的表面以利于润滑和耐磨,还应具有良好的导热性,以便于使摩擦产生的热能以最快的速度散发出去;还要有足够大的气流通道面积及气阀安装面积,使阀腔容积达到恰好能降低气流的压力脉动幅度,以保证气阀正常工作并降低功耗。余隙容积应小些,以提高压缩机的效率。曲柄连杆机构包括十字头、连杆、曲轴、滑导等,它是主要的运转和传动部件,将电机的圆周运动经连杆转化为活塞的往复运动,同时它也是主要的受力部件。活塞组件主要有活塞头、活塞环、托瓦和活塞杆。活塞的形状和尺寸与汽缸有密切关系,分为双作用和单作用活塞。活塞环用以密封汽缸内的高压气体,防止其从活塞和汽缸之间的间隙泄漏。托瓦的作用顾名思义是起支撑活塞的作用,所以托瓦也是易损件,托瓦材质的好坏也直接影响压缩机的使用寿命。活塞杆填料主要用于密封汽缸内座与活塞杆之间的间隙,阻止气体沿活塞杆径向泄漏。填料环的制造及安装涉及"三个间隙"。分别为轴向间隙(保证填料环在环槽内能自由浮动)、径向间隙(防止由于活塞杆的下沉使填料环受压造成变形或者损坏)和切向间隙(用于补偿填料环的磨损)。目前,平面填料多为"三六瓣型"和"切向切口三瓣型"。气阀是压缩机最主要的组件,同时也是最容易损坏的零件。其设计的好坏直接影响压缩机的排气量、功耗及运转可靠性。好的气阀应具有以下特点:高效节能(占轴功率的3%~7%),气密性与动作及时性完美结合,寿命长(一般实际

寿命 8 000 h），形成的余隙容积小，噪声低，温升小，可翻新使用。气阀的材质分为金属和非金属两类，就目前的应用情况来看，非金属材料阀片的应用越来越广泛。

目前，活塞式压缩机的故障监测方法主要有以下几种。

（1）热力性能监测法

温度是活塞式压缩机较为敏感的特征参数，监测温度的变化可以了解压缩机内部零部件的工作状态，如排气阀漏气，在吸气过程会出现倒吸现象，导致气阀温度升高；活塞杆拉伤，填料函的温度也会升高等。使用温度监测方法时，传感器可置于机体外侧，不需改变壳体结构，操作方便。

活塞式压缩机一个运动周期包括吸气、压缩、排气、膨胀 4 个过程，压力在 4 个过程中呈周期性变化，缸内压力变化曲线可直接反应压缩机是否正常运行。如吸气阀泄漏，吸气过程压力延长，排气过程缩短，膨胀过程曲线也会下移。由于压力测点位于缸内，在缸盖或壳体其他位置要预留安装孔，这是压力监测需要特别注意的地方。

（2）振动监测法

振动信号也是活塞式压缩机故障诊断的一个敏感特征参数，如气阀损坏、活塞杆下沉、十字头螺栓松动、连杆磨损等大多数故障均伴随着振动信号的异常。基于越来越成熟的信号分析技术，对活塞式压缩机非稳态振动信号的研究工作也越来越多，如通过加速度传感器测十字头滑道箱、汽缸侧壁、汽缸盖、轴承等处的振动信号来诊断动力性故障，是一种比较有效的方法。

（3）位移监测法

活塞式压缩机活塞杆断裂通常会引起其他零部件的破坏，严重时甚至会引起机组爆炸。活塞杆断裂是瞬间发生的，断裂之前的裂纹监测非常困难，只能对断裂部位做事后分析，目前还没有可靠、有效的诊断预警方法。通过安装位移传感器，监测活塞杆的沉降量，间接了解活塞环、十字头等的磨损状况，可以作为一种辅助手段。

（4）油液监测法

油液监测是通过对压缩机润滑油进行油液分析，检测样品内磨损颗粒的大小、形状、成分等，是一种比较理想的辅助手段。如用铁谱分析、光谱分析、颗粒计数等监测空压机运动副的磨损情况等。有学者通过检测油品中的铜元素含量发现大头瓦碎裂，成功避免了事故的发生。

（5）噪声监测法

噪声信号中有机械设备运行的信号，也包含周围环境及其他噪声源的信号，因此，噪声监测在往复压缩机故障诊断中也可以作为一种可靠的辅助手段。结合先进的噪声传感器，分离提取典型故障噪声信号，是往复压缩机故障诊断领域未来研究的一个热点和难点。

4.活塞式压缩机的常见故障

活塞式压缩机故障种类繁多，一个故障会引起多个特征参数的变化，因此在故障诊断过程中应该综合考虑多参数之间的关联性，以便更精确地识别故障类型。此外，人工智能系统和神经网络技术也越来越多地应用在活塞式压缩机故障诊断系统中，使故障诊断技术达到了智能化的高度。

按活塞式压缩机引起事故的零部件不同分类，各类故障所占的比例如图7-16所示。其中，吸、排气阀故障概率最高，达到36%；其次为填料函和曲轴连杆。

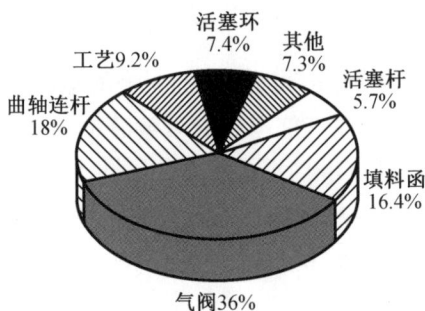

图7-16 活塞式压缩机各类故障所占比例

活塞式压缩机的常见故障主要有：吸气阀泄漏或者密封垫片损坏；排气阀泄漏或者密封垫片损坏；负荷调节机构卡涩；活塞环故障；工艺介质夹带颗粒物；活塞杆组合密封环紧箍力过大或弹簧失弹；填料密封盒冷却水流量偏小；填料密封处注油量过小或过大；管路振动导致的故障；撞缸。

（1）吸气阀泄漏或者密封垫片损坏

①温升高，阀盖发热；

②对应的排气阀温度升高；

③阀所在级与前一级间压力升高；

④压缩机排气量下降；

⑤进气温度升高。

气体经过压缩后温度上升,吸气阀泄漏或者密封垫片损坏后,高温气体返回进气腔,造成阀温升高,进气温度上升,从而再次被压缩后排气温度升高。另外,压缩后的气体回流造成前面压力升高,压力越升高排气量下降就越多。

（2）排气阀泄漏或者密封垫片损坏

①排气阀温度升高,阀片发热;

②排气压力下降;

③压缩机排气量下降。

由于排气阀泄漏或者密封垫片损坏。在汽缸吸气过程中,部分压缩后的高温高压气体回流至汽缸使混合气体温度升高,再次被压缩后温度更高,回流还造成流量下降,排气压力下降。

（3）负荷调节机构卡涩

①负荷调节指示器不动作;

②对应的进气阀温度升高,阀盖发热;

③对应的排气阀温升高;

④阀所在级与前一级间压力升高;

⑤压缩机排气量下降;

⑥进气温度升高。

负荷调节机构如果卡在泄荷的位置会造成吸气阀泄漏;如果卡在加载位置上则会造成压缩机负载启动,影响传动部件的使用寿命。

（4）活塞环故障

①活塞环断裂;

②活塞环涨死,失去弹性,不能膨胀;

③活塞环过度磨损,间隙增大。

活塞环不能起到密封作用的主要表现形式为:

①该级排气温度升高;

②该级排气压力降低;

③压缩机排气量下降。

对于双作用往复压缩机,即汽缸内一侧在压缩时,另一侧在吸气,当活塞环损坏或者胀死时,不能起到密封作用,使得盖侧或轴侧被压缩的高压高温气体通过活塞环窜入轴侧(或盖侧)低温低压气体中。与吸入的低压高温气体混合,混合之后气体温度升高,又由于压缩气体通过活塞环互窜,使该级的排气压力下降,压缩机的排气也随之下降。

(5)工艺介质夹带颗粒物

现场检查有时会发现在压缩机汽缸及填料密封腔体中有大量沉积物。这些沉积物是由工艺介质夹带过来的微细固体粉尘或结焦的碳粒组成,硬度往往很高。其在密封腔处的沉积必然会造成密封填料严重的磨损,从而大大缩短填料密封环及活塞杆的使用寿命。通过调整工艺使压缩机参数达到设计要求,必要时可加气固分离器分离掉这些颗粒杂物,就可避免汽缸与活塞环、活塞杆与填料摩擦副之间的颗粒磨损。

(6)活塞杆组合密封环紧箍力过大或弹簧失弹

活塞式压缩机活塞杆与填料密封处于相对运动状态,填料环通过抱紧活塞杆来实现对介质的密封,填料环的抱紧力由弹簧及环径向压差来实现。显然,弹簧的紧箍力越大,填料对活塞杆的抱紧力就越大,活塞杆与填料环的相对摩擦就会越严重,摩擦产生的热量就越多,从而造成填料环使用初期温升非常高,磨损特别厉害。由于填料环常用填充聚四氟乙烯制成,其热膨胀系数较大,初始阶段产生的摩擦热量若不能被及时带走,填料环热膨胀变形大,加上填料环弹簧紧箍力大,摩擦磨损加剧,形成恶性循环。经过短短几天的剧烈磨损,当填料对活塞杆的抱紧力趋于减小,即摩擦力减小时,填料环与活塞杆之间的缝隙增大,介质泄漏量增加,最终密封失效。解决办法是在总体结构不变的前提下,更换活塞密封环调整活塞密封环与缸体之间的间隙或采用具有自润滑性能,耐磨性能更好的材料制作活塞环和填料环,再者可适当降低弹簧紧箍力,设计引入间隙密封。弹簧的失弹大多是由于弹簧疲劳所导致,弹簧质量问题只占少数情况,只能更换质量好些的弹簧。

(7)填料密封盒冷却水流量偏小

填料密封盒部位的温升主要是由于填料环与活塞杆剧烈摩擦引起的,这些摩擦热应被及时带走。实际上,由于填料密封盒用水与缸套用水基本都采用并联形式,填料密封处的压降大,因而导致填料盒冷却水流量不够,摩擦热不能被及时带走,影响了填料的正常使用寿命。因此,应适当增大循环水压力及流量以使循环水及时带走活塞杆与填料环摩擦产生的热量。控制填料密封盒处的温度不大于 60 ℃。

(8)填料密封处注油量过大或过小

注油量过大容易造成过多的油乳化,形成沉积物;过小则填料环润滑效果不好,磨损速度加快,影响使用寿命。注油量的确定除了按厂家的标准注入外,还应该在试车初期,通过检查密封环处的运行情况,确定一个合适的量。试车结束

后,打开检查填料处活塞杆上有无碳状物,以判断注油量的大小。

(9)管路振动导致的故障

引起往复压缩机及其管线振动的原因主要有两类:一类是由机组振动的不平衡基础设计不当而引起。压缩机在组装过程中由于技术或质量问题造成机组装配误差大,引起机组的平衡恶化产生振动。压缩机基础质量太小也可引起压缩机本体振动。另一类是由管线内气流脉动引起活塞式压缩机吸气和排气的间隙变化,可使气体产生脉动,压缩机管线内充满气体时形成气柱。该气柱是一个有连续质量的弹性振动系统,受到一定工况条件的诱导就会发生振动,在机组管系的弯头处气体运动方向会发生改变,从而使管线受到气体冲击力的作用。系统管线弯头太多、管线受到的冲击力就会很大。如果弯头处缺少固定支点,将会产生剧烈振动。当流体稳定流动时,管线不产生振动;但当流体运动方向在管线断面突变处变化时,流体速度发生变化,导致管线受力改变,使管线内局部压力变化,产生一定的脉动,诱发振动。如果管内有脉动存在,则管线内各部分的压力不同,也会形成振源。由于管系内弯头较多,流体在管线内不断地改变流动方向,对管线形成冲击,并且流体自身的状态也发生变化,这些变化诱发的振动,其频率与管系固有频率重合时,则产生共振。消除共振最基本的方法是将气流脉动压力减小,并将其固定在允许的最小值之内,使激发频率不等于管路固有频率。具体方法有:

①在紧靠压缩机每一级出入口处各设置一个缓冲罐,改变管系的气柱固有频率,破坏振源与管系振动频率的重合,并可降低气流脉动的幅值。但是缓冲罐容积设计不好也会引起振动,经验表明其应该比汽缸行程容积大 10 倍,且尽量靠近汽缸。

②在管系的适当位置,特别是管线的弯头处增设固定支撑,并在管线与支点间加垫硬橡胶板以改变支撑弹性并改变管系的振动频率。

③在管线的适当位置增设孔板,以改变管系的振动频率,用孔板减振会伴有较大阻力损失,因此只用于已发生共振且无法改变截面的情况,其作用远不及缓冲罐的作用。

(10)撞缸

撞缸是往复机组的重大恶性事故,主要表现为缸体内发生巨大的撞击声,严重时导致机组多处损坏,如缸盖撞飞,大小头瓦断裂甚至发生爆炸。撞缸分为液击和金属撞击两种,液击声音比金属撞击声要沉闷一些,但是后果一样严重。防范措施主要是规范日常操作防止大量带液;加强巡检,发现异常声音及时排除。

5.活塞式压缩机的检修思路

(1)制冷压缩机无法正常启动时检修思路

①首先检测是否由供电电压过低或是电动机线路接触不良造成的。如果确定是因为电网电压过低,则待电网电压恢复正常后再次启动;如果是线路接触不良,应检测线路与电动机有关的连接处,并予以修复。

②检查排气阀片是否漏气。如果排气阀片破损或密封不严漏气就会造成曲轴箱内压力过高,致使无法正常启动,此时更换排气阀片和密封线即可。

③检查能量调节机构是否失灵。主要检查供油管路是否存在堵塞、压力过低、油活塞卡住等情况,并根据故障原因进行修复。

④检查温度控制器是否损坏或失调。如果是失调则应调整温度控制器;如果是损坏则应修复或更换。

⑤检查压力继电器是否失灵。检修压力继电器,并重新设定压力参数即可。

(2)没有油压时检修思路

①检查油泵管路系统连接处有无漏油处或堵塞处,若是漏油应紧固接头;若是堵塞,应疏通油管路。

②是否由于油压调节阀开启过大或阀芯脱落。若是油压调节阀调节不当,应调整油压调节阀,并将油压调至需要的数值;若属于阀芯脱落,则要重新将阀芯装好,并且紧固牢。

③如曲轴箱内油太少或是存在氨液,就会导致油泵不进油。若是油太少就应及时加油;若是后者,要及时停机,排除氨液。

④油泵磨损严重,间隙过大,造成油压上不来。对于这种情况,要对油泵进行修理,故障严重时应直接更换。

⑤检查连杆轴瓦、主轴瓦、连杆小头衬套和活塞销是否已经严重磨损。此时要及时更换相关零部件。

⑥曲轴箱后端盖垫片发生错位,堵塞了油泵的进油通道,应做拆卸检查,并将垫片的位置重新固定好。

(3)曲轴箱内产生大量泡沫时检修思路

①轴与瓦装配不适当,间隙太小。应调整轴、瓦装配间隙的大小,使间隙符合标准要求即可。

②润滑油中含有杂质,导致轴瓦拉毛。对此,应将拉毛轴瓦刮平,并重新更换新油即可;若瓦片拉毛严重时,应更换新的瓦片。

③轴封摩擦环安装过紧或摩擦环拉毛,应重新调整轴封摩擦环。若摩擦环拉毛严重,要更换新的摩擦环。

④若是由压缩饥的吸、排气温度过高造成的,应将系统的供液阀进行适当调整,使吸、排气温度恢复正常。

（4）曲轴箱内压力升高时检修思路

①活塞环密封不严,从而导致高压向低压串气,应更换新的活塞密封环。

②排气阀片关闭不严,造成曲轴箱内压力升高,应检查排气阀片座的密封性,如果密封不严,应及时更换新的阀片。

③缸套与机座的密封性变差,应将缸套拆下,把接合处清理干净并密封,重新装配好即可。

④曲轴箱内进入过多氨液,蒸发后导致压力升高,只要将曲轴箱内过多的氨液抽空即可。

（5）能量调解机构失灵时检修思路

①检查是否由于油压过低或是油管被堵塞了。若是油压过低,调整增大油压即可;若是油管堵塞,应该清洗疏通油管。

②是否由于油活塞被卡住。应将油活塞卸下来清洗并将脏油换掉,重新正确组装即可。

③是否是拉杆与转动环安装不正确,致使转动环被卡住。应重点检查拉杆与转动环的装配情况,并将其修理至转动环能灵活转动为止。

④检查是否是油分配阀装配不当所致。若是应用通气法检查各工作位置是否适当,并重新调整油分配阀即可。

（6）回气热废过大时检修思路

①检测蒸发器中的氨液是否偏少或是供液阀开启度偏小。若是系统缺氨,应及时补充正常;若是供液阀调整不当,应将供液阀开启到合适位置。

②是否是回气管道保温层保温不良或受潮损坏。应全面检查保温层并更换新的隔热材料。

③吸气阀漏气或已破裂损坏。若漏气轻微,可研磨阀片使其不再漏气;若破裂则直接更换新的吸气阀片。

（7）压缩机吸气压力比正常蒸发压力低时检修思路

①供液阀开启太小,可导致供液不足,因此蒸发压力就会下降。对此,只要将供液阀开启到适当程度即可。

②吸气管路中的阀门未全开或是阀芯脱落。若是前者,应将阀门全部打开;若是阀芯脱落,应将阀芯重新安装。

③系统中液氨缺少,即使开大压力阀,蒸发压力仍然偏低。此时,应根据实际情况补充适量的液氨。

④回气管道细，或是回气管路中有"液囊"现象。若是管径太细，应重新更换合适的回气管；若是存在"液囊"现象，则应将回气管路中的"液囊"段拆掉，并重新焊接管道即可。

(8)压缩机湿行程时检修思路

①当压缩机启动时，如果吸气阀开启过快，就会导致湿行程。因此，在开机时应缓慢开启吸气阀，以避免导致湿行程，损坏压缩机。

②如果供液阀的开启度过大，也会导致湿行程。此时，只要适当将供液阀关小即可。

③在冷库融霜后恢复至正常温度时，应缓慢开启吸气阀，并随时观察制冷压缩机的运转情况。若回气温度下降过快，应暂时停止开启，并等运转恢复正常时，再继续缓慢开启。

(9)曲轴箱内有敲击声时检修思路

①检查连杆大头瓦与轴拐轴颈的间隙是否过大。此时，应调整间隙，或者直接更换新瓦。

②如果主轴承与主轴颈之间的间隙过大，就会发生碰撞与摩擦，产生敲击声。应修理或更换新瓦。

③检查是否是开口销断裂，连杆螺母有松动。如果是，应更换新的开口销，并将连杆螺母紧固好。

④如果联轴器中心不正或联轴器键槽处已松动。应调整联轴器或检修键槽或更换新键。

⑤主轴承钢珠磨损，轴承架断裂。对此，更换新的轴承即可。

(10)汽缸壁温度过热时检修思路

①若是油泵发生故障，造成油压过低或油路发生堵塞，应停机进行全面检修。

②检查是否活塞与汽缸壁之间的间隙太小或活塞走偏。此时，调整活塞即可。

③安全块或假盖密封不严，造成高低压串气。对此应采取措施进行修复使密封性能提高。

④检查吸气温度是否过高。应进行调整操作使吸气温度降下来。

⑤如果是润滑油质量不好，黏度太小。应停机更换新的润滑油。

⑥检查冷却水套内是否是水垢太厚或者是水量已不足。若水垢太厚，应及时清除；若水量不足，应加大冷却水量。

⑦检查吸气、排气阀片是否已损坏。如果损坏，应及时更换吸、排气阀片。

⑧检查活塞环是否已严重磨损。若是,更换新的活塞环即可。

(11)轴封漏油严重时检修思路

①检查是否轴封装配不良,造成了轴封严重漏油。应将轴封正确装配。

②检查动环与固定环摩擦面是否已经拉毛。若拉毛严重,应仔细研磨密封面并重新装配。

③检查是否由于轴封弹簧的弹力减弱,造成了轴封漏油。应将原弹簧拆下,并更换新的同大小的弹簧。

④若橡胶密封圈老化或松紧度设置的不适当就会漏油。对此,应更换新的橡胶圈,并调整合适的松紧度。

⑤检查固定环背面与轴封压盖是否密封性变差。对此,应将固定环拆下,并将背面环清洗干净后重新装配好。

⑥如果曲轴箱压力过高,应进行调整操作。但在停车前应先将曲轴箱的压力降下来,并检查排气阀是否泄漏。

(12)轴封温度过高时检修思路

①检查是否润滑油已不足,或油管路堵塞。若是油不足,应适量添加润滑油;若是管路堵塞,则应疏通油管路。

②检查是否是润滑油不干净或已变质。对此,应清洗过滤器,并更换新油。

③检查动环与固定环摩擦面是否压得过紧。应适当调整弹簧的弹力强度。

④填料压盖过紧。应均匀调整压盖螺母,使其避免太紧,造成轴封油温太高。

⑤检查主轴承装配间隙是否过小。对此,应适当调整间隙。

6. 蒸发器故障诊断

(1)高温腐蚀性液体或蒸汽外泄时检修思路

①泄漏处多发生在设备和管路焊缝、法兰、密封填料、膨胀节等薄弱环节。

②产生泄漏的直接原因多是开、停车时由于热胀冷缩而造成开裂;或是因管道腐蚀而变薄,当开、停车时因应力冲击而破裂,致使液体或蒸汽外泄。

③要预防此类事故,在开车前应严格进行设备检验,试压、试漏,并定期检查设备腐蚀情况。

(2)管路阀门堵塞时检修思路

对于蒸发易结晶的溶液,常会随物料增浓而出现结晶,造成管路、阀门、加热器等堵塞,使物料不能流通,影响蒸发操作的正常进行。因此要及时分离盐泥,并定期洗效,一旦发生堵塞现象,则要用加压水冲洗,或采用真空抽吸补救。

(3)蒸发器温度过高时检修思路

①可能是膨胀阀开度过大,进入蒸发器中的制冷剂过多,在蒸发器中不能完

全蒸发,多余液体占去一部分热交换面积,传热面积减少,使得蒸发温度高,应根据冷量适当调整膨胀阀开度。

②另可能是冷凝温度过高引起蒸发温度升高,因为冷凝温度升高时,压缩机的压缩比增大,吸气系数减少,气体比容增大,致使蒸发温度升高。

(4)蒸发器温度过低时检修思路

①可能是膨胀阀开度太小或膨胀阀堵塞。那么进入蒸发器的制冷剂太少,部分传热面积没有制冷剂吸热蒸发,出来的气体不足压缩机吸气的要求,蒸发器内气体比容减少,压力下降,蒸发温度降低,应根据准则适当调整膨胀阀的开度。

②制冷剂液量不足,进入蒸发器的制冷剂很少,造成部分表面积不能发挥热交换的作用。进入蒸发器的制冷剂很容易蒸发,但不能满足压缩机吸气要求,导致蒸发温度下降,应按设计说明书的数量加入制冷剂。

③蒸发器冷冻水温度太低,甚至冻结,主要是冷冻水循环量太少,应根据需要增加冷冻水的循环量,并检查水泵。

(5)蒸发器内有杂音时检修思路

蒸发器内有杂音的主要原因有:加热室内有空气;冷凝水排水不畅;部分加热管堵;加热管漏;蒸发器部件脱落。处理方法为:打开冷凝水放空阀;检查管路,疏通;清洗;停车处理。

7. 风机盘管故障诊断

(1)风机噪声故障表现及处理方法

①轴承损坏产生的噪声,处理方法是更换轴承。

②运转时与吊顶产生的噪声,处理方法是调整盘管吊杆螺母高度,或处理风口与吊顶龙骨的摩擦。

③管道中有空气产生的噪声,处理方法是在盘管排气阀、楼层排气阀、末端排气阀将管道中空气排尽。

(2)风机不能启动或运行速度慢故障表现及处理方法

①温度开关损坏,用电笔测量温控开关输入端和风机输出桩头是否有电,如判断温度开关损坏,可更换或维修温度开关。

②运行速度慢,感觉一下风机表面温度是否正常;停机后手动转动风叶,感觉转动是否灵活,如有阻力更换风机轴承;如手动盘运转正常,更换启动电容;测电机线圈电阻,如不正常更换电机。

(3)空调效果差或没效果故障表现及处理方法

①打开盘管排气阀,检查系统循环水温是否正常。

②检查进出口温度,温差很小,打开盘管排气阀,检查水温是否正常,如水温正常,再检查二通阀是否打开,如二通阀未打开,继续检查二通阀供电是否正常,

检查 Y 型过滤网是否堵塞;进出口温差正常,查看舱室保温是否正常,比如门窗是否关闭,如门窗未关,空气对流后,空调就没有效果,应与客户做好解释工作;进出口温差偏大,出风口风量小,检查进风口滤网是否有灰尘,检查风机转速是否正常。

（4）空调有异味故障表现及处理方法

①检查、清洗进风口风滤网。

②检查盘管翅片是否有灰尘,如果有灰尘应实施清洗方案。

③检查风管内是否有异物、灰尘、积水等,清洁干净去除异味。

④检查积水盘有没有异物。

（5）空调漏水故障表现及处理方法

①排水不畅应检查节水盘是否堵塞,检查排水管是否堵塞,检查排水管道坡度是否合理。

②保温层脱落,恢复保温层。

③排气阀漏水,关紧排气阀。

④软管、阀门、管件漏水,关闭总阀再进行更换。

（6）空调水管爆管处理方法

①打开泄水阀排水减压。

②关闭空调主机、膨胀水箱补水阀增压泵、循环泵。

③关闭爆管区域总阀。

④关闭爆管区域电源。

⑤危及电梯时,关闭电梯电源,尽量停到高于爆管楼层。

⑥及时挪开重要物资,清理积水。

8.热力膨胀阀故障诊断

制冷系统中热力膨胀阀的堵塞故障是经常发生的,包括"脏堵"和"冰堵"。脏堵的主要原因是系统中存在杂质,如焊渣、铜屑、铁屑、纤维等。冰堵的原因是系统中含有过多的水分(湿气),产生湿气的途径有:在安装时系统抽真空时间不够,没能把管路内的湿气抽尽;管路连接处焊接工艺不好,有漏气点;在向系统充注制冷剂时,没把连接软管内的空气吹出软管;为系统补充润滑油时,进入空气等。

一般情况脏堵塞发生在干燥过滤器上,系统中的杂质被过滤器拦截住,造成脏堵现象。发生时,系统首先表现为回气温度升高,过热度升高,故障严重后,使系统停止运转,如没有把系统中的杂质清除掉,系统不能再开机。冰堵一般发生在膨胀阀的节流孔处,因为这里是整个系统中温度最低,孔径最小的地方。由于系统不再制冷,系统整体温度回升,随着温度的提高,冰堵处会逐渐融化,而后系

统又恢复制冷能力,随着系统整体温度的再次降低又会出现冰堵现象。故冰堵塞是一个反复的过程。

那么怎样排除堵塞故障呢?对于脏堵,如果不是很严重,换一个干燥过滤器就可以了。如果非常严重,就要重新清理系统管路中的杂质,抽真空,重新充注制冷剂。对于轻微冰堵,可用热毛巾敷在冰堵处,如果冰堵程度比较严重,已影响了系统的正常运行,则要换掉过滤干燥器,重新处理掉系统管路中的水分,抽真空,重新充注制冷剂。

当系统中出现膨胀阀供液时多时少,或膨胀阀开度关不小但过热度、过冷度不正确等现象时,原因可能就是感温包出了故障。例如,感温包毛细管断裂,使感温包内的充注物漏掉,导致不能把正确的信号传给热力膨胀阀的执行机构;感温包包扎位置不正确。

一般情况感温包应尽量装在蒸发器出口水平段的回气管上,应远离压缩机吸气口而靠近蒸发器,而且不宜垂直安装。因为把感温包安装在吸气管的上部会降低反应的灵敏度,可能使蒸发器的制冷剂过多,把感温包安装在吸气管的底部会引起供液的紊乱,因为总有少量的液态制冷剂流到感温包安装的位置,而导致感温包温度的迅速变化。安装时,感温包需用铜片包扎好,回气管表面要除锈,如果是钢管,表面除锈后涂银漆,以保证感温包与回气管的良好接触。感温包必须低于阀顶膜片上腔,而且感温包的头部要水平放置或朝下,当相对位置高于膜片上腔时,毛细管应向上弯成 U 形,以免液体进入膜片上腔。

9.水泵故障诊断

水泵常见故障的分析和处理方法如表 7-4 所示。

表 7-4　水泵常见故障的分析和处理方法

故障现象	原因分析	解决方法
启动后水管不出水	进水管和泵内的水严重不足	将进水管和泵内的水充满
	水泵叶轮旋转方向反了	调换水泵电动机任意两根接线位置
	进水和出水阀们未打开	进水和出水阀门开至最大
	进水管部分堵塞	清除异物
启动后回水管道末端无水	水泵转速为达到额定值,填料压得过紧	检查电压是否偏低
	管道系统阻力过大	更换水泵

表 7-4(续)

故障现象	原因分析	解决方法
启动后压力表指针剧烈摆动	有空气从进水管随水流进泵内	查明空气进入渠道
启动后一开始出水,但立刻停止	进水管中有大量空气积存	查明空气进入渠道,放出水系统中的空气
	水系统中有大量空气吸入	检查、做好进水管口的密封性
运行中听出出水	水系统进水管口被堵塞	清除堵塞物
	水系统有大量空气吸入	做好密封性
	水泵叶轮损坏	更换叶轮
轴承过热	润滑油不足	补充润滑油
	润滑油老化	清洗后更换润滑油
	轴承间隙不合适	调整安装位置
	水泵与电动机轴不同心	调整同心度
填料漏水过多	水泵填料压得不够紧	拧紧压盖
	水泵填料磨损	更换填料
	填料缠法错误	正确缠放填料
	水泵轴有弯曲或摆动	校正
泵内声音异常	有空气吸入	查明空气进入渠道,放出空气
	有固体异物	清除异物
泵振动	螺栓松动	拧紧螺栓
	有空气吸入	查明空气进入渠道,放出空气
	轴承磨损	更换轴承
	叶轮破损	更换叶轮
	叶轮堵塞	清除堵塞物
	水泵与电动机轴不同心	调整同心度
	水泵的轴弯曲	校正

10. 螺杆式制冷压缩机故障诊断

螺杆式制冷压缩机常见故障主要有以下几种：

(1) 泄漏故障

螺杆式冷水机组氟利昂泄漏可分为内漏和外漏两种。

①机组一些铸件在铸造中由于型砂质量较差或铸造工艺不好,形成砂眼和裂纹,而机组管理人员在检漏时重点放在密封连接处,常忽略对铸件机体的检漏,从而发生氟利昂外漏。

②密封件磨损或破裂,如吸、排气阀阀杆和阀体的 O 形环老化,磨损导致密封失效,轴封内动环擦伤,静环破裂。

③换热器内泄漏,蒸发器由于低压过低（低压控制器失灵）或冷冻水循环不畅,使得蒸发温度低于 0 ℃,冻裂蒸发器传热管,氟利昂从冷冻水系统中漏掉。蒸发器和冷凝器的传热管与管板胀管未胀紧,也可导致氟利昂漏出。当机组出现外漏时,将外漏点前后阀门关死,整个机组内氟利昂即可保住。

(2) 石墨环破裂

螺杆式冷水机组的螺杆是高速旋转的机械,它的轴端采用机械密封,其动环和静环(石墨环)密封面经常会由于操作不当发生裂纹。

①冷却水断水。当冷却水系统中混入空气或者冷却水循环不畅时,冷凝器内氟利昂冷凝困难,压缩机高压端排气压力骤然上升,动环和静环密封油膜被击破,出现半干摩擦或干摩擦,在摩擦应力作用下,石墨环产生裂纹。启动压缩机时加载过快,高压突然增大同样会使石墨环破裂。

②轴封的弹簧及压盖安装不当,使石墨环受力不均,造成石墨环破裂。

③轴封润滑油的压力和黏度影响密封动压液膜的形成,也是石墨环损坏的重要因素。

(3) 电器控制元件失灵

电器控制元件不稳定有下述几种原因：

①电器控制元件质量有问题。

②电器控制元件安装技术存在缺陷。

③电器控制元件使用空间内部湿度太大,使电器控制元件生锈、腐蚀。

螺杆式制冷压缩机常见故障的分析和处理方法如表 7-5 所示。

表 7-5　螺杆式制冷压缩机常见故障的分析和处理方法

故障现象	故障分析	处理方法
启动负荷大,不能启动或启动后立即停车	能量调节未至零位	减载至零位
	压缩机与电动机不同轴度过大	重新校正
	压缩机内充满油或液体制冷剂	将积液排除
	电源断电或电压过低	排除电路故障
	压力控制器或温度控制器调节不当	调整触头
	压差控制器或热继电器断开后未复位	复位
	电动机绕组烧毁或短路	检修
	变位器、接触器、中间继电器线圈烧毁	拆卸检查
	温度控制器调整不当	调整温度控制器的调定值或更换温度控制器
	电控柜电路接线有误	检查
	压缩机内磨损烧伤	拆卸检修
压缩机在运行中停车	吸气压力低于调定值	查明原因,排除故障
	排气压力过高	查明原因,排除故障
	温度控制器失灵	更换问对控制器
	电动机超载	更换熔丝
	油压过低使压差控制器动作	查明原因,排除故障
	油精过滤器压差控制器动作或失灵	拆洗精过滤器,更换压差控制器
	控制电路故障	查明原因,排除故障
	仪表箱接线松动,接触不良	查明后上紧
	油温过高	增加冷却水量
机组振动过大	机组地脚螺栓未紧固	紧固
	压缩机与电动机不同轴度过大	校正同轴度
	机组与管道共振	改变管道支撑点位置
	吸入过量的润滑油或液体制冷剂	排出液体

表 7-5(续 1)

故障现象	故障分析	处理方法
运行中有异响	压缩机内有异物	检修压缩机及吸气过滤器
	推力轴承磨损破裂	更换轴承
	滑动轴承磨损	更换轴承
	联轴器的键松动	紧固
排气温度过高	冷凝器冷却水量不足	增加冷却水量
	冷却水温过高	开启海水冷却器
	制冷器充注量过多	适量放出制冷剂
	膨胀阀开启过小	适当调节膨胀阀开启度
	系统中存在空气	排放空气
	冷凝器内传热管上有水垢	清除水垢
	冷凝器内传热管上有油膜	回收冷冻机油
	机内喷油量不足	调整喷油量
	蒸发器配用过小	更换蒸发器
	热负荷过大	减少热负荷
	油温过高	增加油冷却器冷却水量
	吸气过热度过大	适当开发供液阀
油压过低	油压调节阀开启过大	适当调节开度
	油量不足	增加冷冻机油到规定值
	油路管道堵塞	清洗
	油泵故障	检修
	油泵转子磨损	检修,更换转子
	油压表损坏	检修,更换油压表
油压过高	油压调节阀开度太小	适当增大开度
	油压表损坏	检修、更换油压表
	油泵排出管堵塞	检修
油温过高	油冷却器效果下降	清除油冷却器传热面上的污垢,降低冷却水温或增大冷却水量

表 7-5(续 2)

故障现象	故障分析	处理方法
冷凝压力过高	冷凝器冷却水量不足	加大冷却水量
	冷凝器传热面结构	清洗
	系统中空气含量过多	排放空气
	冷却水温过高	开启海水冷却泵
润滑油消耗量过大	加油过多	放油到规定量
	奔油	查明原因,进行处理
	油分离器效果不佳	检修
油位上升	制冷剂溶于油内	关小节流阀
吸气压力过高	节流阀开启过大或感温包未扎紧	关小节流阀
	制冷剂过多	放出多余制冷剂
	系统中有空气	排放空气
制冷量不足	吸气过滤器堵塞	清洗
	压缩机磨损后间隙过大	检修更换
	冷却水量不足	调节水量
	蒸发器配用过小	减小热负荷
	蒸发器结霜太厚	定期融霜
	膨胀阀开得过小或过大	调整阀门开度
	干燥过滤器堵塞	清洗
	节流阀脏堵	清洗
	系统内有较多空气	排放空气
	制冷剂过多	添加至规定值
	蒸发器内有大量润滑油	回收冷冻机油
	电磁阀损坏	修复或更换
	膨胀阀感温包内充灌剂泄漏	修复或更换
	冷凝器或储液器的出液阀未开启或开度过小	开启出液阀或调整开度
	制冷剂泄漏过多	检修
	能量调节指示不正确	检修
	喷油不足	检修

表 7-5(续 3)

故障现象	故障分析	处理方法
压缩机结霜严重或机体温度过低	热力膨胀阀开度过大	适当关小阀门
	制冷剂过多	排除多余制冷剂
	热负荷过小	增加热负荷
	热力膨胀阀感温包未扎紧	按要求重新捆扎
	供油温度过低	减小油冷却器冷却水量
压缩机能量调解机构不动作	四通阀不通	检修或更换
	管路或接头处堵塞	检修、清洗
	油活塞间隙大	检修或更换
	滑阀或油活塞卡住	拆卸检修
	指示器故障	检修
	油压过低	调节油压调节阀
压缩机轴封漏油	轴封磨损过量	更换轴封
	动环、静环平面度过大	更换
	密封阀、O 形环过松、过紧或表型	更换
	弹簧座、销钉装配不当	重新装配
	轴封弹簧弹力不足	更换弹簧
	轴封压盖处纸垫破损	更换纸垫
	压缩机与电动机不同轴度过大	重新校正
压缩机运行中油压表指针震动	油量不足	补充油
	精过滤器堵塞	清洗
	油泵故障	检修或更换
	油温过低	提高油温
	油泵吸入气体	查明原因进行处理
	油压调节阀动作不良	检修
停机时压缩机反转不停	吸气止回阀故障	检修
润滑油进入蒸发器和冷凝器	吸气带液	关小冷凝器出液阀
	油温低于 20 ℃	升高油温至 30 ℃
	停机时,吸气止回阀卡住	检修吸气止回阀

266

表 7-5（续 4）

故障现象	故障分析	处理方法
制冷剂泄漏	蒸发器传热管冻裂	更换
	传热管与管板胀管处未胀紧	胀紧
	机体出现砂眼和裂纹	修补
	密封件磨损或破裂	更换密封件

11. 离心式制冷压缩机故障诊断

离心式制冷压缩机的常见故障分析和处理方法如表 7-6 所示。

表 7-6　离心式制冷压缩机的常见故障分析和处理方法

故障	现象	故障分析	处理方法
压缩机不启动	准备工作已完成	电动机电源事故	检查电源
		导叶不能全关	将导叶开关切换到自动为止
		控制线路熔断	检查熔断器
		过载继电器动作	复位
	油泵启动不了	防止频繁启动的定时器动作	等过了所定的时间后再启动
		开关不能合闸	复位过载继电器
	油压上不去	油位太低	补到规定油位
		油泵倒转	重新接线
		过滤器堵塞	清洗过滤器
		油起泡沫	将油加热器恒温控制器的设定温度升高,分离掉制冷剂
冷凝压力降低	压力表指示值低于冷却水温度相应值	压力表接管内有制冷剂凝结	不能有管子过长和中途冷却的现象
	制冷剂冷却电动机的绕组温度上升	冷却水温降低	减小冷却水量,将冷却水出口温度升到规定值以上
		水量过大	减小到恰当的水量

表 7-6(续 1)

故障	现象	故障分析	处理方法
载冷剂不能冷却到规定温度	蒸发压力升高,电动机功率有多余	温度调节器的设定值太高	修正调节器的设定值
		电阻管结露	干燥后将电阻线密封
		导叶开不了	检查
		导叶不能自动	将开关切换到手动位置
		导叶不能手动操纵	检修
		控制导叶的温度计信号变而电流不变	检修
载冷剂冷却效果差	蒸发压力升高	制冷负荷过大	增加运转台数
			空调区外部大气漏入量过大,应加以调节
	冷凝压力降低	参照"冷凝压力降低"	
	蒸发压力降低	参照"蒸发压力降低"	
	压缩机排气温度降低	制冷剂充注量过多	排除部分制冷剂
蒸发压力降低	制冷剂温度与载冷剂出口温度的差增大,压缩机排气温度上升	制冷剂注入量不足	停机检查制冷剂液位
		制冷剂损失	注入制冷剂
		制冷剂污染	制冷剂再生
		制冷剂浮球阀动作不对	修理浮球阀
		漏水	修理漏水部位
		蒸发器内漏水	修理漏水部位
		水室内的垫片外移或隔板损坏	改进冷媒水在水室内的短路
		冷媒水泵吸入口有空气混入	改进泵吸入口的填料函
	制冷剂温度与载冷剂出口温度的差增大,压缩机排气温度没有上升	管子堵塞	清理管子

表 7-6（续 2）

故障	现象	故障分析	处理方法
蒸发压力降低	载冷剂出口温度降低	温度调节器的设定值低	重新调整设定值
		导叶开得过大	适当关小导叶开关
		制冷负荷太小	适当提高冷却水温度
		自动启停恒温控制器,工作参数不正常	检查调整恒温器的设定值
轴承和润滑油系统不好	油压降低	油过滤器堵塞	清洗过滤器
		油压调节阀不耗	更换调节阀
		油起泡沫	减少冷媒水或制冷剂量,使油温上升
	油压表激烈摆动	油压表接管中混入气体	放出气体
轴承和润滑油系统不好	油压表激烈摆动	油压调节阀不好	更换阀门
		油位降低,油泵气蚀	补油
		油起泡沫	减少冷媒水或制冷剂量,使油温上升
	油温过低	油冷却器过冷	调节到适当温度
		油加热器恒温控制器设定温度不对	检查设定温度
		油加热器断线	更换油加热器
	油温过高	油加热器恒温控制器设定温度不对	调整设定温度
		油冷却器冷却介质供给量不当	调节冷却水或制冷剂
		油冷却器污染	清洗或更换
		运转中油加热器工作不好	检查
	轴承温度高	连接不好	调整连接情况
		轴瓦不好	更换轴瓦
		油污染	更换油

表 7-6(续 3)

故障	现象	故障分析	处理方法
轴承和润滑油系统不好	轴承温度高	油冷却器脏	清洗或更换
		油冷却器冷却介质供给量不当	加大油冷却器冷却水量
		压缩机排气温度过高	适当降低冷凝压力
		冷凝压力异常升高	加大冷却水流量或降低冷却水温的
过负荷和制冷量不足	过负荷	连接不好	调整连接情况
		载冷剂入口温度高	清除制冷负荷过大的原因
		吸入制冷剂	抽出制冷剂液,降低液位
		水漏入压缩机	修理漏水部位,使压缩机内干燥
		限流继电器设定不好	调节限流继电器
		仪表不好	更换仪表
	制冷量不足	冷凝压力上升	加大冷却水流量
		蒸发压力降低	调节节流阀
		降低转速或倒转	调成正传
		叶轮磨损	更换叶轮
		迷宫密封磨损	更换迷宫密封
		仪表不好	更换仪表
振动与噪声	转子振动	叶轮磨损	调整转子平衡
		连接不好	调整连接情况
		轴瓦间隙大	更换轴瓦或浇筑白合金
		转子与迷宫密封解除	调整配合状态
		压缩机吸入大量制冷剂	抽出制冷剂液
		轴弯曲	校直
		防震装置不好	更换防震装置
		基础下沉	调整连接情况
		轴中心线歪斜	调整制冷剂接管

表 7-6(续 4)

故障	现象	故障分析	处理方法
振动与噪声	噪声	喘振	适当降低冷凝温度,提高蒸发温度
		油起泡沫	参照"轴承和润滑系统不好"
		齿轮增速装置不好	调整齿轮或更换
		连接不好	调整连接情况
		载冷剂、冷却水接管穿绳	接管中间加装挠性接头
		电动机的"拍"声	调整定子与转子间的间隙
		电刷的轧轧声	检查或更换电刷
抽气回收装置不好	压缩机油减少	刮油环不好	更换刮油环
		油分离器不好	检查
	压缩机油位上升	制冷剂混入油中	排出阀不好
			调整吸入压力调节阀
			停下抽气压缩机时,关闭吸入和排出管路的阀
	压缩机作用不完全	阀不好	清理压缩机阀座或更换阀
		空气排出阀不好	调整设定值
		传动带打滑	胀紧传动带
		液态压缩	调整吸入压力调节阀
	制冷剂损失大	抽气柜浮球阀不好	清洗浮球阀,检查浮球开度
		空气放出阀设定不对	根据室温和冷却水温设定压力
		副冷凝器冷却不好	检查冷却水量,清除冷却面的污垢
		截止阀工作不好	检查制冷剂回流阀是否开启
		抽气压缩机金属密封不好	修配密封片或更换
		过量空气漏入制冷剂	检查漏气部位

12. 溴化锂吸收式制冷压缩机故障诊断

溴化锂吸收式制冷机组常见的故障分析和处理方法如表 7-7 所示。

表 7-7　溴化锂吸收式制冷机组常见的故障分析和处理方法

故障现象	故障分析	处理方法
浓溶液温度高	蒸汽压力过高	调整减压阀
	机内漏入空气	排除泄漏
	溶液循环量少	加大溶液循环量
冷剂水温度低	低负荷时,蒸汽阀开度过大	关小蒸汽阀并检查
	冷却水温过低或水量调节阀故障	提高冷却水温度并检修水量调节阀
	冷媒水量不足	检查冷媒水量与冷媒水循环系统
冷媒水出口温度越来越高	外界负荷过大	适当降低外界负荷
	机组制冷能力降低	同制冷量低于设计值时的排除方法
	冷媒水量过大	适当降低冷媒水量
运转中突然停机	断电	检查电源
	溶液泵或冷剂泵故障	检查溶液泵或冷剂泵
	冷却水与冷媒水断水	检查冷却水与冷媒水系统
	防冻结的低温继电器动作	检查低温继电器刻度,调整至适当位置
真空泵臭气能力下降	真空泵有故障: (1)排气阀损坏; (2)旋片弹簧失去弹性或折断; (3)泵内脏及抽气系统内部严重污染	检查真空泵运转情况: (1)更换排气阀; (2)更换弹簧; (3)拆开清洗
	真空泵油中混入大量制冷机蒸汽,抽气效果降低: (1)抽气管位置布置不当; (2)制冷器分离器中或冷却水中的喷嘴堵塞	(1)更改抽气管位置; (2)清洗喷嘴

表 7-7(续)

故障现象	故障分析	处理方法
自动抽气装置 运转不正常	溶液泵出口无溶液送至自动抽气装置	检查阀门是否处于正常状态
	抽气装置结晶	清除结晶

第8章
制冷空调新技术

　　气候变化是当今人类面临的重大全球挑战。中国是第一大碳排放国,在全球气候治理中起着关键作用。继 2015 年气候变化巴黎大会后,中国在 2020 年联合国大会一般性辩论和气候雄心峰会等重要会议上,首次提出争取 2030 年前碳达峰,2060 年前碳中和,2030 年碳强度下降 65%、非化石能源比重达 25% 等中长期战略目标。这一系列里程碑意义的新目标,彰显了中国负责任的大国担当,也是实现中国高质量发展的客观要求。通过既有研究发现,全国二氧化碳排放量有望于 2025 年实现达峰,峰值约 108 亿吨,最晚于 2030 年达峰。通过能源系统实施不同减排努力,并结合碳捕集与封存技术部署,到 2060 年,与能源相关的二氧化碳排放量仍将存在 3 亿~31 亿吨,主要来自电力、工业、交通、建筑等重点领域和行业。

　　碳中和不是某个行业的改革,也不是一个国家的顶层设计,而是全世界当下重金构建的话语体系。目前,各国都在积极展开"宣告",美国、德国和日本宣告的都是 2050 脱碳。

　　我们先来明确一下几个概念。

　　碳达峰:二氧化碳排放不再增长,达到峰值之后再慢慢消减。

　　碳中和:二氧化碳排放通过二氧化碳去除技术达到平衡,即一定时期内,"二氧化碳的消除量=排放量"。

　　净零排放:所有温室气体排放量与温室气体清除量达到平衡。一般会注明是二氧化碳净零排放(net zero CO_2 emissions)或温室气体净零排放(net zero GHG emissions)。如果没有明确注明,它指的是后者,即一定时期内温室气体的消除量=排放量。即"净零排放=碳中和+其他温室气体的中和"。

　　气候中性:一个组织的活动对周围气候系统没有产生净影响。

　　温室气体是气候变化的主要影响因素,但不是全部,还有辐射强迫(radiative forcing)等其他因素。当组织活动对气候系统没有任何净影响时,就实现了气候中性。即"气候中性=净零排放+其他要求"。

　　温室气体:大气中吸收和重新放出红外辐射的自然和人为的气态成分。《京

都议定书》界定的温室气体有 6 种：二氧化碳（CO_2）、甲烷（CH_4）、氧化亚氮（N_2O）、氢氟碳化合物（HFCs）、全氟碳化合物（PFCs）、六氟化硫（SF_6）。其中，二氧化碳是温室气体的主体。在制冷行业中，氟利昂制冷剂是非常典型的温室气体。实际上氢氟碳化合物、全氟碳化合物及六氟化硫三类含氟气体造成温室效应的能力最强，但对全球升温的贡献百分比来说，二氧化碳由于含量较多，所占的比例也最大，约为 55%。二氧化碳只是因为在大气中的总量巨大，而承担碳排放的主要贡献，但是二氧化碳可被植物吸收。因此，目标已然非常明确了，即对含氟化合物的控制和减少二氧化碳排放总量的控制。要减少氟利昂制冷剂的泄漏，通过节电、清洁能源的替代来减少二氧化碳的排放。

航运业是耗能大户，而船舶运营过程中也会产生大量能耗，船舶中央空调在提高在船人员居住工作条件的同时也增加了船舶能耗。在现代大型船舶中，中央空调消耗的能源大约占能耗总量的 20%~50%。因此，如何有效降低中央空调的能源消耗，提升空调舒适性成为业界普遍关注的热点问题。研发更加先进的中央空调节能技术及舒适性技术是解决上述问题的关键途径。

8.1 变频变容技术

变频变容技术是近年来应用在船舶中央空调上的一种新技术，尤其是军舰、航空母舰及豪华邮轮等。采用该技术的压缩机，有多个汽缸，在低负荷情况下单缸运行，在高负荷情况下多缸运行，该技术能有效降低中央空调能耗。

研究显示，船舶空调 60% 的运行时间在 30% 以下的低负荷运行，特别是在负荷率低于 20% 时，运行时间占比超过 40%。低负荷下压缩机低频运行，由于电机效率和容积效率的下降，使压缩机总效率下降。

压缩机的最低频有可能相对输出过高，所以整机总能效也会相应地下降。在整机负荷率低于 25% 时，能效随负荷率减小而急剧下降。同时，压缩机在低负荷运行的情况下，容易达到设定的温度点停机。这就导致压缩机在运行过程中出现频繁的开停，使舱室内温度出现波动，影响热舒适性，整机能耗随着不断开停机而增加。

变频变容技术是为解决中央空调的运行效率不高而研发的技术。搭载变频变容压缩机的多联机，运用单多缸切换的运行模式，使压缩机能够满足不同工况

下的运行要求,减小最小制冷量,提升低负荷能效。该系统具有两种运行模式,在室外温度较高的情况下,采用多缸运行模式,满足中、高负荷需求。在室外温度较低的情况下,采用单缸运行模式,仅一个汽缸运行,满足低负荷需求。在满足用户正常制冷、制热需求的同时,最大限度地降低了能源消耗,避免了大马拉小车的现象,解决了家用多联机产品最小输出过大、低负荷能效低两大突出问题。在低负荷运行状态下,压缩机单缸模式运行,运行噪声更低,同时避免了空调频繁开停机造成的温度波动,舒适性更高。

8.2 磁悬浮离心压缩机技术

磁悬浮空调是以磁悬浮离心压缩机为核心技术的高效节能中央空调,如图 8-1 所示。其利用由永久磁铁和电磁铁组成的径向轴承和轴向轴承组成数控磁轴承系统,实现压缩机的运动部件悬浮在磁衬上进行无摩擦的运动,磁轴承上的定位传感器为电机转子提供超高速的实时重新定位,以确保精确定位。整个空调系统无须润滑油。

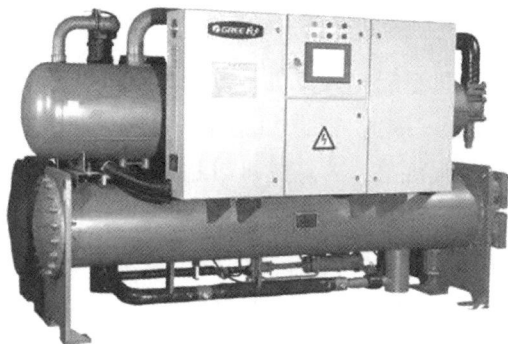

图 8-1 磁悬浮中央空调

磁悬浮技术由来已久,这种技术消除了摩擦,提高了机械效率,减少了机械故障。随着该技术的发展与成熟,空调行业也迎来了磁悬浮潮。

由于空调系统是很多不同设备与管道的组合,一个好的组合能够在初投资、运行费用、运行效果之间找到最佳平衡点。

磁悬浮压缩机利用由永久磁铁和电磁铁组成的径向轴承和轴向轴承组成数

控磁轴承系统,实现压缩机的运动部件悬浮在磁衬上进行无摩擦的运动,磁轴承上的定位传感器为电机转子提供超高速的实时重新定位,以确保精确定位。磁悬浮型离心冷水机组压缩机的磁悬浮和直流变频技术,大大提高了机组的性能。压缩机具有磁性轴承,运转时受磁力的作用,轴与轴承之间没有直接接触,双级铸铝叶轮直接嵌于轴上,减小了由于齿轮传动产生的能量损失,压缩机马达为永磁同步马达,压缩机由脉冲宽度调制技术(PWM)控制电压供电,可以实现变速运行,压缩机入口装有导流叶片,用来调节压缩机的负载大小。

磁悬浮型离心冷水机组的压缩机解剖图如图 8-2 所示。

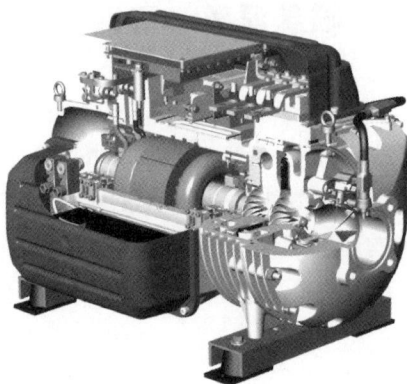

图 8-2 磁悬浮型离心冷水机组的压缩机解剖图

磁悬浮型离心冷水机组能有效克服普通型离心冷水机组在运行过程中存在的噪声大、能耗高等问题。因此,可以预见在不久的将来,磁悬浮型离心冷水机组将取代普通型离心冷水机组。磁悬浮机组相对于传统机组,减少了电机损耗、变频损耗、齿轮损耗和轴承损耗,使输出能量损耗只有 5.5%,相比传统机组损耗 15.8%,磁悬浮离心机组具有明显的节能优势。

(1)磁悬浮中央空调整个空调系统采用磁悬浮轴承,实现零摩擦,提升了机械效率,提高了转速、减小了叶轮尺寸,压缩机体积和重量显著下降,而且轴承比常规轴承更持久耐用,使得中央空调机组运行寿命达到 25 年。

(2)采用无级变频技术,压缩机转速可以无限小,扩大了运行调节范围,性能系数高,同时机组实现无油路系统,冷媒中不含润滑油,可靠性提高了 30%~50%,减少了检修费用。

(3)无油系统可使中央空调系统避免了壳管式换热时油膜覆盖在热管上导致换热效率下降的影响,提高机组换热效率 15% 以上。

（4）磁悬浮空调采用全直流变频技术，可通过变速驱动实现超高部分负荷的高能效，可实现机组部分负荷运行。

（5）压缩机启动仅需满足支撑转轴重量的电磁力即可，启动电流和噪音低。设备启动前无须预热，可在低环境温度下正常启动。

（6）部分负荷最高能效比达到 26，综合工况能效比达到 11.98，并实现物联网智能云服务远程控制，无人值守。

（7）磁悬浮冷水机组由于自身的多机头结构及精密的控制程序，可以使机组低负荷运行时间占总运行时间的 50% 左右，部分负荷的高能效得以充分发挥。

磁悬浮机的缺点主要为：

（1）设备初投资高。由于磁悬浮冷机集成磁悬浮轴承和数字变频控制系统，从而设备初投资较普通冷机有较大提高。

（2）冬季不用空调制热时，仍需为机组通电防冻。

（3）附件多，如补水阀、排气阀等，个别机型还需装膨胀水箱，增加泄漏点。

（4）室外机体型较大，重量大。

8.3　数码涡旋压缩机技术

8.3.1　数码涡旋压缩机技术

数码涡旋技术是中央空调领域的新技术。数码涡旋的概念早在 1993 年就已经提出，建立在通过两个互相紧靠的涡旋盘围绕同一个轴转动来压缩气体的涡旋技术的设计概念之上。

数码涡旋技术的核心在于数码涡旋压缩机，它作为变容量调节空调系统的核心部分，主要由动涡旋盘、定涡旋盘、PWM 阀和平衡管等几个部分组成，构成了变容量调节的基本组成部分（图 8-3）。

数码涡旋压缩机循环控制周期包含"负载期"和"卸载期"两个部分，该动作主要由定涡盘和 PWM 容量调节阀两个硬件共同完成。如图 8-4"负载期"所示，此时 PWM 阀关闭，卸气仓与压缩仓压力一致，定涡盘与动涡盘处于正常负荷输出状态，此时为 100% 负荷能力输出。当其为"卸载期"阶段时，PWM 阀开启，泄

气仓内压力为吸气压力,由于压缩机的柔性设计,动涡盘、定涡盘在压力差的作用下,在轴向有微量分离作用,此时就不再有制冷剂通过压缩机,因此也没有了负荷,排气口也就没有输出,故此时能力输出为0%。

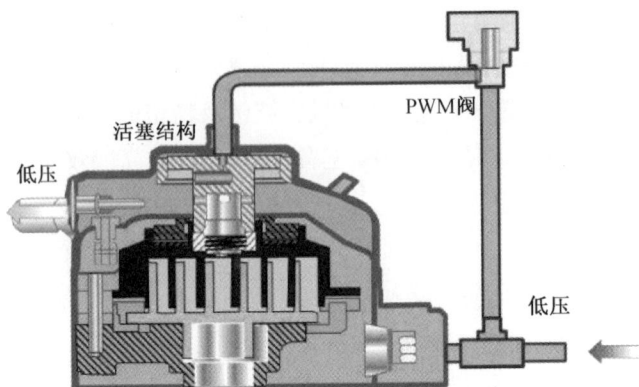

图 8-3　数码压缩机工作原理

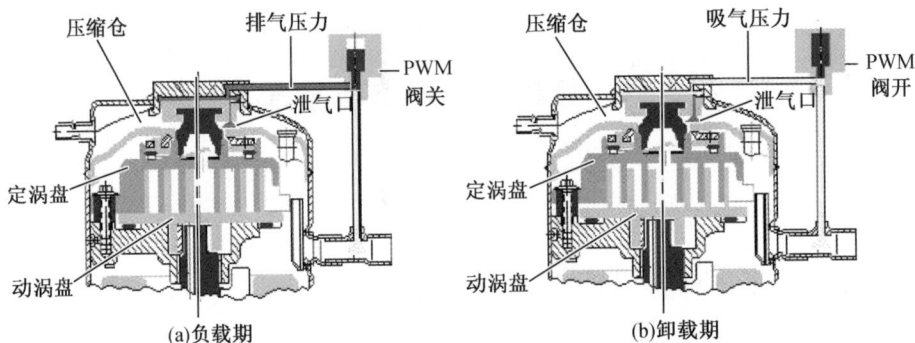

(a)负载期　　　　　　　　　　　　(b)卸载期

图 8-4　数码涡旋压缩机循环控制周期工作原理

控制 PWM 容量调节阀的开关状态,也就控制了压缩机的"负载期"和"卸载期"的工作状态,通过计算 PWM 阀的两个状态的工作时间,就可以确定出压缩机的平均输出容量,从而达到所需容量调节输出的目的。例如,一个总能力 10 匹的系统,控制周期为 20 s,当要输出 5 匹的能力时(占总能力的 50%),则负荷时间占周期时间的 50%,既加载 10 s 然后卸载 10 s 即可。涡旋压缩机输出特性呈现满载"1"和空载"0"的循环工作方式,也就呈现为"0~1"的数码特性,故该压缩机也被称誉为"数码涡旋压缩机"。

优点:调节方便,数码涡旋压缩机驱动只需简单的负载卸载控制,不需对电

网配电进行频率改变,不产生干扰电磁波,符合电磁兼容性(EMC)要求;低负荷时带出油少,无回油问题。

缺点:调节过程噪声较大。

8.3.2　数码涡旋节流装置

电子膨胀阀作为制冷系统中的节流元件用来控制进入蒸发器的制冷剂流量。其流量由一个针状阀和阀座调整。针状阀由受三个力的膜片控制,作用力施加在膜片下端,使之趋于关闭的是蒸发后压力和过热度弹簧的弹力。与这两个力相平衡的是感温包充注物的压力,感温包绑在蒸发器出口的管路上。膨胀阀的动作过程如下:当机组运行时,蒸发器的制冷剂在饱和压力和饱和温度下蒸发,如果感温包处在一个较高的温度下,它就会产生比蒸发压力更高的压力(在感温包充注的制冷剂和系统充注的制冷剂相同时),这个压力差大于过热度弹簧的弹力时,膨胀阀就会打开,否则关闭。由此可知,当离开蒸发器的制冷剂温度升高时(即过热度增大时),盘管出口处的温包压力会增大,通过膨胀阀的流量增大,使过热度降低;当离开蒸发器的制冷剂温度降低时(即过热度减小时),温包内的压力也减小,膨胀阀开启度减小,流量减小使过热度上升。过热度可以通过热度弹簧来调节。由于 PWM 阀和电子膨胀阀的作用和控制特性,设计时要求它们必须要垂直放置,并且要求质量稳定可靠,使用寿命很长。

8.4　辐射供冷空调技术

长波辐射会影响人体的舒适程度,通过输送能量来调节室内的热环境,基于这一原理,现代技术人员研究出长波辐射供冷空调系统。作为一种新型的船舶空调环境控制技术,辐射供冷空调系统在近年来受到格外重视。目前我国在辐射供冷空调系统方面的发展尚处于初步研究的阶段,有待相关技术人员开创新的应用型技术内容,以提升辐射供冷空调系统在实践中的应用效果。

辐射供冷空调系统的运行原理是通过冷媒特殊结构的末端装置(即辐射板)完成的。将相应的能量传递到辐射板的表面,再通过对流及辐射等工作使其与

室内的环境进行换热,简化了能量在室内外环境之中的传递过程,能够减少一定的不可逆损失。一般情况下,辐射供冷空调系统所需的冷媒是水,水与空气相比具有较好的传输密度,能够降低配电系统的电能消耗,而且依照辐射板安置位置的不同,还能够组成冷辐射顶板系统及冷辐射地板系统等。辐射供冷空调系统与传统的空调制冷形式相比,具有显著的优点:

(1)以水作为冷媒传递能量的密度较大,所占用的空间较小,且空间利用率较高。

(2)维护结构内的表面温度获得有效降低,能够加强对人体辐射的散热度,提升室内环境的舒适度。

(3)辐射供冷空调系统可以与辐射供暖共用同一套系统,使系统形式与布置方式取得进一步的优化效果。

(4)辐射供冷空调系统中所使用的水温要高于常规的空调系统,可以应用低品质的自然资源。

然而辐射供冷空调系统在工程中的应用也具有一定的缺点,主要表现为以下方面:

(1)如果辐射板表面的温度较高,则室内显热负荷的消除功能就相对较低,如果想要降低温度并且增强对室内显热负荷的消除功能,就会增加冷辐射表面结露的风险。

(2)辐射供冷空调系统无法彻底消除室内的潜热,可能会影响室内的空气品质。

辐射供冷空调系统的供冷方式只能有效控制显热,而无法对室内的潜热实现有效控制。因此,在工程的实际应用中,辐射供冷空调系统需要搭配其他形式的空调送风系统(如置换通风、独立新风等)结合使用,将室外的空气经过除湿、干燥处理之后送入室内,就可以有效地解决新风问题,在一定程度上降低室内的空气湿度,降低辐射板结露的风险。根据辐射供冷空调系统在使用中需要较高水温的特性,可以将辐射供冷空调系统与地源热泵等低品质的水源形式相结合,达到理想的节能效果。

如果在工程使用中仅采用地板辐射供冷系统,而室内并没有持续的新风送入,则空气的品质必然会受到一定程度的影响。同时,如果供水的温度较低或室内空气的湿度较大,地板的表面易于结露。为避免这一问题,需要使地板表面的温度大于空气结露的露点温度。如果室内空气的湿负荷数值较高,那么辐射供

冷空调系统所需要的供水温度就会相对较高,此时地板辐射供冷空调系统冷负荷的能力会相对减弱,可能会无法满足室内空气冷负荷的需要。将辐射供冷空调系统与置换通风系统结合之后,辐射供冷空调系统能够持续承担室内的显热负荷任务,而置换通风系统可以持续送入室外新风,以满足室内的卫生需要,并且起到清除室内湿负荷的作用。而且置换通风系统能够有效地减少室内的结露现象,通过持续送入新风来维持室内空切的正压,阻隔室外热空气与湿空气进入室内环境中。置换通风可以在地板表面形成一层较薄的空气弧,在原理上可以理解为在地板上覆盖一层薄薄的、低于露点温度的干燥空气保护层,能够阻隔热空气或湿空气与低温地板的直接接触,提供足够低的供水温度,满足辐射供冷空调系统的运行需要。

辐射供冷空调系统和独立新风系统的联合应用由冷源设备及新风处理机组等部分构成,对新风机组的送风温度具有一定的要求,要使其不得超过 7 ℃,而新风机组的冷水初温要控制在 4 ℃ 之下,因此冷源应选择冰蓄冷系统。在辐射冷吊顶与送风口的正常运行中,新风处理机组将承担新风负荷、潜热负荷及显热负荷的工作,而新风与排风之间会通过全热及显热的回收装置为此后运行,能够有效减小新风机组的换热面积,节省一些能量消耗,而全热交换器及深冷盘管等设备也组成了一套完整的独立新风系统。冷却吊顶依然承担着新风处理机组中剩余的显热负荷部分,散热量可从原有的 35% 增长为 50%,冷却吊顶最显著的优势即能够使人体的脚底变暖而周围的室内环境温度降低,提高人体在室内环境的舒适度。为避免送风温度较低所产生的风口凝露问题,送风系统应采用较大的诱导低温风口,避免冷风过大产生的不良吹风感,可以提升室内的舒适度,产生充足的空气流动频率,使室内的温度更加均匀,可以在实际应用中强化冷却吊顶在换热中的实用性。在此完整的辐射供冷空调系统中,要配置自动化的控制系统,有效地控制新风机组的出水温度及冷水量等数值,配置新风风机及排风风机、安全系统等,使之更加完善。

辐射供冷空调系统可以避免传统空调吹风所引起的环境不适感,提升了人体的热舒适度。在辐射供冷空调系统中结合低品位能源的供应方式,能够实现良好的运行效果,添加相关辅助设备可以有效防止结露问题,而技术人员要根据工程的实际情况,对辐射供冷空调系统的设置位置及联合系统进行设计,保证辐射供冷空调系统的连续稳定运行。

8.5 制冷剂的替代、发展与未来

自 Jacob Perkins 申请了蒸汽压缩循环专利开启了制冷剂的历史以来,已经过去了将近二百年。蒸汽压缩制冷技术仍是制冷的主流技术,制冷剂的替代一直是行业的热点问题。在冷冻、热泵或空调系统中,通过蒸汽压缩循环,利用制冷剂将热量从低温侧传递到高温侧。至今,仍然使用这一热力循环,但所采用的制冷剂已经发生了多次改变。

图 8-5 展示了 1834 年以来制冷剂的发展。起初,所有制冷剂均为容易获得的自然工质或已经在工业处理中使用的物质。20 世纪 30 年代,早期制冷剂逐渐显现出一些安全问题。正是此时,人类发明了氯氟烃(CFC)的合成制冷剂,并开始在全球范围内使用。20 世纪 50 年代,合成制冷剂继续发展,部分氯化制冷剂问世,如氢氯氟烃(HCFC)。在 20 世纪 70 年代初,人们发现 CFC 和 HCFC 制冷剂会导致臭氧层破坏。CFC 具有很高的臭氧消耗潜能值(ODP);虽然 HCFC 的 ODP 相对较低,但仍然具有强大的破坏性。因此,《蒙特利尔议定书》缔约成立,建立了在全球范围内逐步削减臭氧层消耗物质的机制。这一直被视为全球在减少危险化学物质方面取得的一项真正成就。除了降低大气内 ODP 含量之外,减少 CFC 排放也显著降低了 全球变暖的影响。替代制冷剂氢氟烃 (HFC)的 ODP 为零,尽管其全球变暖系数 (GWP) 低于被淘汰的 CFC,但仍处于中高水平。由于气候变化的威胁日益严重,HFC 的使用受到越来越多的限制和审查,以降低其对环境的不良影响。科学调查表明,虽然目前 HFC 泄漏并不是全球变暖的主要因素,但其消费量不断增加,尤其是在发展中国家的空调机组中。如不采取逐步降低措施,总有一天,HFC 会成为全球变暖的最主要因素。2016 年 10 月,《蒙特利尔议定书》成员国通过了 HFC 削减议案(《基加利修正案》)。该计划已于 2019 年生效,进一步落实减少使用高 GWP 物质。

总之,如果人类不注重环境保护,制冷剂可能会对环境造成长期的严重后果。制冷剂也是随着深入的研究和不断的认知而发展,曾经从易燃、有毒的制冷剂转向了安全的合成制冷剂方案,但这些制冷剂的环境破坏性决定了终归只是短期方案。随着技术发展和公认的安全标准进展,最终需要研发零 ODP 和低 GWP 值可以长期使用的制冷剂,同时不能带来其他危害。在新的需求背景下,

大然制冷剂再度成为热门制冷剂。

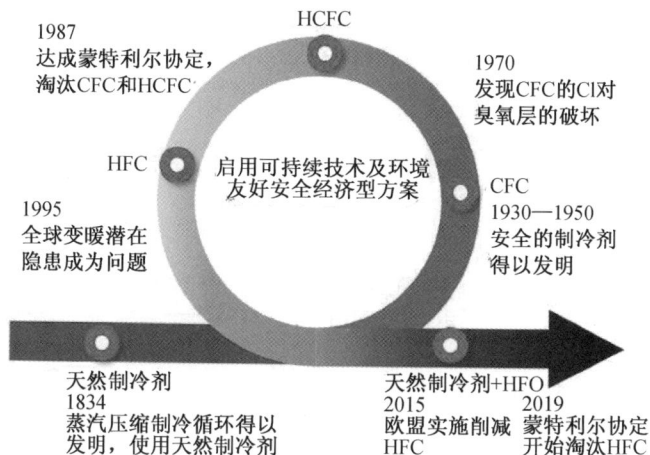

图 8-5　制冷剂的历史周期

现在看来,以往的制冷剂选择显然是不可持续的。对于长期可持续的制冷剂,要实现真正可持续的平衡发展,必须满足三项参数:经济性、安全性和环保性能。在选择新制冷剂时,必须同时考虑这三项参数。否则,就不可能得到长期可持续的结果。另外,其他基础参数也很重要,如最低生命周期成本、维修可用性、操作效率和安全性,以及制冷剂的 GWP。只有当所有这些参数达到平衡时,才能实现可持续的解决方案。过去十年来,很多低 GWP 制冷剂的可行性水平不断提高。二氧化碳制冷剂在商业制冷(尤其是超市)中的广泛应用就是一个很成功的实例。

纵观替代品市场,清一色都是低 GWP 解决方案。天然制冷剂通常 GWP 低并且高效。因此,在制定天然和部分氢氟烃/氢氟烯烃(HFC/HFO)制冷剂的使用政策时,安全性仍然是一大重要因素。目前行业发展趋势表明,微可燃的 A2L 制冷剂正日益得到接受,尤其是现在它们已被纳入新的国际标准化组织和国际电工委员会标准。

二氧化碳是工业制冷和商业制冷系统广泛使用的一种制冷剂。近几年中国越来越多的冷库采用二氧化碳相关制冷技术。氨虽然有毒性需要特别的安全措施来防护,但仍是全球广泛接受并使用的制冷剂,尤其是在工业制冷应用中。在某些领域中也出现同时使用二氧化碳和氨的联合解决方案。

HFC 制冷剂不会彻底消失,一些低 GWP 的 HFC 会与 HFO 结合使用。而这

种结合已经在市场上出现。HFC 和 HFO 制冷剂正在向更环保的方向发展，但它们通常有微可燃性，因此在安全方面需做好防护。低 GWP 制冷剂将继续挑战某些应用中制冷剂使用的认知，但也将推动系统设计中的创新。

制冷剂是制冷行业必不可少的载体。制冷剂的发展和替代是当前制冷行业的巨大挑战，对未来制冷技术发展产生巨大的影响。行业必须放眼未来，寻找前瞻性的解决方案，以应对当前的挑战。

8.6 模糊控制人工智能技术

人工操作耗费人力并无法灵活控制，很容易导致能源浪费，而智能化技术却能做到随时调控，将很大程度上节约能源的消耗。模糊控制是依托于计算机计算的一种控制形式，涉及的相关概念和理论主要有模糊集合、模糊规则和模糊关系等。正如在人们的现实生活中有很多模糊概念，难以划分明确的外延，在计算机数据控制中，也有模糊控制的种类。例如，模糊技术控制中央空调节能，能很大程度上达到人力投资的缩减，节约成本。模糊关系是经典关系的扩展，如 A 比 B 大这种描述便是模糊关系的描述，是一种在直积空间上的模糊集合。模糊逻辑是在经典三段论的基础上发展而来，模拟人的推理能力，在大前提、小前提和结论的基础上，总结人行为下的模糊规则进行推理，以人的思维判断为基础做出指令，这便是模糊逻辑推理。

模糊控制是通过计算机的数字计算，有效反映出人们的常识推理，并通过语言规则来表述操作人员的控制经验，正是依托于如此智能化的模糊控制能力，将人的主观能动性通过计算机转换为相应规则，来实现对中央空调系统的控制，从而达到节能的效果。这正是智能化模糊控制的独特之处，通过计算机智能操作来节约能源，节约了人力的同时也节约了资源。

模糊控制系统有很多组成部分，分别是输入/输出接口、执行器、被控对象、模糊控制器和传感器等五大结构，通过计算机数字控制将操作人员的经验通过模糊逻辑推理转化为模糊规则。在模糊控制系统中，相关信号通过输入接口从模拟信号转化为数字信号，再由输出装置转化为执行器可识别的一种控制信号，模糊控制器控制被控对象，模糊控制器决策得到输入接口转化的可识别的数字信号，使系统达到设定的状态。很多中央空调系统因没有自动化的调节装置而

造成很大的能源浪费,智能化模糊控制技术便是参考了人的思维过程。人通过获取信息在神经系统中进行思考储存校正,并经过一定的思维控制来达到做出行动的结果。

应用模糊控制技术能使中央空调达到很好的节能效果,通过模糊预算法进行可以监控中央空调各方面的数据,特别适用于复杂性系统的工作,计算机智能控制能根据环境的变化第一时间做出相应改变。根据实际中压差温差等的实际情况,对冷冻水泵等有关设备进行相应的控制,检测温度传感器等获得的参数,确保流量得到改变,然后通过一系列计算得到最好的参数,做出相应改变,达到节约能耗的目的。智能化模糊控制技术便是参考了人的思维过程,依托于如此智能化的模糊控制能力,将人的主观能动性通过计算机转换为相应规则,有效反映出人们的常识推理,并通过语言规则来表述操作人员的控制经验,以计算机语言的智能方式达到人为的效果,在无人管理的情况下达到节能的效果。

为中央空调系统主机、冷冻泵、冷却泵、热水泵、冷却塔等耗电设备设置能量监测系统,远程能源管理中心能直接读取各设备年、月、日的能耗情况,实时掌握空调设备的实际耗电量、节电量,并可进行历史查询,直观地了解当前整体空调节省能耗情况。根据中央空调负荷实际需求情况进行潜冷量的优化节能控制。针对舒适性空调的控制,在空调系统运行过程中,冷水机组会随着负荷的变化偏离其最佳运行工况,进而使主机系统制热系数(COP)值下降,浪费能耗。

在冷冻水回水总管上安装一支流量计,在总出回水管路安装温度传感器和压力传感器,作用是为了监控回水流量、压力、温度,为中央空调系统 COP 的后台系统建模计算提供可靠的数据支持,并监测外界环境湿球温度及计算露点温度,判定空调供应显冷及潜冷量需求。系统自动优化主机输出参数,在任何负荷条件下都有一个优化的运行环境,始终处于最佳工况,保持高效运行。冷量按需分配节能控制,是通过流体管路中各区域的供回水温差作为受控变量,根据实时反馈的温差,直接数字(DDC)控制器计算其与设定温差值的偏差及偏差变化率,相应调节安装在各区域环路的电动调节阀门,促使水流量的动态调节变化,使得各区域冷冻水所提供的冷量与末端负荷需求相匹配,从而实现冷冻供回水温差逼近设定温差,达到冷量按需分配、供需平衡的结果,可达到极其显著的节能效果。

结合模糊控制算法对冷冻水变流量方式采用更优越的控制策略。采用一种"超前控制",利用设置的传感器检测出冷冻水系统供、回水温度、流量、压差等参数和室外环境温湿度,利用模糊控制器中数据库对各参数进行统计、分析、运算,推测出空调系统未来时刻的冷量需求,给出一个提前时间量产生控制动作,对供

水流量进行调控,使输配系统提供的冷量与负荷需求的冷量相匹配,达到供需平衡。而常规控制方法中存在的数量差与时间差问题使空调的节能控制的效果更好更精确。

8.7　BIM 技术

BIM(building information modeling, BIM)技术可以使工作流程可视化。因此,BIM 技术在现代船舶空调领域有很好的发展前景。如果在船舶空调设计中使用 BIM 技术,则将具有更大的节能效果。这主要是因为 BIM 技术可以在船舶空调运行中发挥数据集成作用,将原本无法控制的各种因素转换为可控制的因素。通过使用 BIM 技术集成数据,计算机软件可用于全面收集和分析空调能耗数据,可以确定实际空调能耗。在现代船舶领域,暖通空调节能设计、节能制造和节能安装将产生大量数据。如果可以在船舶空调设计过程中及时了解整个船舶的相关数据,则对设计工作或旧船改造将非常有帮助。

近年来,国家各行业对信息化建设及 BIM 技术的发展非常重视。在设计中应用 BIM 技术,对于工程全生命周期 BIM 应用至关重要。在设计船舶空间和中央空调操作参数时,为确保整个船舶所有空调完全统一,必须实时共享数据,并且可以使用 BIM 技术预先创建共享平台。这样,就不会在船舶空调的设计、生产和安装中出现问题,从而有效地实现船舶空调节能设计及优化。

8.8　热泵空调系统

热泵技术是一种环保节能、可以在船使用的很有前景的空调技术。热泵虽然会消耗一部分电能,但他能够提供数倍于能耗的热量,等于其能耗与从低位热源吸收的热量的总和,能够很大程度的减少船舶自身能耗,达到建筑节能的目的。在设计空调系统时,为了保证空调系统在海况环境较恶劣的情况下仍能提供足够的冷热量,满足室内舒适度,在根据船舶负荷及航线进行设计和冷热源设备选型时,根据系统中低位热源的种类来划分,船舶热泵可以分为空气源及海水

源热泵等。

8.8.1 空气源热泵

空气源热泵的低位热源就是船外空气,而空气是取之不尽用之不竭的。空气源热泵空调系统由热泵机组、输运设备、末端设备三部分构成。通过优化热泵机组供水温度,可以提高热泵机组的运行效率,降低其运行能耗;但另一方面,由于水温的变化,室内末端的换热能力减弱,势必会增加室内末端的运行时间,导致输运设备和室内末端的能耗增加。

空气源热泵技术在制热工况时,冷剂在蒸发器中蒸发的同时从船外环境中吸收热量,冷剂蒸发之后立刻进入压缩机,被压缩成高温高压的冷剂蒸汽,然后被输送到冷凝器中,冷剂在冷凝器中将热量传递给系统的循环水。冷剂流过节流装置进行降压以后再次进入蒸发器,完成制热的循环。而空调系统内的循环水在冷凝器中吸收制冷剂的热量以后,流经风机盘管或地暖盘管向空调房间释放热量,最终回到冷凝器完成循环。热泵技术同样可以制冷,当系统运行时,制冷剂在冷凝器中从室外环境中释放热量,在蒸发器中吸收系统循环水的热量,从而保持室内环境的舒适度。通过热泵技术消耗清洁的电能,运行过程中不会造成环境污染,符合国家提倡利用可再生能源的政策。

空气源热泵热水机组同样拥有热泵技术的所有优点,具有很高的制热系数,比起传统供暖系统的功耗有着很大的优势,其制热量增加了数倍,同时有效地提高了能源效率。

空气源热泵空调系统的能耗很大程度上受到船外海况的影响。在船外温度较高时,空调系统性能良好,有着较高的制热效率;然而当船外温度较低时,空调系统并不能高效稳定地运行。空气源热泵机组在低温、高湿的海况环境下工作时,室外机组容易结霜,会很大程度上影响传热,降低系统效率,增加系统能耗。除霜过程不仅会造成额外的能耗,能量的损耗随除霜时间的增长而变大。空气源热泵空调系统广泛应用于热带、亚热带及温带海域。

8.8.2 海水源热泵

海洋中蕴藏巨大的热能。船舶航行于海洋及江河之中,由于船舶的底舱与河水或海水紧密接触,可以方便地进行热交换。我们借助于水源热泵系统,只消

耗少量的电能,就可以向指定空间输入或输出多出许多倍的热能。故而,船舶空调系统采用海水源热泵这一技术将会有很大的节能空间。但由于受到造船成本会稍有提高等因素的制约,在船舶行业尚未得到有效应用。从长远的角度来说,根据国外的经验,由于海水源热泵运行费用低,其经济效益和环境效益非常可观。增加的初投资可在3~5年内收回,海水源热泵系统在整个服务周期内的平均费用将低于传统的船舶空调系统。

海水源热泵是指以海水作为热泵冷热源的空调系统,主要由空调常见的四种基本部件:蒸发器、冷凝器、节流部件和压缩机组成。在制热工况,通过制冷剂循环将海水中的热量传递给室内。在制冷工况,通过制冷剂循环将室内的热量散失在海水中,达到为室内供暖供冷的效果。热泵空调在模式之间的切换,可以通过四通换向阀等部件来实现,所需技术和相应流程布置均十分成熟稳定,完全可以实现一套系统,制冷供热两用的功能和目的。海水源热泵的运行原理如图8-6所示。制热时,一定温度的海水进入蒸发器,与温度更低的液态制冷剂进行热交换,制冷剂吸热变为气态后进入压缩机,变成高温高压的气体,再进入冷凝器将热量传递给室内供暖用的循环水,循环水由水泵驱动流经采暖换热器(俗称暖气片)来为室内供暖,而在冷凝器中制冷剂气体放出热量变回液态,流经节流部件后重新回到蒸发器,开始下一个循环;制冷时,一定温度的海水进入冷凝器,与温度更高的气态制冷剂进行热交换,制冷剂由气态变成液态,经节流部件进入蒸发器,在蒸发器中低温的制冷剂与空气进行热量交换,并通过风机将制得的冷空气送入室内供冷,而制冷剂则由于放热而变为气态,进入压缩机变成高温高压气体后,回到冷凝器进行下一个循环。

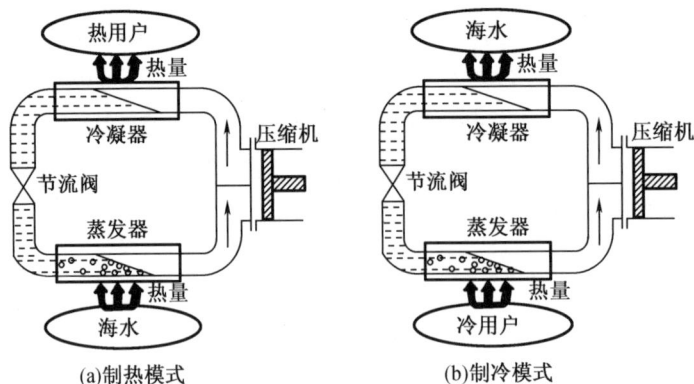

(a)制热模式　　　　　　　　(b)制冷模式

图8-6　海水源热泵的运行原理

海水源热泵系统对海水热能的利用,是通过制冷剂或载能介质与海水进行热量交换的方式实现的,其不同的换热方式,对海水源热泵系统的初投资费用、运行成本、系统稳定性和能源效率等,都有着重要的影响。按海水换热方式的不同,海水源热泵被分为海水沉浸式和取水换热式两大类,每一类中又分有载能介质和无载能介质两种,共 4 套系统方案。

1. 海水沉浸式

如图 8-7(a)所示,热泵机组的蒸发器直接沉浸在海水中,通过海水自然对流的方式与制冷剂直接换热。这种方案结构简单紧凑,系统效率较高,但对于沉浸在海水中的蒸发器有很高的要求,蒸发器材料不仅要能经受海水的腐蚀,又要求具有足够的强度,能承受一定的压力,还要求材料的热阻不能太大。

如图 8-7(b)所示,海水与沉浸式换热器中的载能介质以自然对流的方式进行热交换,而在热泵机组的蒸发器中,制冷剂再与载能介质进行强制对流换热。该方案的优点在于载能介质循环管路的承压不大,所以对沉浸式换热器材料的要求相对较低,可采用表面换热系数适当、耐海水腐蚀的非金属材料来降低换热器成本。同时,由于载能介质的成本相对制冷剂而言也较低,所以载能介质循环可以采用"大流量,小温差"的形式,使整个系统对海水温度的适用范围明显变大。此外,由于在蒸发器内,载能介质在泵的驱动下与制冷剂进行强制对流换热,所以整个热泵机组的运行效率得到了保证和提高。

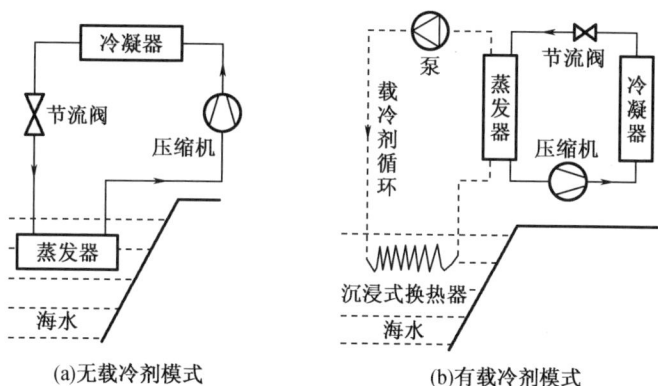

图 8-7　沉浸换热式海水源热泵示意图

2. 取水换热式

如图 8-8(a)所示,海水从取水口进入取水管路,在海水泵的驱动下,在热泵机组蒸发器内与制冷剂进行强制对流换热,换热后的海水被排回海洋。这种方

案的缺点是加装了海水泵,增加了系统的复杂度和整体能耗;从海洋中提取的海水,必须进行过滤、除杂和灭活等初处理,否则长期工作容易造成蒸发器的腐蚀或堵塞。不过,这种方案中海水与制冷剂的传热效率高;主要设备均处于机房内,维护和检修比较方便;海水流量由海水泵控制。

如图8-8(b)所示,海水从取水口进入取水管路,在海水泵的驱动下在中间换热器内,与载能介质进行强制对流换热,换热后的海水被排回海洋。而载能介质同样在泵的驱动下在蒸发器内与制冷剂进行强制对流换热。这种方案系统十分复杂,对海水泵和循环泵的性能要求很高。由于流量巨大,海水取水口一般应布置在船底海水门,系统所需的各种管路较长。另外,海水循环、载能介质循环和制冷剂循环三者之间的热量匹配也需重点考虑。

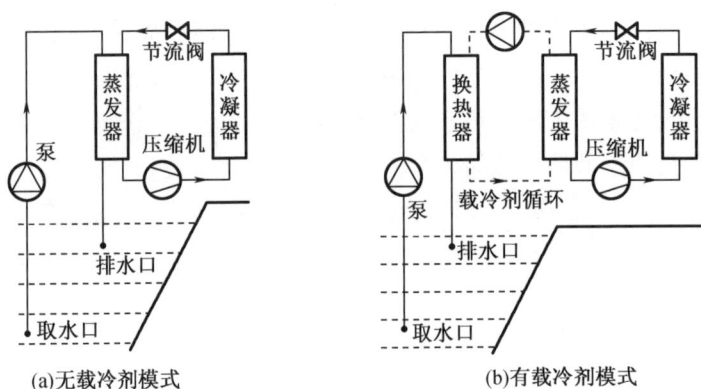

(a)无载冷剂模式　　　　　　　　　　(b)有载冷剂模式

图8-8　取水换热式海水源热泵流程示意图

作为海水源热泵的冷热源,海水的温度对海水源热泵空调系统有着至关重要的影响。理论研究表明,热泵系统的蒸发温度每降低1 ℃,COP降低2.65%左右。

8.9　船舶余热驱动的船舶空调系统

船舶柴机油燃料产生的总热量中被转化为输出功的只有不到50%,有的甚至只有30%。大多数的柴油机燃料利用率在30%~45%,而燃料总能量的55%~70%却以废气余热的形式被带走,这带走部分的余热中又主要是被排气、汽缸冷

却水及其他形式的热量损失所带走。如果不将这部分带走的废气余热加以利用,不仅造成能源的极大浪费,而且还会造成对环境的污染。

柴油机排气温度一般为 300~500 ℃,余热属于较高品质的中温余热。目前,柴油机废气余热回收的主要用途有维持船舶储存库的冷量、船舶的热水供应、生活所需的海水淡化、动力循环发电装置、甚至在冬季加热空气循环达到取暖的目的。

船用柴油机的排气可作为溴化锂空调制冷机的热源,该温度还可适当调整。柴油机废气量也是足够多的,初步估计柴油机排气温度范围是合适的。

利用废烟气中的废热来驱动溴化锂制冷机,可以大大提高能源的利用率,使能源得到综合利用。其降低了 CO_2 和污染空气的排放量,改善了海洋环境质量;缓解了船舶电网的供需矛盾;减少了废气锅炉转换环节,降低了热能损耗;节约了投资、运行和维修费用;节约了船舶空间。

8.10　船舶空调新能源技术

1. 核能

世界上有比较丰富的核资源,核燃料有铀、钍、氘、锂、硼等,全球铀的储量约为 417 万吨。核能发电是利用核反应堆中核裂变所释放出的热能进行发电。核能发电不会排放巨量的污染物到大气中,不会造成空气污染。与燃烧化石能源相比,核能发电不会产生地球温室效应的"罪魁祸首"二氧化碳,也不会产生二氧化硫等有害气体。核反应堆设置了层层屏障,基本上不排放污染环境的物质,就是放射性污染也比烧煤电站少得多。

从美国三里岛核事故到苏联切尔诺贝利核灾难再到日本福岛核泄漏,每一次严重的核事故都会在核电发展的道路上投下阴影,也警醒人们更加关注核电站的安全。然而,重大事故并没有阻止发展核电的步伐,国际核能界在充分吸取核电站事故教训的基础上,正在采用更高的工程标准,研发更先进、更安全的核电技术,实行更严格的行业监管,继续推进核电发展。

2. 海洋能

海洋能指依附在海水中的可再生能源,海洋通过各种物理过程接收、储存和散发能量,这些能量以潮汐、波浪、温度差、盐度梯度、海流等形式存在于海洋之

中。海洋能包括潮汐能、波浪能、温差能等。海洋能同时也涉及更广的范畴,包括海面上空的风能、海水表面的太阳能和海里的生物质能。

这些蕴藏的能量巨大,有待于我们进一步的开发供船舶使用,为我国的航运强国建设及碳中和目标奋楫。

参 考 文 献

[1] 王如竹,丁国良,吴静怡,等. 制冷原理与技术[M]. 北京:科学出版社,2003.

[2] 石文星,田长青,王宝龙. 空气调节用制冷技术[M]. 5版. 北京:中国建筑工业出版社,2020.

[3] 赵荣义,范存养,薛殿华,等. 空气调节[M]. 4版. 北京:中国建筑工业出版社,2009.

[4] 楼海军,阚安康,康利云,等. 船舶舱室空调热舒适性评价指标及其微气候参数优化[J]. 船舶工程,2014,36(A1):80-83,90.

[5] 陈芬,刘何清,朱凯颖,等. 以有效温度为基础的人体舒适度评价模型的发展概述[J]. 采矿技术,2019,19(5):106-111.

[6] 狄育慧,王善聪. 动态条件下不同气流组织形式对人体热舒适的影响[J]. 暖通空调,2014,44(8):106-109,105.

[7] 李建辉,麻婧,康文,等. 新型冠状病毒2019-nCoV的病毒学特征、传播途径及抵抗力[J]. 临床医学研究与实践,2020,5(A1):3-5.

[8] 高红武. 室内空气中可吸入颗粒物的监测与研究[J]. 云南冶金,2006,35(3):75-77,96.

[9] 蔡易霖. 呼吸飞沫气溶胶污染物在轿车车厢内的传播特性研究[D]. 沈阳:沈阳建筑大学,2019.

[10] CHAO C Y H, WAN M P, SZE TO G N. Transport and removal of expiratory droplets in hospital ward environment[J]. Aerosol Science and Technology, 2008, 42(5): 377-394.

[11] YANG C, YANG X, ZHAO B. Person to person airborne particles cross transmission in vertical laminar air flow room[C]. Proceedings of Indoor Air, 2014.

[12] GAO N, HE Q, NIU J, et al. Dispersion behaviors of exhaled droplets under

a displacement ventilated room: Lagrangian simulations[C]. Proceedings of Building Simulations, 2011.

[13] ZHAO B, ZHANG Y, LI X, et al. Comparison of indoor aerosol particle concentration and deposition in different ventilated rooms by numerical method [J]. Building and Environment, 2004, 39(1):1-8.

[14] CHAO C Y H,WAN M P. A study of the dispersion of expiratory aerosols in unidirectional downward and ceiling-return type airflows using a multiphase approach[J]. Indoor Air, 2006, 16(4):296-312.

[15] WANG J, CHOW T T. Numerical investigation of influence of human walking on dispersion and deposition of expiratory droplets in airborne infection isolation room[J]. Building and Environment, 2011,46(10): 1993-2002.

[16] HANG J, LI Y, CHING W H, et al. Potential airborne transmission between two isolation cubicles through a shared anteroom [J]. Building and Environment, 2015, 89: 264-278.

[17] FISCHER A, LJUNGSTROM E, ENGMAN H, et al. Ventilation strategies and indoor particulate matter in a classroom[J]. Indoor Air, 2015, 25(2): 168-175.

[18] KUNKEL S A, AZIMI P, ZHAO H, et al. Quantifying the size-resolved dynamics of indoor bioaerosol transport and control[J]. Indoor Air, 2017, 27 (5): 977-987.

[19] BHANGAR S, HUFFMAN J A, NAZAROFF W W. Size-resolved fluorescent biological aerosol particle concentrations and occupant emissions in a university classroom[J]. Indoor Air, 2014, 24(6): 604-617.

[20] TIAN Y, LIU Y, MISZTAL P K, et al. Fluorescent biological aerosol particles: concentrations, emissions, and exposures in a northern California residence[J]. Indoor Air, 2018,28(4):559-571.

[21] KORMUTH K A, LIN K, PRUSSIN A J, et al. Influenza virus infectivity is retained in aerosols and droplets independent of relative humidity[J]. The Journal of Infectious Diseases, 2018,218(5):739-747.

[22] LEUNG N, ZHOU J, CHU D, et al. Quantification of influenza virus RNA in aerosols in patient rooms[J]. PLoS One, 2016, 11(2): 148-169.

［23］ PANTELIC J, THAM K W, LICINA D. Effectiveness of a personalized ventilation system in reducing personal exposure against directly released simulated cough droplets［J］. Indoor Air, 2015, 25(6): 683-693.

［24］ CAO G Y, LIU S C, BOOR B E, et al. Characterizing the dynamic interactions and exposure implications of a particle-laden cough jet with different room airflow regimes produced by low and high momentum jets［J］. Aerosol and Air Quality Research, 2015, 15(5): 1955-1966.

［25］ KESHAVARZ S A, SALMANZADEH M, AHMADI G. Camputational modeling of time resolved exposure level analysis of a heated breathing manilcin with rotation in a room［J］. Journal of Aerosol Science, 2017,103: 117-131.

［26］ SZE TO G N, WAN M P, CHAO C Y H, et al. Experimental study of dispersion and deposition of expiratory aerosols in aircraft cabins and impact on infectious disease transmission［J］. Aerosol Science and Technology, 2009, 43(5): 466-485.

［27］ HAN Z, TO G N S, FU S C, et al. Effect of human movement on airborne disease transmission in anairplane cabin: study using numerical modeling and quantitative risk analysis［J］. BMC Infectious Diseases, 2014, 14(1): 434.

［28］ LEI H, LI Y, XIAO S, et al. Routes of transmission of influenza A HIN 1, SARS CoV, and norovirus in air cabin: comparative analyses［J］. Indoor Air, 2018, 28(3): 394-403.

［29］ ZHANG L, LI Y. Dispersion of coughed droplets in a fully-occupied high-speed rail cabin［J］. Building and Environment, 2012, 47: 58-66.

［30］ ZHU S, SREBRIC J, SPENGLER J D, et al. An advanced numerical model for the assessment of airborne transmission of influenza in bus microenvironments［J］. Building and Environment, 2012, 47: 67-75.

［31］ 武艳,荣嘉惠,IRVAN L.空调通风系统对室内微生物气溶胶的影响［J］. 科学通报,2018,63(10):920-930.

［32］ LIU Y, NING Z, CHEN Y, et al. Aerodynamic characteristics and RNA concentration of SARS-CoV-2 aerosol in Wuhan Hospitals during COVID-19 outbreak［C］. BioRxiv, 2020.

［33］ 王廷路,付红蕾,李彦鹏,等.气流组织形式对室内微生物气溶胶的影响[J].环境工程学报,2016,10(6):3084-3090.

［34］ 徐文华.室内空气品质与通风[J].制冷与空调,2015,15(10):72-83,52.

［35］ 王建军.关于船舶舱室空气净化策略的思考[J].船海工程,2010,39(6):108-110.

［36］ 王少鹏,唐高锋,张扬,等.船用新型空气净化技术的发展与应用[J].船海工程,2018,47(6):84-88,92.

［37］ 陈金花,卢军.室内空气污染治理的研究进展[J].重庆建筑大学学报,2007(6):108-112.

［38］ 于娇,张素欣,王睿宇,等.室内VOC的危害及控制措施探讨[J].化工管理,2019(16):41-43,61.

［39］ 施红勤,刘金艺.玻璃纤维与涤纶交织过滤材料的开发与应用[C].第一届中国国际过滤材料研讨会,2000.

［40］ 姜坪,刘梅红.空气过滤材料的发展与应用[J].现代纺织技术,2002,10(4):52-55.

［41］ 殷平.驻极体静电空气过滤器及其应用[J].建筑热能通风空调,1999(3):20-21,34.

［42］ 刘道清.空气过滤技术研究综述[J].环境科学与管理,2007,32(5):109-113.

［43］ 龚圣,黄肖容,隋贤栋.室内空气净化技术[J].环境污染治理技术与设备,2004,5(4):55-57,69.

［44］ 王元元,张立志.室内空气净化技术的研究与进展[J].暖通空调,2006,36(12):24-27,39.

［45］ 曾志雄,徐玉党.纳米材料TiO_2光催化技术在空气净化中的应用[J].制冷与空调,2003,3(4):36-39.

［46］ 刘德立,王志刚.静电技术在空气净化中的应用[J].家用电器,2002(3):15.

［47］ 杨亚平,魏启东.应用于高温高压条件的无电晕静电除尘技术[J].动力工程,2002(5):1974-1978.

［48］ 张乐.室内空气净化技术综述[J].广东化工,2020,47(3):161-166.

［49］ 唐冬芬,邓高峰,王宏恩,等.以活性炭为主的吸附类空气净化技术发展综

述[J].洁净与空调技术,2010(3):6-9.

[50] 佟伟钢,王维宽,胡赟.室内空气净化技术及其发展趋势[J].科技创新导报,2013(17):125-126.

[51] 江思力,冯文如,钟嶷,等.居室中主要挥发性有机物污染状况及其防治对策[J].中国热带医学,2005,5(2):210-212.

[52] 孔凡真.臭氧灭菌的原理和优点[J].肉类研究,2002(2):51.

[53] 张晓燕,楚晓燕,金洪文.酸洗槽酸雾净化处理的两种方法[J].长春工程学院学报(自然科学版),2001,2(2):38-39.

[54] 姜晓辉.吸收氧化法治理恶臭污染探讨[J].广州化工,2013,41(9):177-178,230.

[55] 贾文清.碱吸收法治理硝酸尾气[J].河北化工,2008,31(7):59-60.

[56] 王丽晓,王松,李昆.室内甲醛污染及治理研究[J].河南科技,2013(17):181-182.

[57] 邓慧卿,庄文鑫,敖慧,等.恶臭气体污染与治理现状及发展前景[J].科技创新导报,2019,16(3):145-146.

[58] 冯琳玉.过一硫酸氢盐化学吸收氧化去除甲硫醇恶臭气体[D].青岛:中国海洋大学,2014.

[59] 陈麟凤.膜分离技术概述[J].能源与环境,2011(2):90-92.

[60] 贾金才.膜分离法空气净化的应用与研究进展[J].深冷技术,2011(4):33-38.

[61] 陈桂娥,韩玉峰,阎剑,等.气体膜分离技术的进展及其应用[J].化工生产与技术,2005(5):23-26,35,9-10.

[62] 宁晓宇,陈红,耿静,等.低温等离子体-催化协同空气净化技术研究进展[J].科技导报,2009,27(6):97-101.

[63] 张晓明,黄碧纯,叶代启.低温等离子体-光催化净化空气污染物技术研究进展[J].化工进展,2005,24(9):964-967.

[64] 郑晓红,李可俊,王如竹,等.中央空调复合净化除病毒技术实验研究[J].科学通报,2003(24):2510-2514.

[65] 上官文峰.空气治理中的静电/等离子耦合催化净化技术[C].第十一届全国环境催化与环境材料学术会议.2018.

[66] 胡怡.等离子+光催化氧化技术在印刷行业有机废气处理过程中的应用

[J].科技创新与应用,2019,48(24):175-176.

[67] 郭禹岐,白莉.负离子空气净化技术研究[J].北方建筑,2019,4(6):35-38.

[68] 胡秋明,武雪梅.光触媒降解室内甲醛的影响因素研究[J].南华大学学报(自然科学版),2020,34(2):50-55,61.